サクサク身につく!
建設業経理士2級
テキスト&問題集

越田悦弘　著

ナツメ社

はじめに

本書は、建設業経理士２級試験対策を始められた方々を対象に書かれたもので、建設業経理の基本を習得し、苦手なところを克服できる内容となっています。また、簿記の基本からやさしく学べるため、**簿記初心者の方でも安心して手に取っていただけます。**

できるだけ簡単に知識を習得し、短期間で試験に合格できるように、次の３つに配慮しています。

①初心者の方は、基礎編を学習することで、基本を理解できます。
②多くの例題を解くことで、より理解を深めることができます。
③多くの図解や図表によって、視覚的に理解できます。

試験に合格するために大切なのは、頭の良さでも根性があるかどうかでもなく、間違えない解答方法を持っているかどうかです。その方法は、誰でも身につけることができますし、難しいことではありません。本書を活用することによって、解答手順を理解して、効果的に学習していきましょう。

多くの方が、建設業経理士２級試験に合格され、より活躍の場を広げられることをお祈りいたします。

越田悦弘

僕たちと一緒に学習しよう
簿記の基礎から覚えてレベルアップしましょう

本書の使い方

本書は建設業経理士２級の検定試験の学習用テキストです。各章は次のような構成になっています。本書を活用し、試験合格のための学習に役立ててください。

※赤シートを通して見ると、本文の重要語句が隠れます。
　覚えているかを確認しながら学習を進めましょう。

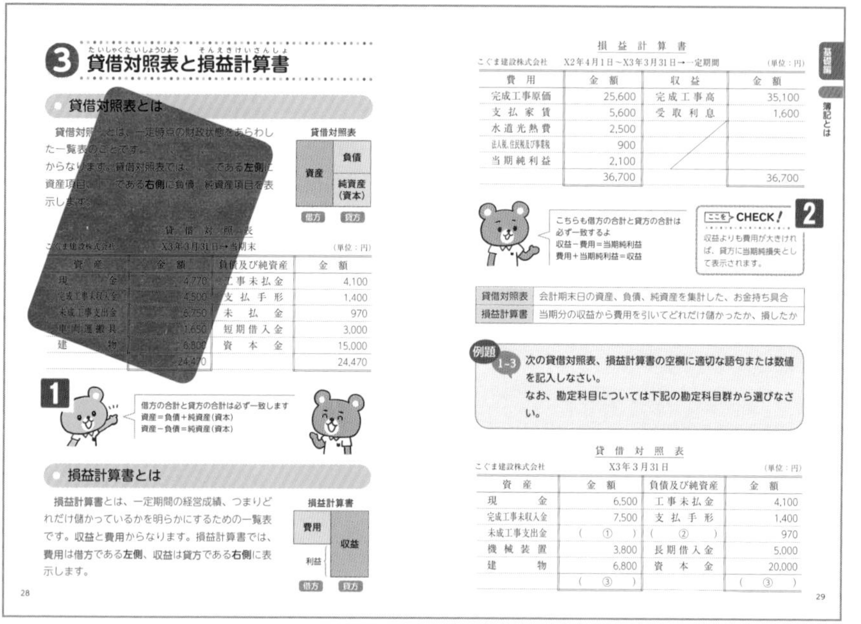

1：キャラクターたちが内容や図表の説明、重要ポイントの解説などをしています。
2：重要なところや、本文の理解を深めるのに必要なことをまとめています。

● 登場キャラクターたち ●

このキャラクターたちと一緒に学んでいきましょう！

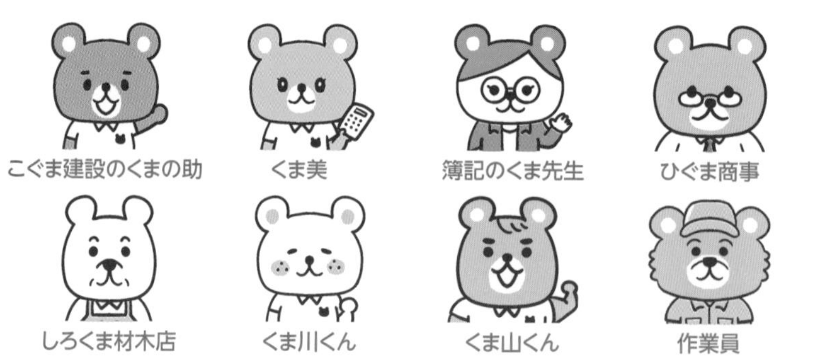

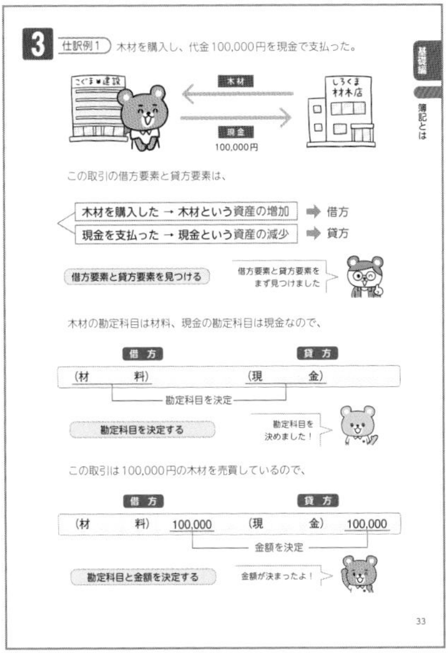
3 仕訳例1 木材を購入し、代金100,000円を現金で支払った。

基礎編 簿記とは

この取引の借方要素と貸方要素は、

木材を購入した → 木材という資産の増加 ➡ 借方
現金を支払った → 現金という資産の減少 ➡ 貸方

借方要素と貸方要素を見つける

木材の勘定科目は材料、現金の勘定科目は現金なので、

借方	貸方
(材料)	(現金)

勘定科目を決定

勘定科目を決定する

この取引は100,000円の木材を売買しているので、

借方		貸方	
(材料)	100,000	(現金)	100,000

金額を決定

勘定科目と金額を決定する

33

3：簿記で仕訳について説明する例です。ほかに、転記を説明した転記例、応用的な取引例があります。

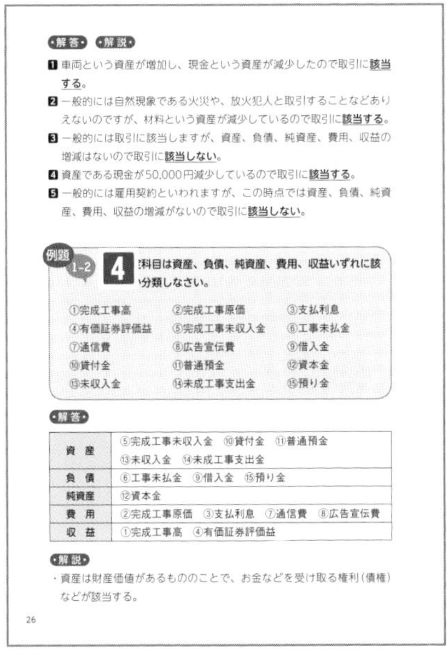
解答 解説

1 車両という資産が増加し、現金という資産が減少したので取引に**該当する**。
2 一般的には自然現象である火災や、放火犯人と取引することなどありえないのですが、材料という資産が減少しているので取引に**該当する**。
3 一般的には取引に該当しますが、資産、負債、純資産、費用、収益の増減はないので取引に**該当しない**。
4 資産である現金が50,000円減少しているので取引に**該当する**。
5 一般的には雇用契約といわれますが、この時点では資産、負債、純資産、費用、収益の増減がないので取引に**該当しない**。

例題 1-2 4 科目は資産、負債、純資産、費用、収益いずれに該当するか分類しなさい。

①完成工事高　②完成工事原価　③支払利息
④有価証券評価益　⑤完成工事未収入金　⑥工事未払金
⑦通信費　⑧広告宣伝費　⑨借入金
⑩貸付金　⑪普通預金　⑫資本金
⑬未収入金　⑭未成工事支出金　⑮預り金

解答

資産	⑤完成工事未収入金　⑩貸付金　⑪普通預金　⑬未収入金　⑭未成工事支出金
負債	⑥工事未払金　⑨借入金　⑮預り金
純資産	⑫資本金
費用	②完成工事原価　③支払利息　⑦通信費　⑧広告宣伝費
収益	①完成工事高　④有価証券評価益

解説

・資産は財産価値があるもののことで、お金などを受け取る権利（債権）などが該当する。

26

4：文中の「例題」を解いて、「解答・解説」で内容を理解、確認しましょう。

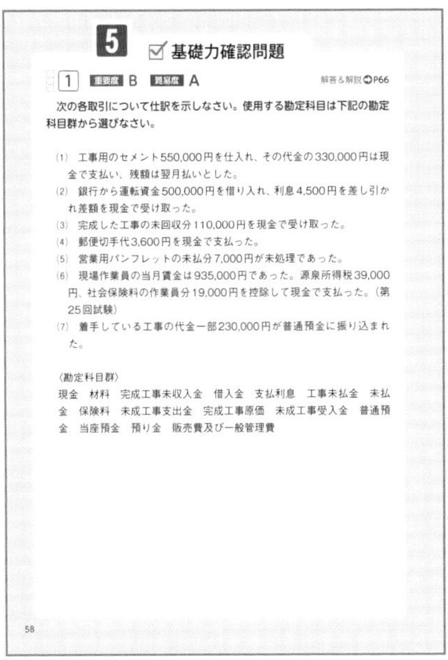
5 ☑基礎力確認問題

1 重要度 B 難易度 A　解答&解説➲P66

次の各取引について仕訳を示しなさい。使用する勘定科目は下記の勘定科目群から選びなさい。

(1) 工事用のセメント550,000円を仕入れ、その代金の330,000円は現金で支払い、残額は翌月払いとした。
(2) 銀行から運転資金500,000円を借り入れ、利息4,500円を差し引かれ差額を現金で受け取った。
(3) 完成した工事の未回収分110,000円を現金で受け取った。
(4) 郵便切手代3,600円を現金で支払った。
(5) 営業用パンフレットの未払分7,000円が未処理であった。
(6) 現場作業員の当月賃金は935,000円であった。源泉所得税39,000円、社会保険料の作業員分19,000円を控除して現金で支払った。（第25回試験）
(7) 着手している工事の代金一部230,000円が普通預金に振り込まれた。

〈勘定科目群〉
現金　材料　完成工事未収入金　借入金　支払利息　工事未払金　未払金　保険料　未成工事支出金　完成工事原価　未成工事受入金　普通預金　当座預金　預り金　販売費及び一般管理費

58

5：「基礎力確認問題」で、学習した内容をもとに問題を解いてみましょう。

基礎力確認問題
重要度・難易度について

重要度（出題頻度）
A 最重要
B 重要
C 押さえておく

難易度
A 簡単
B やや簡単
C 普通
D やや難しい
E 難しい
F 大変難しい

※重要度・難易度については、過去の試験データをもとに算出

CONTENTS
もくじ

はじめに …… 3

本書の使い方 …… 4

建設業経理士２級　受験ガイド …… 14

基礎編

簿記とは …… 18

1 簿記と取引 …… 18

2 会計期間 …… 27

3 貸借対照表と損益計算書 …… 28

4 仕訳 …… 31

5 転記（勘定記入） …… 40

建設業会計の基礎 …… 42

1 原価計算 …… 42

2 費目別計算の基礎 …… 44

基礎力確認問題 …… 58

●基礎編のまとめ …… 74

本試験対策編

現金・預金・銀行勘定調整表 …… **76**

1 現金 …… 76

2 預金 …… 79

3 銀行勘定調整表 …… 84

基礎力確認問題 …… 90

未成工事受入金 …… **96**

1 未成工事受入金 …… 96

完成工事未収入金・未収入金・工事未払金・未払金 …… **99**

1 建設業における未収入金・未払金の処理 …… 99

前渡金（前払金）・工事未払金 …… **102**

1 建設業における前渡金・工事未払金 …… 102

立替金・預り金・仮払金・仮受金 …… 105
1 立替金 …… 105
2 預り金 …… 105
3 仮払金 …… 107
4 仮受金 …… 108

手形・手形借入金・手形貸付金 …… 112
1 手形 …… 112
基礎力確認問題 …… 123

有価証券 …… 128
1 有価証券とは …… 128
2 売買目的有価証券 …… 129
3 満期保有目的債券 …… 132
4 子会社株式・関連会社株式 …… 134
5 利息の受け取り …… 135
6 有価証券の減損処理 …… 138
基礎力確認問題 …… 140

固定資産 …… 150
1 固定資産とは …… 150
2 有形固定資産 …… 150
3 有形固定資産の取得原価 …… 150

CONTENTS

4 固定資産の減価償却 …… 153
5 固定資産の売却 …… 157
6 固定資産の除却・廃棄 …… 160
7 固定資産の滅失 …… 162
8 交換差金 …… 163
9 資本的支出・収益的支出 …… 165
10 建設仮勘定 …… 166
11 無形固定資産 …… 167
12 繰延資産 …… 169
基礎力確認問題 …… 172

社　債 …… 184
1 社債とは …… 184
基礎力確認問題 …… 190

引当金 …… 194
1 引当金とは …… 194
2 貸倒引当金 …… 194
3 退職給付引当金 …… 200
4 完成工事補償引当金 …… 201

5 賞与引当金 …… 202
6 修繕引当金 …… 202
7 工事損失引当金 …… 203
基礎力確認問題 …… 204

税　金 …… 212

1 租税公課 …… 212
2 法人税 …… 213
3 消費税 …… 215
基礎力確認問題 …… 218

純資産会計 …… 222

1 純資産と株式 …… 222
2 株式の発行（設立・増資）…… 223
3 無償増資 …… 226
4 合併 …… 227
5 減資 …… 228
6 剰余金 …… 229
基礎力確認問題 …… 232

CONTENTS

材料費 …… 237

1 材料費の分類 …… 237

2 材料費の購入原価と取引 …… 238

3 期末月末材料の評価 …… 248

基礎力確認問題 …… 250

労務費・外注費・経費 …… 260

1 労務費（賃金） …… 260

2 外注費 …… 263

3 経費 …… 265

基礎力確認問題 …… 270

工事間接費 …… 280

1 工事間接費の配賦 …… 280

2 費目別計算・工事直接費・工事間接費の仕訳 …… 286

基礎力確認問題 …… 288

部門別計算 …… 293

1 部門別計算とは …… 293

2 部門別計算の予定配賦 …… 308

基礎力確認問題 …… 313

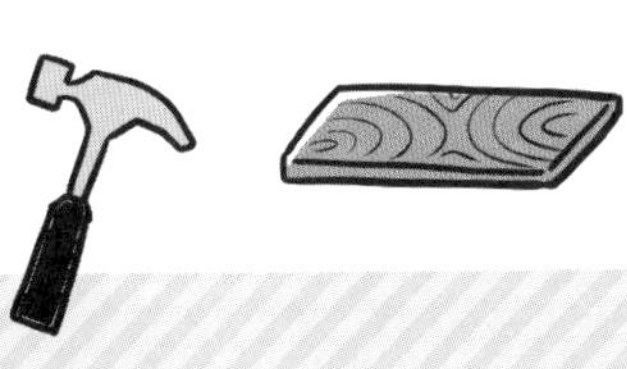

完成工事原価と工事収益の認識 …… 329
1 完成工事原価 …… 329
2 工事収益の計上 …… 332
基礎力確認問題 …… 343

決算と財務諸表 …… 354
1 決算手続き …… 354
2 財務諸表 …… 367
基礎力確認問題 …… 370

本支店会計 …… 378
1 本支店会計とは …… 378
基礎力確認問題 …… 386

理論対策 …… 390
1 原価のまとめ …… 390
2 形態別分類 …… 393
3 計算対象との関連性においての分類 …… 394
4 操業度との関連における分類 …… 394
5 機能別分類 …… 396
6 個別原価計算と総合原価計算 …… 396
7 標準原価計算 …… 397
8 工種別原価計算 …… 397

9 原価計算基準 …… 397
10 特殊原価調査 …… 399
11 原価の管理可能性にもとづく分類 …… 400
基礎力確認問題 …… 401

模擬試験

第1回 模擬試験 …… 420
●答案用紙 …… 428
●解答＆解説 …… 431
第2回 模擬試験 …… 440
●答案用紙 …… 448
●解答＆解説 …… 451

さくいん …… 461

建設業経理士２級 受験ガイド

「建設業経理士検定試験（２級）」は、建設業法施行規則の改正、登録経理試験の創設を受けて、平成18年に新たに実施された試験です。試験合格者は「２級建設業経理士」となる資格を取得することができ、経営事項審査（建設業法第27条の23）の評価対象となります。

ここでは、試験合格を目指す人に向けて、試験の詳細について説明します。

●試験概要

主催団体	一般財団法人建設業振興基金
受験資格	特にありません。
試験日	毎年９月・３月
申込手続き	インターネットもしくは郵送
申込期間	おおよそ試験日の４カ月前より１カ月間
受験料	7,120円（消費税込） ※別途申込手数料として320円（消費税込）が必要です。

●申込手続きの流れ（郵送の場合）

郵送の場合、申込手続きの主な流れは以下のとおりです。

受験申請書を用意
申請書は、申込期間中に財団本部や全国の都道府県建設業協会の窓口（カウンター等）で無料配布

↓

提出資料の準備
受験申込書に必要事項を記入し、顔写真と振替払込請求書兼受領書を所定欄に添付

↓

財団本部に提出
簡易書留にて、財団本部に郵送

※詳細は一般財団法人建設業振興基金の検定試験ホームページをご参照ください。
https://www.keiri-kentei.jp

●内容と程度

内　容	建設業の簿記・原価計算及び会社会計
程　度	実践的な建設業簿記、基礎的な建設業原価計算を修得し、決算等に関する実務を行えること。

●受験地（全国47地区）

受験申込時に受験地を選択できます。

北海道・東北	札幌・青森・盛岡・仙台・秋田・山形・福島
関　東	水戸・宇都宮・前橋・埼玉・千葉・東京・神奈川
中　部	新潟・富山・金沢・福井・甲府・松本（長野県）・岐阜・静岡・名古屋
関　西	津・大津・京都・大阪・神戸・奈良・和歌山
中　国	倉吉（鳥取県）・松江・岡山・広島・山口
四　国	徳島・高松・松山・高知
九州・沖縄	福岡・佐賀・長崎・熊本・大分・宮崎・鹿児島・沖縄

インターネットによる
申込手続きもできますよ
試験に向けて
準備をしておきましょう！

●出題区分

出題区分表	
簿記・会計の基礎	工事間接費（現場共通費）の意義と配賦
建設業簿記・会計の基礎	工事原価の部門別計算
完成工事高の計算	工事別原価計算
原価計算の基礎	取引の処理
建設工事の原価計算	決算
材料費の計算	個人の会計
労務費の計算	会社の会計
外注費の計算	計算書類と財務諸表
経費の計算	本支店会計

●試験時間と出題数

2時間：5題

●試験当日の持ち込み品

受験票

筆記用具

計算器具（プログラム機能等のある電卓は持ち込めません）

●合格基準

正答率70％を標準とする。

●合格発表

合否結果を郵送にて通知。

〈試験についての問い合わせ先〉

一般財団法人建設業振興基金
〒105-0001
東京都港区虎ノ門4丁目2番12号虎ノ門4丁目MTビル2号館
TEL：03（5473）4581
9：00～12：00、13：00～17：30（土日・祝日を除く）

基礎編

さあ、建設業経理士の学習のスタートです。ここでは、基本となる「簿記」、「原価計算の考え方」について学習していきましょう。

建設業経理士の勉強、
これからがんばるぞ！
まずは簿記が
どのようなものか
学習していきましょう

簿記とは

1 簿記と取引

簿記とは

簿記とは企業が行った取引活動を一定のルールに従って**帳簿に記入すること**をいいます。

企業の活動により、現金が増えたり、減ったり、土地を買ったりするのが取引活動で、その結果、企業の状態が変化します。

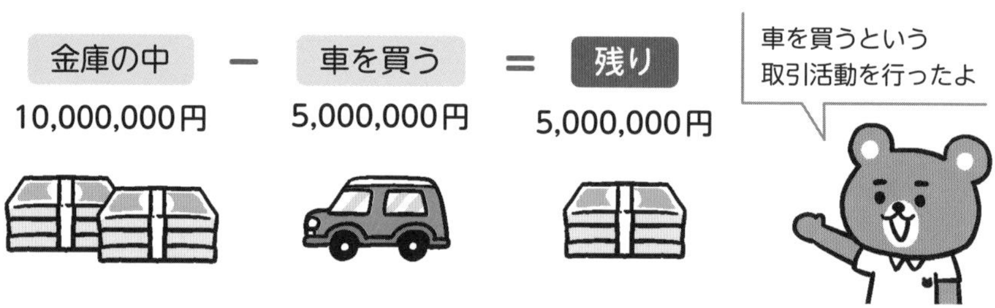

これらの活動を帳簿に記入しないと、当事者以外はなぜお金が金庫から減ったのか、なぜ会社に車があるのかわかりません。

取引とは

簿記でいう**取引**とは、取引の５要素である**資産**、**負債**、**純資産**（**資本**）、**費用**、**収益**の増減を伴う取引であり、一般でいわれている取引と必ずしも一致しません。

例えば、「水害で建物が消失した」場合、通常は取引とはいいませんが、建物という資産がなくなっているので、簿記では取引に該当します。

ほかにも、「水道料金6,000円を現金で支払った」場合も、お金を払っているので現金が減少し、水道料金という費用が発生しているので、取引に該当します。

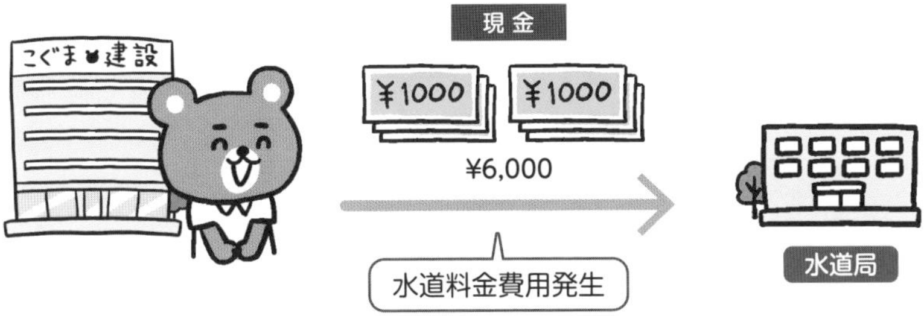
こぐま建設
現金
¥1000
¥1000
¥6,000
水道料金費用発生
水道局

一方、「こぐま建設は駅前ビル工事の注文を受け、同意して契約書にサインした。」という場合、一般的には取引に該当しますが、契約だけでお金をもらっていないため、財産の増減はないので簿記上の取引にはあたりません。

契約だけでは簿記上の
取引ではないんだね

簿記の目的

会社は、投資家や企業内部の経営者、銀行等利害関係者に、**財政状態**と**経営成績**を明らかにする義務があります。

財政状態とは、一定時点における会社の財産の状況のことで、経営成績とは、一定期間に「どれだけ儲かっているか」を示すものです。

財政状態　**建物8,100,000円を購入し、代金は現金で支払った。**

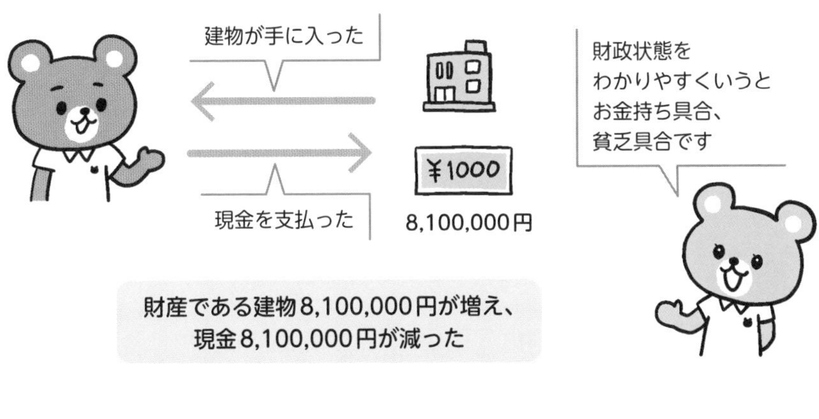
建物が手に入った
¥1000
現金を支払った
8,100,000円
財政状態を
わかりやすくいうと
お金持ち具合、
貧乏具合です
財産である建物8,100,000円が増え、
現金8,100,000円が減った

経営成績

会社が保有する株式65,000円が57,000円に下落した。

株式

65,000円 ➡ 57,000円

8,000円損している

会社が保有する土地8,000,000円を9,300,000円で売却した。

土地

8,000,000円 ➡ 9,300,000円

1,300,000円儲かった

一定時点の**財政状態**を明らかにする計算書を**貸借対照表**、一定期間の**経営成績**を明らかにする計算書を**損益計算書**といいます。

資産・負債・純資産とは

資産とは、財産価値があるもののことです。現金や土地、建物など個別的に財産価値があるものと、貸付金、完成工事未収入金などのように後でお金などを受け取る権利（債権）などがあります。

現金、預金、備品、土地、建物など	個別的に財産価値があるもの
貸付金、完成工事未収入金など	後でお金を受け取る権利があるもの

負債とは、借入金、工事未払金など、将来、現金などで支払わなければならない義務などをいいます。

借入金、工事未払金など	将来、現金などで支払わなければならない義務

純資産（資本）とは、資産の総額から負債の総額を差し引いた正味の財産のことをいいます。純資産は負債と異なり、後で返す必要はありません。

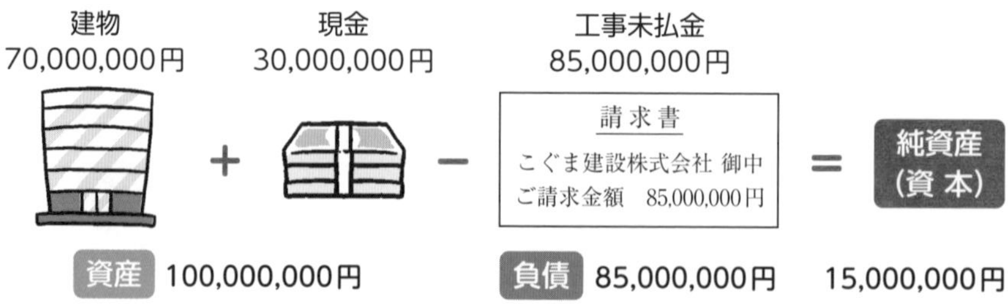

収益・費用とは

収益とは企業の儲けであり、元手である純資産を増加させる原因となるもののことをいいます。

費用とは収益を獲得するために費やしたり、支払ったりしたもので元手である純資産を減少させる原因となるものです。

収益 → どのようにして儲けたのか
費用 → 儲けるために使ったもの

勘定科目とは

勘定科目とは、帳簿に記入したときに、誰が見てもわかるように共通してつける名前のことを指します。お金などのことを**現金**、住宅やビルなどを**建物**、貸したお金のことを**貸付金**などといいます。

すべての勘定科目は、これまで紹介した資産、負債、純資産、収益、費用の5つの要素のどれかに分類されます。どの要素に分類されるか覚えておくことが、簿記の基本です。

具体的にどのようなものがあるか見ていきましょう。

資産の勘定科目

現金	通貨、紙幣など
完成工事未収入金	完成した工事を引き渡しているので後でお金がもらえる権利
未成工事支出金	完成していない工事にかかった費用、支出
土地	自社が所有している土地
建物	自社ビル、自社所有住宅など
材料	コンクリート、木材、鉄骨など
機械	クレーン、油圧ショベルなど

負債の勘定科目

工事未払金	工事に関する費用の未払い。後で返さなければならないお金
未払金	工事以外に関する費用の未払い。後で返さなければならないお金
借入金	借りていて後で返さなければならないお金
未成工事受入金	工事が完成する前に受け取った工事代金

純資産の勘定科目

資本金	株主から出資を受けた元手など

収益の勘定科目

完成工事高	工事が完成したことにより得られる代金（一般企業では売上に該当）
受取利息	お金を貸したことによってもらえる利息
受取手数料	仲介などの受取手数料
有価証券評価益	購入した株式の値上がり分

費用の勘定科目

完成工事原価	完成した工事にかかった費用（一般企業では売上原価に該当）
給料	従業員に支払う給料
水道光熱費	水道代、電気代、ガス代など
通信費	切手代、はがき代、電話代、インターネット接続料
広告宣伝費	パンフレット、チラシなど宣伝のために支出する費用
有価証券評価損	購入した株式の値下がり分

● 建設業独自の勘定科目と取引

建設業では、ビルを建築しているときや、完成させて引き渡したときなど、工事の進み具合によって取引に使用する勘定科目が変わります。ここでは、建設業独自の勘定科目とその取引について見ていきましょう。

建設業独自の勘定科目用語

通常の業種	建設業
売上	完成工事高
売上原価	完成工事原価
仕掛品	未成工事支出金
売掛金	完成工事未収入金
買掛金	工事未払金
前受金	未成工事受入金

これらの勘定科目用語が
出てくる例は次のとおりです

完成工事高・完成工事原価

こぐま建設は、800,000,000円のＡビルを完成させました。Ａビルを建てるのに材料費などを含め560,000,000円かかりました。

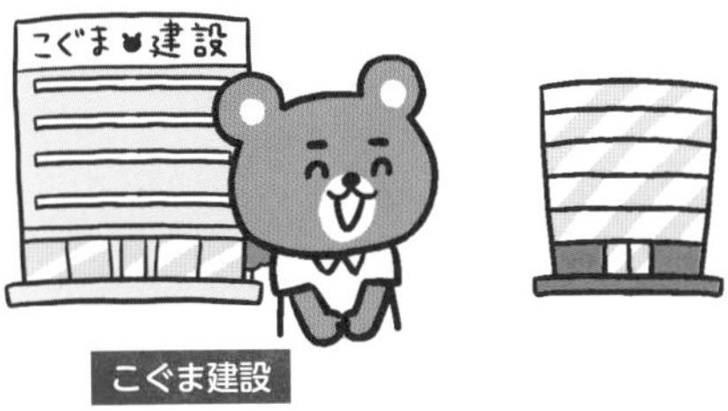

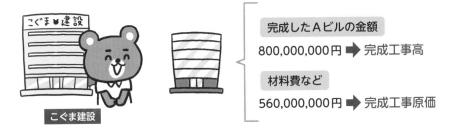

完成したＡビルの金額
800,000,000円 ➡ 完成工事高
材料費など
560,000,000円 ➡ 完成工事原価

この場合、こぐま建設にとっては、完成した800,000,000円のＡビルが手元にあるので、**完成工事高**という収益が800,000,000円増加します。また、Ａビルをつくるのに材料費など560,000,000円がかかったので、**完成工事原価**という費用が560,000,000円増加します。

完成工事未収入金

こぐま建設は、受注先のひぐま商事にＡビルを引き渡しました。代金800,000,000円のうち、現金320,000,000円を先に受け取りました。

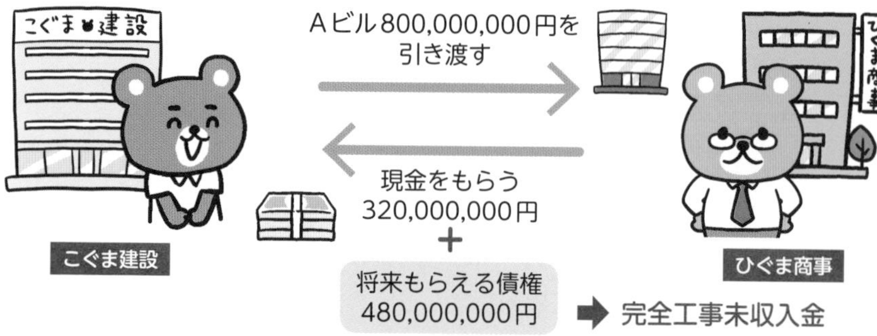

こぐま建設は800,000,000円のAビルをひぐま商事に引き渡し、先に320,000,000円を受け取ったので、現金という資産が320,000,000円増加します。残りの金額は800,000,000円－320,000,000円＝480,000,000円であり、このお金を将来もらえる権利がこぐま建設にあります。この債権を、**完成工事未収入金**といいます。

未成工事支出金・未成工事受入金

こぐま建設は、ひぐま商事からの依頼でBビルの工事をしています。工事に使った木材は120,000円です。また、木材を業者に加工してもらったので、外注費として440,000円支払っています。工事は未完成で引き渡しも完了していませんが、こぐま建設はひぐま商事からお金を5,000,000円受け取りました。

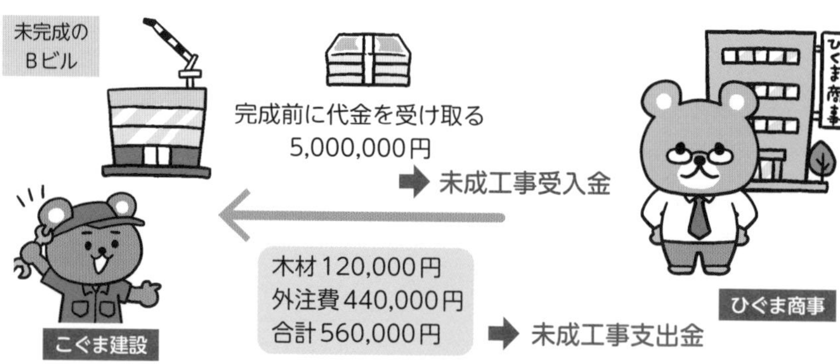

こぐま建設は未完成のBビルの工事に、材料費120,000円と外注費440,000円の合計560,000円を支払っています。このかかった原価を未

成工事支出金といい、資産として処理します。そして、こぐま建設は完成前にひぐま商事から5,000,000円を受け取っています。このような工事代金の前受を**未成工事受入金**といい、負債として処理します。

工事未払金

こぐま建設は、しろくま材木店から木材670,000円を掛けで購入しました。

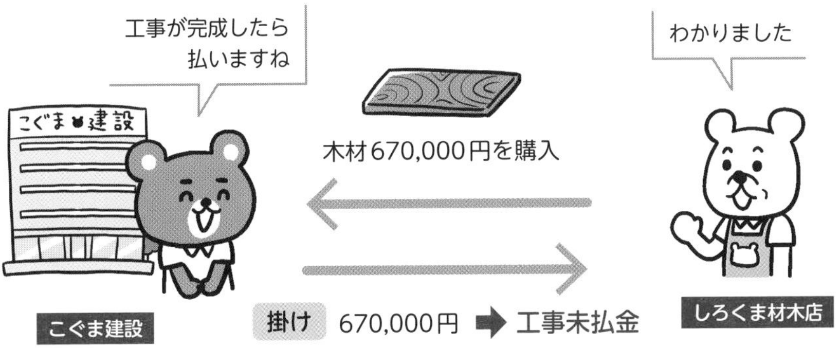

掛けとは、代金を後で支払うことです。木材は工事のために使うもので、こぐま建設は将来、しろくま材木店に670,000円を返さなくてはいけません。このような未払いを**工事未払金**（負債）として処理します。

例題 1-1 **❶～❺において簿記上で取引に該当するもの、しないものを区別しなさい。**

❶ 車両500,000円を購入し、代金は現金で支払った。
❷ 火災により倉庫に保管していた材料360,000円が消失した。
❸ 工事の請負の契約が50,000,000円で成立し、契約書に署名捺印した。
❹ 工事の契約代金の一部50,000円を現金で支払った。
❺ 現場作業員を月給300,000円で雇い入れた。

・解答・ **・解説・**

1 車両という資産が増加し、現金という資産が減少したので取引に**該当する**。

2 一般的には自然現象である火災や、放火犯人と取引することなどありえないのですが、材料という資産が減少しているので取引に**該当する**。

3 一般的には取引に該当しますが、資産、負債、純資産、費用、収益の増減はないので取引に**該当しない**。

4 資産である現金が50,000円減少しているので取引に**該当する**。

5 一般的には雇用契約といわれますが、この時点では資産、負債、純資産、費用、収益の増減がないので取引に**該当しない**。

例題 1-2 **次の勘定科目は資産、負債、純資産、費用、収益いずれに該当するか分類しなさい。**

①完成工事高	②完成工事原価	③支払利息
④有価証券評価益	⑤完成工事未収入金	⑥工事未払金
⑦通信費	⑧広告宣伝費	⑨借入金
⑩貸付金	⑪普通預金	⑫資本金
⑬未収入金	⑭未成工事支出金	⑮預り金

・解答・

資　産	⑤完成工事未収入金　⑩貸付金　⑪普通預金 ⑬未収入金　⑭未成工事支出金
負　債	⑥工事未払金　⑨借入金　⑮預り金
純資産	⑫資本金
費　用	②完成工事原価　③支払利息　⑦通信費　⑧広告宣伝費
収　益	①完成工事高　④有価証券評価益

・解説・

・資産は財産価値があるもののことで、お金などを受け取る権利（債権）などが該当する。

- 負債は将来、現金などで支払わなければならない義務のこと。預り金は将来返す必要があるお金なので、負債にあたる。
- 純資産は資産の総額から負債の総額を差し引いた正味の財産（返さなくてもいい元手）のこと。
- 費用は収益を獲得するために費やしたり、支払ったりしたもので、元手である純資産を減少させる原因となるもの。
- 収益は企業の儲けであり、元手である純資産を増加させる原因となるもの。

2 会計期間（かいけいきかん）

会計期間とは

企業は継続して事業を行います。そのため、一定期間ごとに区切りをつけて、財政状態と経営成績を明らかにします。対象となる期間を**会計期間**といい、初めの日を**期首**、終わりの日を**期末**といいます。現在の会計期間を当期、一期前の会計期間を前期、一期後の会計期間を次期または翌期といいます。

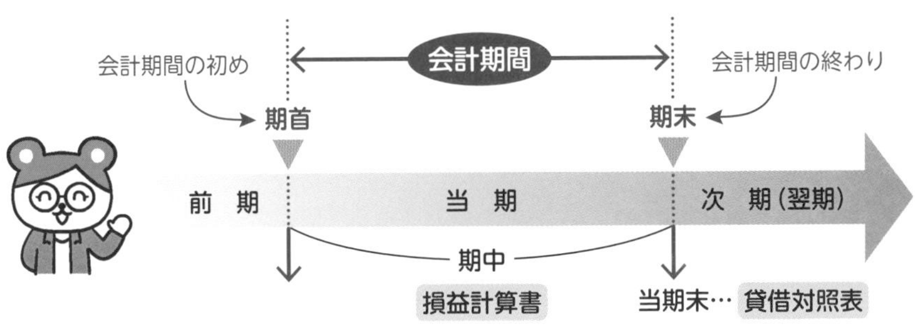

3 貸借対照表と損益計算書

貸借対照表とは

貸借対照表とは、一定時点の財政状態をあらわした一覧表のことです。**資産**、**負債**、**純資産（資本）**からなります。貸借対照表では、**借方**である**左側**に資産項目、**貸方**である**右側**に負債、純資産項目を表示します。

貸借対照表

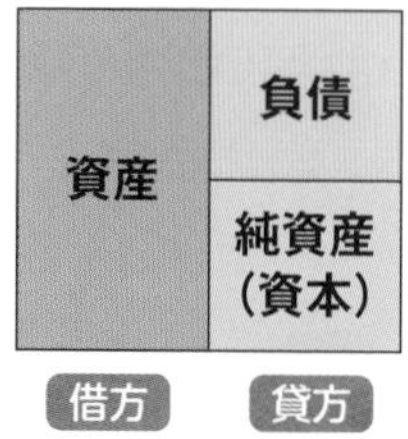

貸　借　対　照　表

こぐま建設株式会社　　X3年3月31日→当期末　　（単位：円）

資　産	金　額	負債及び純資産	金　額
現　金	4,770	工事未払金	4,100
完成工事未収入金	4,500	支払手形	1,400
未成工事支出金	6,750	未払金	970
車両運搬具	1,650	短期借入金	3,000
建　物	6,800	資本金	15,000
	24,470		24,470

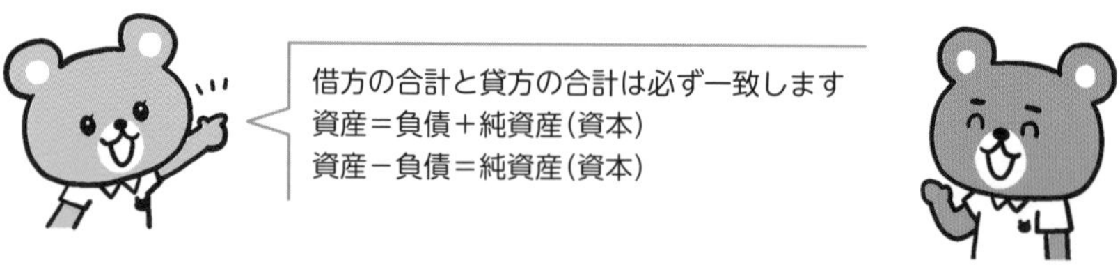

損益計算書とは

損益計算書とは、一定期間の経営成績、つまりどれだけ儲かっているかを明らかにするための一覧表です。**収益**と**費用**からなります。損益計算書では、**費用**は**借方**である**左側**、**収益**は**貸方**である**右側**に表示します。

損益計算書

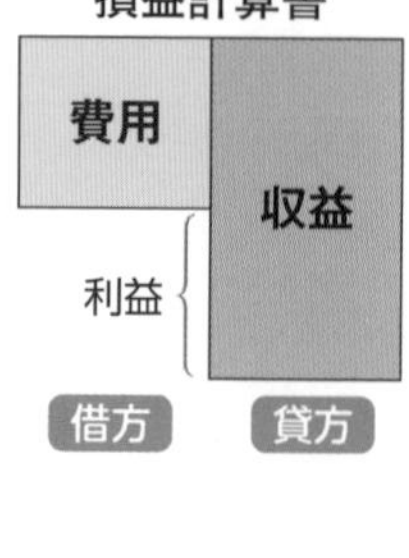

損益計算書

こぐま建設株式会社　　X2年4月1日～X3年3月31日→一定期間　　（単位：円）

費用	金額	収益	金額
完成工事原価	25,600	完成工事高	35,100
支払家賃	5,600	受取利息	1,600
水道光熱費	2,500		
法人税、住民税及び事業税	900		
当期純利益	2,100		
	36,700		36,700

こちらも借方の合計と貸方の合計は必ず一致するよ
収益－費用＝当期純利益
費用＋当期純利益＝収益

ここを CHECK!

収益よりも費用が大きければ、貸方に**当期純損失**として表示されます。

貸借対照表	会計期末日の資産、負債、純資産を集計した、お金持ち具合
損益計算書	当期分の収益から費用を引いてどれだけ儲かったか、損したか

例題 1-3

次の貸借対照表、損益計算書の空欄に適切な語句または数値を記入しなさい。
なお、勘定科目については下記の勘定科目群から選びなさい。

貸借対照表

こぐま建設株式会社　　X3年3月31日　　（単位：円）

資産	金額	負債及び純資産	金額
現金	6,500	工事未払金	4,100
完成工事未収入金	7,500	支払手形	1,400
未成工事支出金	（　①　）	（　②　）	970
機械装置	3,800	長期借入金	5,000
建物	6,800	資本金	20,000
	（　③　）		（　③　）

損益計算書

こぐま建設株式会社　　X2年4月1日～X3年3月31日　　(単位：円)

費用	金額	収益	金額
(　④　)	41,500	(　⑦　)	51,100
支払家賃	4,500	受取利息	700
水道光熱費	2,500		
法人税、住民税及び事業税	990		
(　⑤　)	(　⑥　)		
	(　⑧　)		(　⑧　)

〈勘定科目語群〉

未成工事受入金、備品、受取手形、完成工事高、完成工事原価、
当期純損失、当期純利益

・解答・

①6,870	②未成工事受入金	③31,470
④完成工事原価	⑤当期純利益	⑥2,310
⑦完成工事高	⑧51,800	

・解説・

③貸方と借方は一致するので、貸方から合計をもとめる。

4,100＋1,400＋970＋5,000＋20,000＝**31,470**

①上記③から差額をもとめる。

31,470－6,500－7,500－3,800－6,800＝**6,870**

②貸借対照表の貸方は負債か純資産なので、負債である**未成工事受入金**が該当する。

④損益計算書の借方なので、費用である**完成工事原価**になる。

⑤収益－費用の差額がプラスなら**当期純利益**が該当する。

⑦損益計算書の貸方なので、収益である**完成工事高**が該当する。

⑧損益計算書の貸方の合計から、51,100＋700＝**51,800**

⑥51,800－41,500－4,500－2,500－990＝**2,310**

4 仕訳（しわけ）

仕訳とは

　仕訳とは、取引を**借方（左側）**と**貸方（右側）**の２つに分けて、それぞれの金額を正しく計算する作業のことをさします。例えば、「材料50円を現金で購入した」という取引を仕訳した場合、次のようになります。

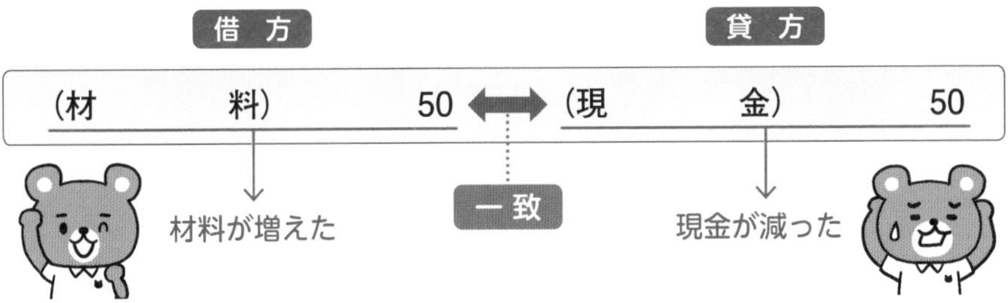

　この取引の場合、「材料が増えた」ことを借方である左側に、「現金が減った」ことを貸方である右側に分けて仕訳しています。なお、**仕訳の借方の合計金額と貸方の合計金額は必ず一致**します。

　取引の内容は、これまで学んだ資産、負債、純資産、収益、費用がそれぞれ増えたか、減ったかで判断され、簿記のルールで決まっている勘定科目にて整理されます。先程の取引の場合に戻ると、次のとおりです。

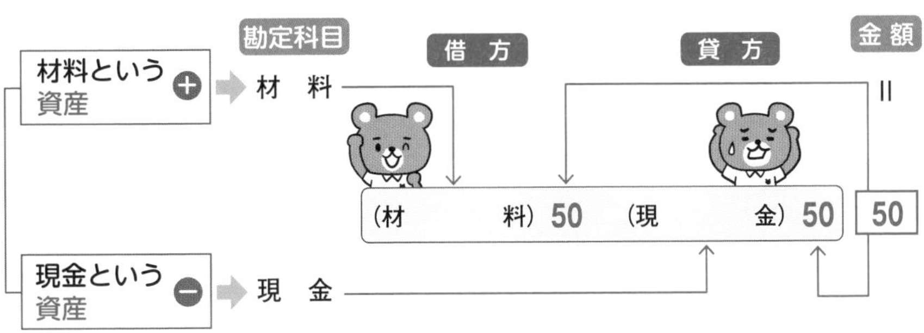

資産、負債、純資産、収益、費用の増減によって、簿記上の取引は次に示す8つの要素に分けられます。さらに8つの要素は、左側に必ず分けられる**借方要素**と、右側に必ず分けられる**貸方要素**からなります。それぞれ下記の図のとおりに結びつくものが決められています。

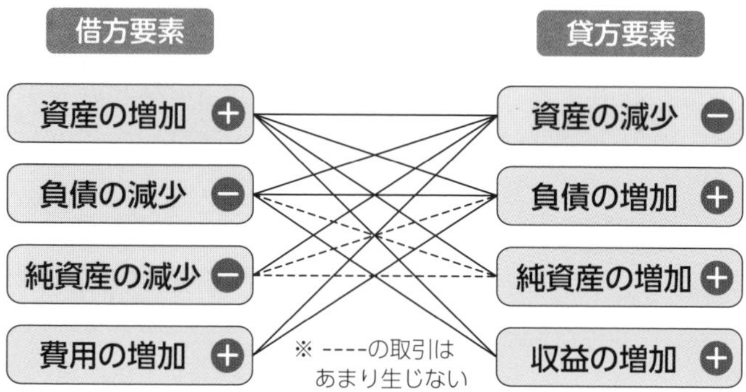

(31ページの結びつき)

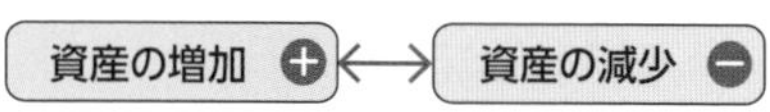

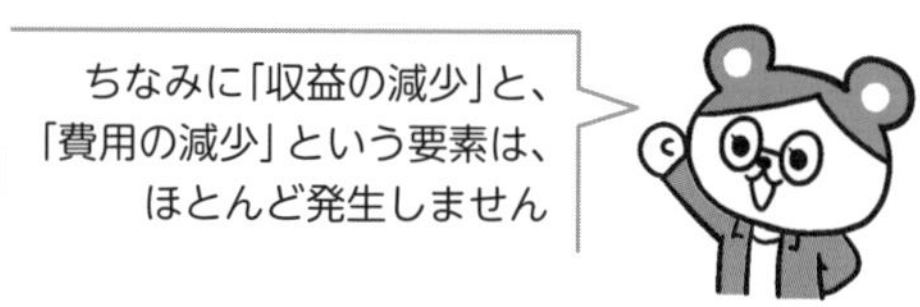

ちなみに「収益の減少」と、
「費用の減少」という要素は、
ほとんど発生しません

このように、簿記では決められたルールによって取引が仕訳されます。しかし、18ページで学んだように簿記にはさまざまな取引があり、どの要素が増減しているのかを整理する必要があります。そのため、取引を仕訳するときは、次の手順で行うと良いでしょう。

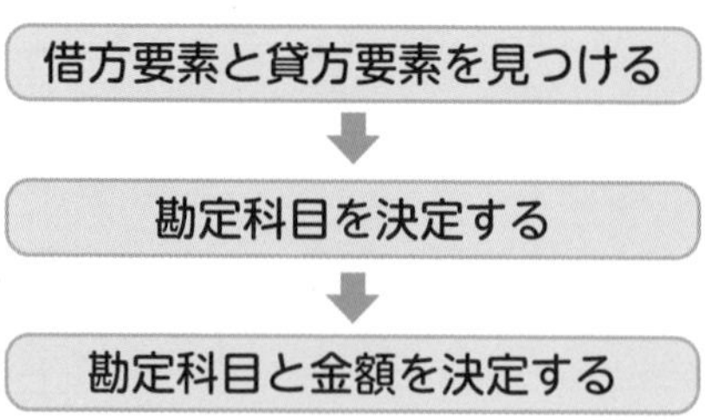

まずはどの要素が
増減しているかに
注目するんですね

実際の仕訳例から、さらにくわしく見てみましょう。

仕訳例1 木材を購入し、代金100,000円を現金で支払った。

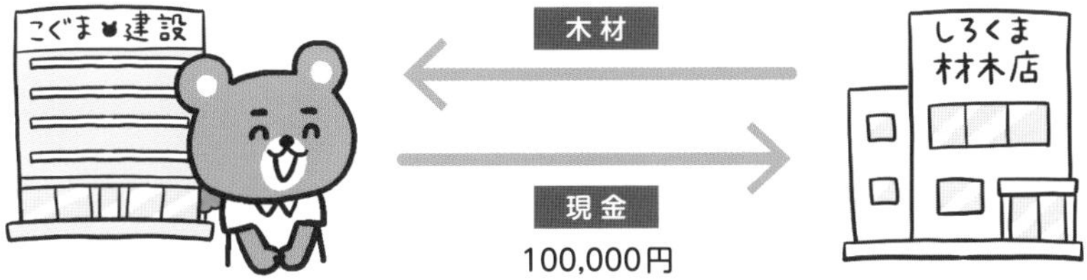

この取引の借方要素と貸方要素は、

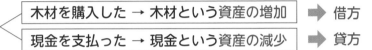

木材を購入した → 木材という資産の増加 ➡ 借方
現金を支払った → 現金という資産の減少 ➡ 貸方

借方要素と貸方要素を見つける

借方要素と貸方要素を
まず見つけました

木材の勘定科目は材料、現金の勘定科目は現金なので、

借方		貸方	
（材　　料）		（現　　金）	

勘定科目を決定

勘定科目を決定する

勘定科目を
決めました！

この取引は100,000円の木材を売買しているので、

借方		貸方	
（材　　料）	100,000	（現　　金）	100,000

金額を決定

勘定科目と金額を決定する

金額が決まったよ！

このページからさまざまな仕訳例を見ていきましょう。

仕訳例2　現金350,000円を当座預金に預け入れた。

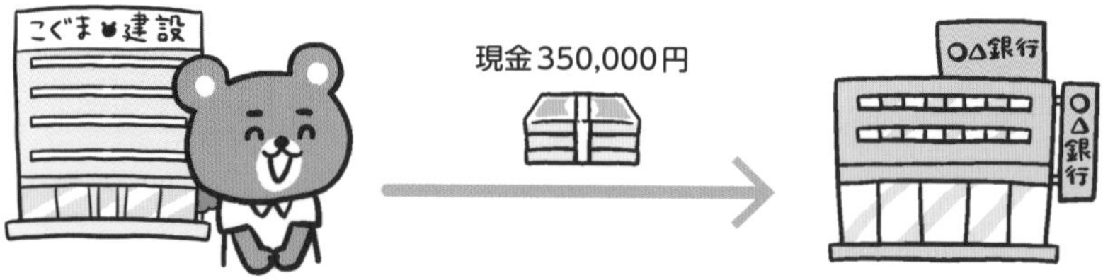

こぐま建設
現金350,000円
○△銀行
○△銀行

(当座預金)	350,000	(現　　金)	350,000

当座預金という資産の増加　→　借方
現金という資産の減少　→　貸方

ここを CHECK!
当座預金とは企業の取引に使われる口座です。

仕訳例3　車1,000,000円を購入し、代金は小切手で支払った。

こぐま建設
小切手
車
1,000,000円

小切手の支払い＝当座預金から支払われる

(車両運搬具)	1,000,000	(当座預金)	1,000,000

車両運搬具という資産の増加　→　借方
当座預金という資産の減少　→　貸方

小切手で支払うことは銀行の当座預金から支払われることになります
車の勘定科目は「車両運搬具」ですよ

仕訳例4　着手していた建物の工事が完成し、得意先であるしろくま材木店に引き渡した。なお、工事代金70,000,000円は来月末日に受け取る予定であり、完成した工事にかかった原価は57,500,000円であった。

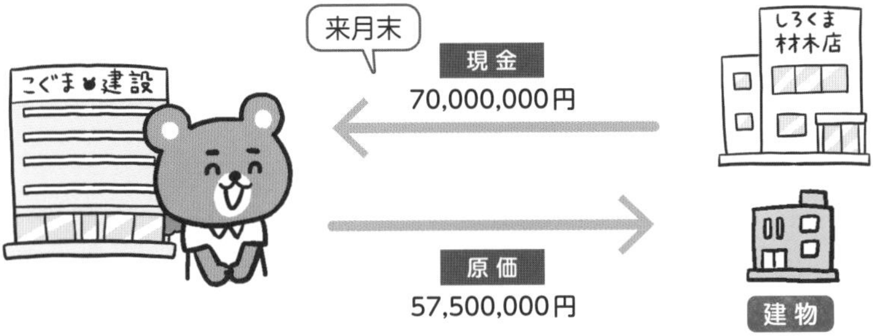

工事代金70,000,000円について見てみると、

(完成工事未収入金)	70,000,000	(完成工事高)	70,000,000

完成工事未収入金という将来お金がもらえる権利である**資産の増加**
→ **借方**

完成工事高という**収益の増加** → **貸方**

完成した工事にかかった原価57,500,000円について見てみると、

(完成工事原価)	57,500,000	(未成工事支出金)	57,500,000

完成工事原価という**費用の増加** → **借方**
工事が完成し、未成工事支出金が消滅するので**資産の減少** → **貸方**

仕訳例5　事務所の家賃料120,000円を現金で支払った。

(支払家賃)	120,0000	(現金)	120,0000

支払家賃という**費用の増加** → **借方**
現金という**資産の減少** → **貸方**

同じ取引をしていても、どの立場でいるかで仕訳内容が変わってきます。次からこぐま建設とひぐま商事の取引を見ていきましょう。

仕訳例6-1 こぐま建設は、取引先であるひぐま商事から460,000円借り入れた。

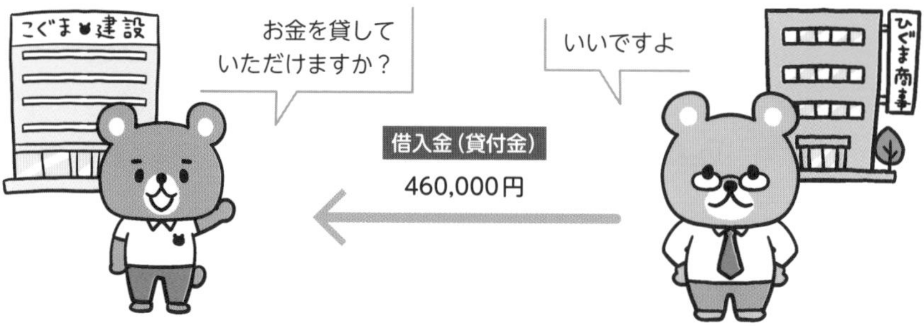

こぐま建設
お金を貸していただけますか？
いいですよ
ひぐま商事
借入金（貸付金）
460,000円

● **こぐま建設の仕訳（お金を借りた側）**

（現　　金）	460,000	（借　入　金）	460,000

ひぐま商事から借り入れたので、現金という**資産の増加 → 借方**
借入金という将来返さなければいけない義務である**負債の増加 → 貸方**

● **ひぐま商事の仕訳（お金を貸した側）**

（貸　付　金）	460,000	（現　　金）	460,000

貸付金という**資産の増加 → 借方**
こぐま建設にお金を貸したので、現金という**資産の減少 → 貸方**

仕訳例6-2 こぐま建設は、取引先のひぐま商事からの借入金460,000円を利息23,000円と合わせて現金でひぐま商事に支払った。

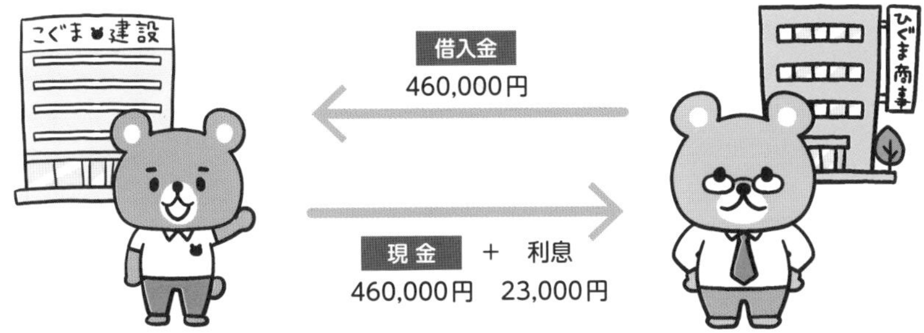

●こぐま建設の仕訳（お金を借りた側）

（借　入　金）	460,000	（現　　　金）	483,000
（支 払 利 息）	23,000		

返済したので、借入金という**負債の減少** → **借方**
支払利息という**費用の増加** → **借方**
現金という**資産の減少** → **貸方**

> ここを **CHECK!**
> 支払利息とは、お金を借りた側が支払う利息のことです。

●ひぐま商事の仕訳（お金を貸した側）

（現　　　金）	483,000	（貸　付　金）	460,000
		（受 取 利 息）	23,000

現金という**資産の増加** → **借方**
貸付金という**資産の減少** → **貸方**
受取利息という**収益の増加** → **貸方**

> ここを **CHECK!**
> 受取利息とは、お金を貸した側が受け取る利息のことです。

借方と貸方、左右の合計はほんとに同じなんですね
たくさんの仕訳に慣れることが大事ですよ

仕訳例7 工事代金の未収代金800,000円を現金で受け取った。

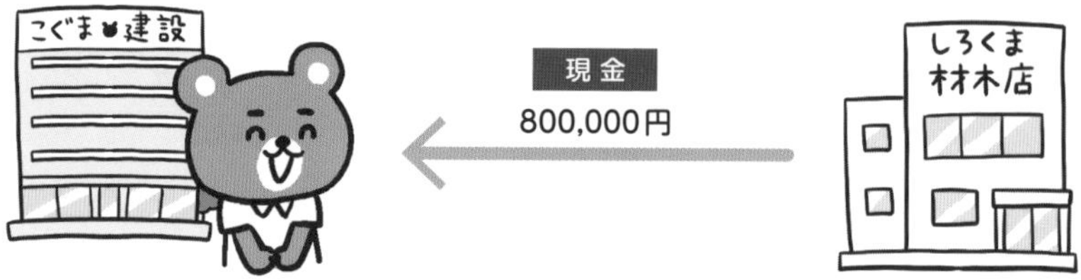

（現　　　金）	800,000	（完成工事未収入金）	800,000

現金という**資産の増加** → **借方**

完成工事未収入金という債権である**資産の減少** → **貸方**

仕訳例8 支払期日が到来した工事未払金500,000円について、現金で支払った。

（工 事 未 払 金）	500,000	（現　　　金）	500,000

工事未払金という**負債の減少** → **借方**

現金という**資産の減少** → **貸方**

例題 1-4 **次の取引の仕訳を示しなさい。使用する勘定科目は下記の勘定科目群から選びなさい。**

1. 工事契約による前受金65,000円を現金で受け取った。
2. 事務用文房具2,500円を購入し、現金で支払った。
3. 事務用机156,000円を購入し、代金は月末に支払う予定である。
4. 工事用資材450,000円を購入し、代金は翌月末払いとした。

5 借入金のうち200,000円を利息2,500円とともに現金で支払った。
6 会社設立時に株式を発行し、株主から普通預金への800,000円の入金を受けた。

〈勘定科目群〉
前受金、未成工事受入金、未成工事出金、器具備品、工事未払金、未払金、借入金、事務用消耗品費、備品、材料、支払利息、現金、当座預金、普通預金、出資金、資本金、手付金

•解答• •解説•

1	(現　　　金)	65,000	(未成工事受入金)	65,000

資産である現金が増加(借方)し、負債である未成工事受入金が増加(貸方)する。

2	(事務用消耗品費)	2,500	(現　　　金)	2,500

事務用消耗品費という費用が増加(借方)し、資産である現金が減少(貸方)する。

3	(備　　　品)	156,000	(未　払　金)	156,000

資産である備品が増加(借方)し、負債である未払金が増加(貸方)する。工事に関する取引ではないので未払金として処理する。

4	(材　　　料)	450,000	(工事未払金)	450,000

材料という資産が増加(借方)し、負債である未払金が増加(貸方)する。工事に関する取引なので工事未払金として処理する。

5	(借　入　金)	200,000	(現　　　金)	202,500
	(支 払 利 息)	2,500		

借入金という負債が減少(借方)し、費用である支払利息が増加(借方)し、資産である現金が減少(貸方)する。

❻（普 通 預 金）	800,000	（資　本　金）	800,000

普通預金という資産が増加（借方）し、純資産（資本）である資本金が増加（貸方）する。

5 転記（勘定記入）

（てんき かんじょうきにゅう）

転記（勘定記入）とは

仕訳を行った取引は、借方科目、貸方科目ともにそれぞれの勘定口座に移します。この手続きを**転記**といいます。各勘定口座を集めた帳簿を**総勘定元帳**といいます。

転記（勘定記入）の方法

借方の科目は、同じ科目どうしで勘定口座を選び、相手科目と日付、金額を記入します。貸方の科目は、同じ勘定口座を選び、相手科目と日付、金額を記入します。

実際に、転記の例を見ていきましょう。

相手科目が複数あるときには諸口と記入します

転記例1　8月1日、会社設立時に株式を発行し、株主から普通預金へ700,000円の入金を受けた。

（普 通 預 金）	700,000	（資　本　金）	700,000

普通預金という**資産の増加** → **借方**
資本金という**純資産の増加** → **貸方**

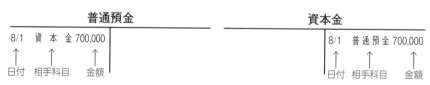

普通預金

借方	貸方
8/1 資 本 金 700,000	
↑日付　↑相手科目　↑金額	

資本金

借方	貸方
	8/1 普 通 預 金 700,000
	↑日付　↑相手科目　↑金額

転記例2 8月29日、銀行から現金850,000円を借り入れた。

(現　　　金)	850,000	(借　入　金)	850,000

現金という**資産の増加** → **借方**
借入金という**負債の増加** → **貸方**

現　金

8/29 借　入　金 850,000	
↑日付 ↑相手科目 ↑金額	

借入金

	8/29 現　　　金 850,000
	↑日付 ↑相手科目 ↑金額

転記例3 11月21日、銀行から借り入れた現金850,000円を利息16,600円とともに現金で支払った。

(借　入　金)	850,000	(現　　　金)	866,600
(支 払 利 息)	16,600		

借入金という**負債の減少** → **借方**
支払利息という**費用の増加** → **借方**
現金という**資産の減少** → **貸方**

現　金

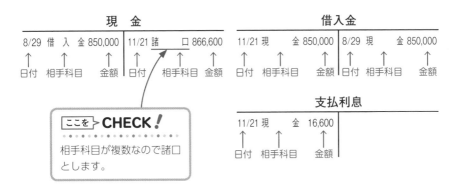

8/29 借　入　金 850,000	11/21 諸　　口 866,600
↑日付 ↑相手科目 ↑金額	↑日付 ↑相手科目 ↑金額

借入金

11/21 現　　　金 850,000	8/29 現　　　金 850,000
↑日付 ↑相手科目 ↑金額	↑日付 ↑相手科目 ↑金額

支払利息

11/21 現　　　金 16,600	
↑日付 ↑相手科目 ↑金額	

ここを CHECK!
相手科目が複数なので諸口とします。

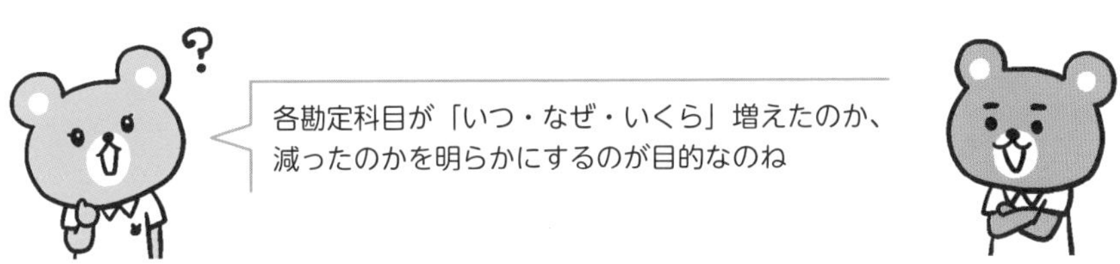

各勘定科目が「いつ・なぜ・いくら」増えたのか、減ったのかを明らかにするのが目的なのね

1 原価計算

建設業会計とは

建設業は、発注者が工事を依頼するところから始まります。建物などの工事が完成したら注文者に引き渡し、販売します。建設業は製造業に属しますが、そのほとんどがひとつの建物をつくる単品製造業です。

建設業はほかの製造業に比べて、工事期間が長く、
金額が大きくなることが多いよ

原価計算とは

原価計算とは、工事にかかった費用（**原価**）を計算することをいいます。通常、会計期間は1年ですが、原価計算は1日〜月末までの月単位で計算を行います。

工事にかかった費用の例

原価と非原価

原価は、次の3つに分けることができます。

工事原価	工事を完成させるためにかかった費用（材料費など）
販売費	受注促進などにかかった費用（広告宣伝費など）
一般管理費	会社を管理するためにかかった費用（通信費など）

これらをすべて合わせて**総原価**といいます。

原価に該当するもの以外は**非原価**として扱われます。非原価項目には、次のようなものがあります。

営業外費用	経営の目的に関連しないもの（支払利息など）
特別損失	異常な原因とするもの（火災、水害など偶発的な事故による災害損失など）

非原価項目は、
原価計算の対象外です

例題 2-1 **次の各費用などは、下記の〈区分〉のいずれに属するものか、記号（A～C）で解答しなさい。**

❶ 本社建物で発生した電気代及び水道代

❷ 工事現場を管理するために、現場の近くに借りた現場事務所の賃借料

❸ 材料倉庫用の土地を取得するための借入金の利息

〈区分〉
A 工事原価として処理する。
B 総原価に含まれ、販売費及び一般管理費として処理する。
C 非原価として処理する。

・解答・ ・解説・

❶ B 本社で発生した費用なので販売費及び一般管理費として処理する。

❷ A 工事に関する費用なので工事原価である。

❸ C 建設業の経営目的に関連していないので、営業外費用として処理する。

2 費目別計算の基礎

原価の分類

工事の完成のためにかかった原価は、**材料費**、**労務費（賃金）**、**外注費**、**経費**に分けられます。

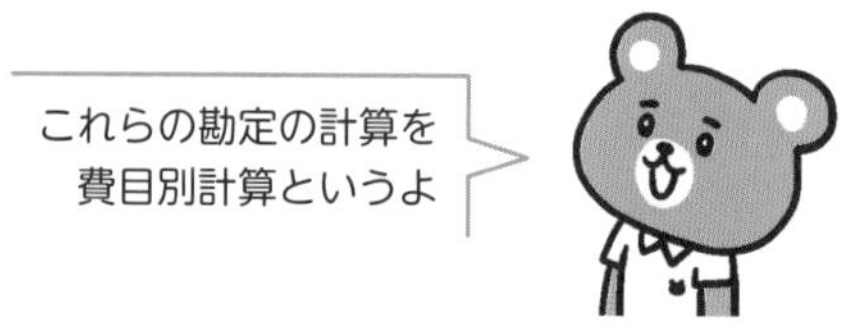
これらの勘定の計算を
費目別計算というよ

材料費

材料費とは、工事のために支出した木材、鉄骨など物品の消費のことをいいます。仕訳上で材料費がどのように処理されていくのか、流れを見ていきましょう。

仕訳例 こぐま建設は前月末日において、未使用の材料が1本13,500円ある。

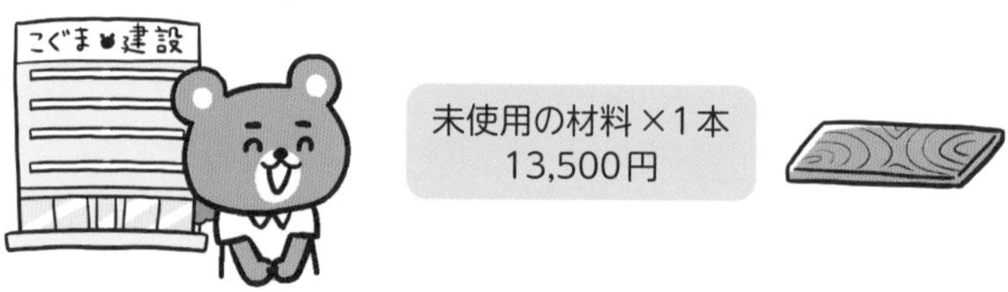
こぐま建設
未使用の材料×1本
13,500円

❶材料を購入したとき

4月1日、材料を掛けで7本（1本13,500円×7本＝94,500円）購入した。

（材　　　料）	94,500	（工事未払金）	94,500

❷材料を使ったとき

4月12日、材料2本（1本13,500円×2本＝27,000円）を工事現場で使った。

材料を使った(消費した)ので材料費が発生した

(材　料　費)	27,000	(材　　料)	27,000

4月20日、さらに材料3本(1本13,500円×3本＝40,500円)を工事現場で使った。

(材　料　費)	40,500	(材　　料)	40,500

前月から繰越した材料(1本13,500円)が倉庫内にあり、当月に材料7本(13,500円×7本＝94,500円)を購入し、5本(13,500円×5本＝67,500円)使ったので、残りは3本(13,500円×3本＝40,500円)になる。

材料の推移

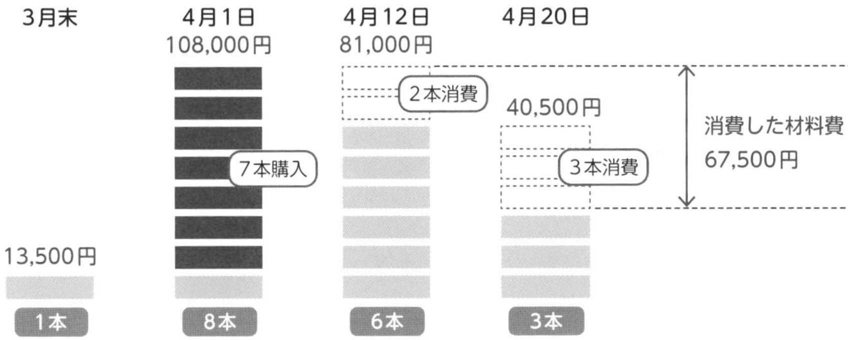

倉庫にある材料の状況をまとめると、次のとおりになる。

●4月中の当社の倉庫の中の状況

①4月12日の状況

3月末の残り(前月からの繰越)

1本×13,500円＝13,500円

4月1日に購入

7本×13,500円＝94,500円

〈材料〉

4月12日に消費

2本×13,500円＝27,000円

4月12日時点の残り

6本×13,500円＝81,000円

〈材料〉

●4月中の当社の倉庫の中の状況

②4月20日の状況

4月12日の残り 6本×13,500円＝81,000円 〈材料〉	4月20日に消費 3本×13,500円＝40,500円 4月20日時点の残り 3本×13,500円＝40,500円 〈材料〉

①4月12日の状況＋②4月20日の状況

3月末の残り（前月からの繰越） 1本×13,500円＝13,500円 4月に購入 7本×13,500円＝94,500円 〈材料〉	4月の消費の合計 5本×13,500円＝67,500円 4月末時点の残り 3本×13,500円＝40,500円 〈材料〉

当月に消費した材料費の合計は、27,000円＋40,500円＝67,500円である。これらは、原価計算期間内の月末までに工事が完成するかどうかわからないので、完成の状況が明らかになるまで、**消費した材料費**を**未成工事支出金**に振り替え、**完成した材料費**から**完成工事原価**に振り替える。

●未成工事支出金への振替

4月30日に今月消費した材料費を未成工事支出金に振り替える。

（未成工事支出金）	67,500	（材　料　費）	67,500

●完成工事原価への振替

消費した材料費67,500円のうち、54,000円が完成し、13,500円が未完成の場合は、

（完成工事原価）	54,000	（未成工事支出金）	54,000

未成工事支出金の材料費の残高は、67,500円－54,000円＝13,500円になる。これまでの材料費の増減について、転記を行うと次のとおりである。

材　料

4/1	前月繰越	13,500	4/12	材料費	27,000
4/1	工事未払金	94,500	4/20	材料費	40,500
			4/30	次月繰越	40,500

5月1日時点で倉庫に材料が残っている。

材料費

4/12	材料	27,000	4/30	未成工事支出金	67,500
4/20	材料	40,500			

未成工事支出金

4/30	材料費	67,500	4/30	完成工事原価	54,000
			4/30	次月繰越	13,500

完成工事原価

4/30	未成工事支出金	54,000			

労務費（賃金）

労務費とは、工事のために労働力を消費することで発生する費用をいい、工事現場ではたらく人の**賃金**にあたります。

労務費（賃金）の原価計算と支払期間

労務費の原価計算期間は１日～末日までですが、賃金の支払期間と必ず一致するとは限りません。例えば、支給時の金額（3月21日～4月20日）を見た場合、原価計算期間は4月１日～4月末日を基準に考えるので、賃金計算期間と原価計算期間にズレが生じています。

そこで、ズレを解消するために、原価計算期間外なのに余分に計上されている金額（3月21日〜3月末）を減算し、原価計算期間内であるのに計上されていない、計上すべき金額（4月21日〜4月末）を加算します。計上すべきなのに計上されていない金額のことを、**未払労務費**といいます。

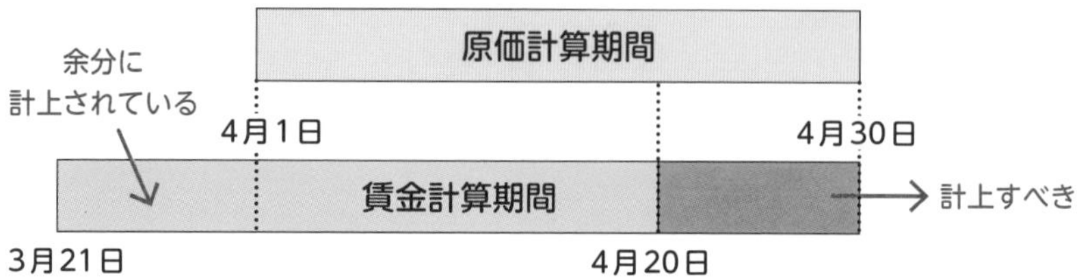

仕訳例 以下の条件で労務費を支払うとする。
原価計算期間…4月1日〜4月30日
給料（賃金）の支給日…4月25日
給料（賃金）計算期間…3月21日〜4月20日までの期間

●当月労務費

当月の労務費総額は460,000円であり、源泉所得税11,500円、社会保険料10,500円を差し引いた、支払額438,000円を現金で支給した。

源泉所得税11,500円＋社会保険料10,500円

（労　務　費）	460,000	（預　り　金）	22,000
		（現　　　金）	438,000

●前月の未払労務費

3月21日〜3月31日の期間は前月未払労務費にあたり、4月1日時点の前月未払労務費は165,000円である。

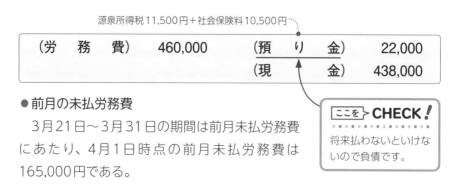

ここを CHECK!
将来払わないといけないので負債です。

（未払労務費）	165,000	（労　務　費）	165,000

●当月の未払労務費

4月21日～4月30日の期間は当月未払労務費にあたり、4月30日時点の当月未払労務費は175,000円である。

計上すべき金額が計上されていないので加算します

（労　務　費）	175,000	（未払労務費）	175,000

当月工事のために消費した労務費は、支給額460,000円＋当月未払労務費175,000円－前月未払労務費165,000円＝470,000円である。

この470,000円は、原価計算期間内の末日まで完成するのか未完成なのかわからないので、完成の状況が明らかになるまで、**消費した労務費**を**未成工事支出金**に振り替える。

消費した労務費のうち、完成したものから完成工事原価に振り替えるよ
材料費のときと同じですね！

●未成工事支出金への振替

4月30日、今月消費した労務費を未成工事支出金に振り替える。

（未成工事支出金）	470,000	（労　務　費）	470,000

●完成工事原価への振替

消費した労務費470,000円のうち、310,000円が完成して、160,000円が未完成の場合は、

（完成工事原価）	310,000	（未成工事支出金）	310,000

未成工事支出金の労務費の残高は、470,000円－310,000円＝160,000円になる。これまでの流れを転記すると、次のようになる。

労　務　費

4/25	諸　口	460,000	4/1	未払労務費	165,000
4/30	未払労務費	175,000	4/30	未成工事支出金	470,000

未成工事支出金

4/30	労　務　費	470,000	4/30	完成工事原価	310,000
			4/30	次月繰越	160,000

完成工事原価

4/30	未成工事支出金	310,000			

例題 2-2

問1　次の空欄の金額を計算しなさい。
問2　賃金支給時の仕訳を示しなさい。

福島建設株式会社の賃金支払期間は前月21日から当月20日までであり、当月25日に支給される。当月の賃金支給総額は1,850,000円であり、所得税130,000円、社会保険料105,000円を控除して、現金にて支給された。前月賃金未払高が461,000円で、当月賃金未払高が417,000円であったとすれば、当月の労務費は（　　　）円である。

・解答・　・解説・

問1　1,806,000（円）

問2　次のような仕訳となる。

●賃金支給時

（賃　金）	1,850,000	（預り金）	235,000
		（現　金）	1,615,000

●前月賃金未払高の再振替

（未払賃金）	461,000	（賃　金）	461,000

●当月賃金未払高

(賃　　　金)	417,000	(未払賃金)	417,000

1,850,000円＋417,000円－461,000円＝解答**1,806,000円**

外注費

水道工事や電気工事などを、外部業者に委託することがあります。**外注費**とは、下請契約により外部業者へ依頼したときに発生する費用をいいます。建設業は、一般的な製造業と比較して外注費の割合が高くなります。

この作業が終わったら
水道工事を頼んで…
電気工事も頼まなきゃ

仕訳例 こぐま建設は、水道工事を外部に委託した。下請契約は160,000円であり、水道業者から4月7日に工事の出来高が50%であると連絡を受けた。

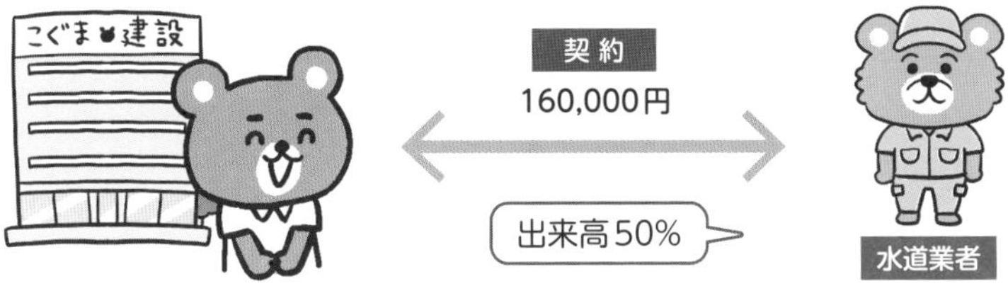

50%完成したから、160,000円×50%＝80,000円

(外注費)	80,000	(工事未払金)	80,000

水道業者から4月13日に完成したと連絡を受け、代金70,000円を現金で支払い、残額は掛けとした。

(外注費)	80,000	(現　　金)	70,000
		(工事未払金)	10,000

仕訳例 工事未払金の残額90,000円を現金で支払った。

(工事未払金)	90,000	(現　　金)	90,000

当月工事のために消費した外注費160,000円は、原価計算期間内の末日まで完成するのか未完成なのかわからないので、完成状況が明らかになるまで**消費した外注費**を**未成工事支出金**に振り替える。

これまでと同様に完成工事原価と
未成工事支出金に振り分けてみましょう

●未成工事支出金への振替

4月30日、今月消費した外注費を未成工事支出金に振り替える。

(未成工事支出金)	160,000	(外　注　費)	160,000

●完成工事原価への振替

消費した外注費160,000円のうち、80,000円が完成して、80,000円が未完成の場合は、

(完成工事原価)	80,000	(未成工事支出金)	80,000

未成工事支出金の外注費の残高は、160,000円－80,000円＝80,000円になる。これまでの外注費の流れを転記すると次のようになる。

外　注　費

4/7	工事未払金	80,000	4/30	未成工事支出金	160,000
4/13	諸　　口	80,000			

未成工事支出金

4/30	外　注　費	160,000	4/30	完成工事原価	80,000
			4/30	次月繰越	80,000

完成工事原価

4/30	未成工事支出金	80,000			

経　費

経費とは、工事のためにかかった費用で材料費、労務費、外注費以外の原価要素をいいます。

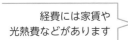

経費には家賃や
光熱費などがあります
材料費、労務費、
外注費以外の費用の
ことをいうんだね

仕訳例　4月8日、現場近くに借りた工事事務所の賃借料162,000円が普通預金から引き落とされていた。

（経　　　費）	162,000	（普 通 預 金）	162,000

4月10日、工事用車両のガソリン代5,000円を現金で支払った。

（経　　　費）	5,000	（現　　　金）	5,000

当月工事のために消費した経費の金額は、162,000円＋5,000円＝167,000円である。原価計算期間内の末日まで完成するのか未完成なのかわからないので、完成状況が明らかになるまで**消費した経費**を**未成工事支出金**に振り替える。

●未成工事支出金への振替

4月30日、今月消費した経費を未成工事支出金に振り替える。

（未成工事支出金）	167,000	（経　　　費）	167,000

●完成工事原価への振替

消費した経費167,000円のうち、115,000円が完成して、52,000円が未完成の場合は、

（完成工事原価）	115,000	（未成工事支出金）	115,000

未成工事支出金の経費の残高は、167,000円－115,000円＝52,000円になる。これまでの経費の流れを転記すると、次のようになる。

経　　　費

借方			貸方		
4/8	普通預金	162,000	4/30	未成工事支出金	167,000
4/10	現　金	5,000			

未成工事支出金

借方			貸方		
4/30	経　費	167,000	4/30	完成工事原価	115,000
			4/30	次月繰越	52,000

完成工事原価

借方			貸方		
4/30	未成工事支出金	115,000			

これまでの例は、工事に関する費用なので
経費として処理しました。
本社建物の家賃や営業用車両など、
会社を管理するためにかかった費用については
販売費及び一般管理費として処理しましょう

建設業会計原価の流れの基礎

これまで学んだ材料費、労務費（賃金）、外注費、経費について、まとめて処理の流れをおさらいしていきましょう。

工事は材料費、労務費（賃金）、外注費、
経費、すべての費用が関わってくるよ。
複雑な仕訳にも慣れておこう！

仕訳例　以下の条件で、仕訳を示していく。

①原価計算期間は4月1日～4月末日までとする。

②3月中に工事のために消費した原価のうち、3月末に未完成であった原価は224,000円であった。

③ ②の前月から繰り越した未成工事支出金224,000円は、全額4月末時点において完成工事原価に含まれている。

●材料費

消費した材料費67,500円のうち、54,000円が完成して、13,500円が未完成の場合は、

(完成工事原価)	54,000	(未成工事支出金)	54,000

未成工事支出金の材料費の残高は67,500円－54,000円＝13,500円になる。

●労務費

消費した労務費470,000円のうち、310,000円が完成して、160,000円が未完成の場合は、

(完成工事原価)	310,000	(未成工事支出金)	310,000

未成工事支出金の労務費の残高は470,000円－310,000円＝160,000円になる。

●外注費

消費した外注費160,000円のうち、80,000円が完成して、80,000円が未完成の場合は、

(完成工事原価)	80,000	(未成工事支出金)	80,000

未成工事支出金の労務費の残高は160,000円－80,000円＝80,000円になる。

●経費

消費した経費費167,000円のうち、115,000円が完成して、52,000円が未完成の場合は、

(完成工事原価)	115,000	(未成工事支出金)	115,000

未成工事支出金の経費の残高は、167,000円－115,000円＝52,000円になる。

未成工事支出金

前　月　繰　越	224,000	完成工事原価	783,000
材　　料　　費	67,500	次　月　繰　越	305,500
労　　務　　費	470,000		
外　　注　　費	160,000		
経　　　　　費	167,000		
	1,088,500		1,088,500

完成工事原価は54,000円＋310,000円＋80,000円＋115,000円＋224,000円＝783,000円、次月繰越は13,500円＋160,000円＋80,000円＋52,000円＝305,500円になる。

なお、未成工事支出金は、前月繰越、発生工事原価、完成工事原価、次月繰越で構成される。

工事直接費（現場個別費）と工事間接費（現場共通費）

工事直接費（現場個別費）とは、どの工事でどれだけかかったかわかる原価をいい、直接材料費、直接労務費、直接外注費、直接経費があります。

工事間接費（現場共通費）とは、どの工事でどれだけかかったかわからない原価で間接材料費、間接労務費、間接経費があります（間接外注費はほとんどありません）。

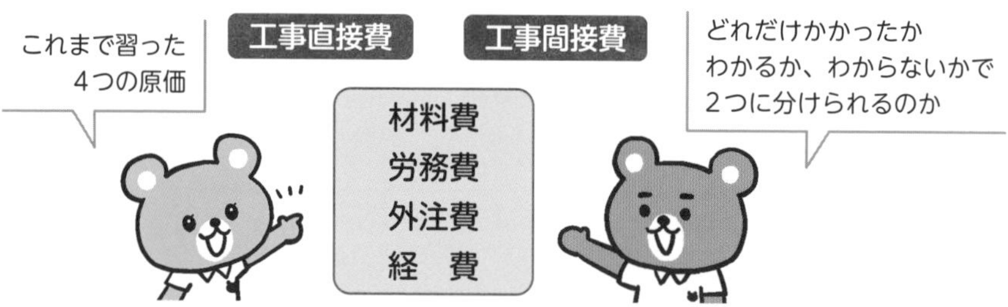

例題 2-3

❶～❽の原価がA工事直接費、B工事間接費、Cその他の事項のうちいずれかを選択しなさい。なお当社が現在、着手している工事は神田電気工事と秋葉原建築工事の２件である。

1 甲氏は電気工事専属の現場作業員で、月給は固定給320,000円である。

2 丙氏は電気工事と空調工事と建築工事の現場作業員で賃金360,000円であり、今月は電気工事と建築工事ともに手掛けている。

3 今月は木材を480,000円消費し、これは秋葉原工事に関するものである。

4 すべての現場で材料運搬用として使用するトラックのガソリン代が今月は66,000円であった。

5 本社事務所の家賃25,000円を現金で支払った。

6 借入金の利息3,000円を現金で支払った。

7 建設機械3,700,000円を購入した。

8 水害により倉庫内の材料480,000円が消失した。

・解答・ ・解説・

1 A 電気工事によって発生した原価であるので工事直接費である。

2 B 360,000円は建築工事に関する原価なのか、電気工事に関する原価なのか認識できないので工事間接費である。

3 A 秋葉原工事と特定しているので直接材料費である。

4 B すべての現場で使用するため特定の工事で発生した原価と認識できないので工事間接費である。

5 C 会社の経営に関する現金支出であり、販売費及び一般管理費として処理する。

6 C 建設業の経営目的に関連していないので営業外費用として処理する。

7 C 消費していないので原価ではない。固定資産（有形固定資産）として処理する。

8 C 異常な状態が原因であるため原価ではなく、非原価項目特別損失として処理する。

基礎力確認問題

1 重要度 B 難易度 A 解答＆解説➡P66

次の各取引について仕訳を示しなさい。使用する勘定科目は下記の勘定科目群から選びなさい。

(1) 工事用のセメント550,000円を仕入れ、その代金の330,000円は現金で支払い、残額は翌月払いとした。

(2) 銀行から運転資金500,000円を借り入れ、利息4,500円を差し引かれ差額を現金で受け取った。

(3) 完成した工事の未回収分110,000円を現金で受け取った。

(4) 郵便切手代3,600円を現金で支払った。

(5) 営業用パンフレットの未払分7,000円が未処理であった。

(6) 現場作業員の当月賃金は935,000円であった。源泉所得税39,000円、社会保険料の作業員分19,000円を控除して現金で支払った。

(7) 着手している工事の代金一部230,000円が普通預金に振り込まれた。

〈勘定科目群〉

現金　材料　完成工事未収入金　借入金　支払利息　工事未払金　未払金　保険料　未成工事支出金　完成工事原価　未成工事受入金　普通預金　当座預金　預り金　販売費及び一般管理費

NO	勘定科目	金額	勘定科目	金額
(1)				
(2)				
(3)				
(4)				
(5)				
(6)				
(7)				

2-1 重要度 B 難易度 B

解答&解説➡P67

水沢建設工業株式会社が請け負った工事に関する7月中の取引は下記のとおりであった。7月31日における未成工事支出金の費目別の金額を解答用紙の所定の欄に記入しなさい。

〈取引〉

7月　1日　前月繰越高（未成工事支出金）

　材料費　241,000円

　労務費　162,000円

　外注費　316,000円

　経　費　61,800円

　6日　鉄骨651,500円を現場に搬入した。

　9日　鉄骨1,200,000円を購入し、倉庫に保管した。

　15日　電力料35,000円を小切手を振り出して支払った。

　22日　労災保険料36,000円を現金で支払った。

23日　現場作業員の賃金650,000円を現金で支払った。

24日　現場事務所家賃231,000円を現金で支払った。

24日　鉄骨765,500円を現場に搬入した。

30日　外注業者の業務を検収し、その代金730,000円の請求書を受領した。

7月31日　次月繰越高（未成工事支出金）

材料費　225,000円

労務費　161,000円

外注費　322,000円

経　費　62,300円

	発生工事原価	完成工事原価
材料費	¥	¥
労務費	¥	¥
外注費	¥	¥
経　費	¥	¥

2-2 重要度 B 難易度 B

解答＆解説➡P68

問1　大宮土木工業株式会社の今月中の各取引⑴～⒇の仕訳を示しなさい。使用する勘定科目は下記の勘定科目群から選びなさい。

⑴　備品（本社用）170,000円を購入し、代金は翌月払いとした。

⑵　工事用資材258,000円を購入し、代金は翌月払いとした。

⑶　賃金手当総額856,000円から源泉所得税42,100円と社会保険料41,600円を控除された差引額772,300円を現金で支給した。

⑷　前月末未払賃金計上額は120,000円であった。

⑸　当月末未払賃金計上額は135,000円であった。

⑹　内装工事250,000円を外注契約しているが、進捗状況が30％であることが判明した。

⑺　⑹の内装工事が完成し、代金は現金235,000円支払った。残額は掛けとした。

⑻　内装工事に関する工事未払金の残額を現金で支払った。

⑼　工事用事務所の家賃265,000円が普通預金から引き落とされた。

⑽　本社役員用車両のガソリン代5,000円を現金で支払った。

⑾　工事用トラックの駐車場代34,300円を現金で支払った。

⑿　工事事務所で使用した事務用消耗品費8,500円を本社管理事務所で使用したものとして販売費及び一般管理費で処理していた。

⒀　銀行から現金600,000円を借り入れた。

⒁　取引先に現金750,000円を貸し付けた。

⒂　⒀の借入金につき利息3,000円とともに現金で支払った。

⒃　⒁の貸付金につき利息5,000円とともに現金で受け取った。

⒄　⑶の源泉所得税42,100円と社会保険料41,600円を合わせて現金で支払った。

⒅　本社建物の家賃350,000円が普通預金から引き落とされていたが未処理であった。

⒆　着工していた請負価額1,800,000円、工事原価1,460,000円の工事が完成し、代金は来週末に受け取る予定である。なお着手前の受入金は300,000円であった。
完成工事高及び完成工事原価に関する仕訳を示しなさい。

⒇　⒆の工事代金の未収金額を全額現金で受け取った。

〈勘定科目群〉
材料　備品　未成工事支出金　未成工事受入金　完成工事原価　完成工事高　賃金　販売費及び一般管理費　完成工事未収入金　貸付金　借入金　経費　外注費　未払賃金　工事未払金　未払金　未収入金　普通預金　現金　借入金　受取利息　支払利息　預り金

問2　問1にもとづき空欄の金額または語句を記入しなさい。使用する語句は選択語群から選択しなさい。

〈選択科目語群〉
材料費　販売費及び一般管理費　未払賃金　材料　諸口
完成工事原価　完成工事高　未成工事支出金　預り金　所得税

（単位：円）

材　料

前月繰越	21,600	（ ② ）	（ ③ ）
工事未払金	（ ① ）	次月繰越	23,100

労　務　費

諸　口	（ ④ ）	未払賃金	（ ⑤ ）
（ ⑥ ）	（ ⑦ ）	（ ⑧ ）	（ ⑨ ）

未成工事支出金

前月繰越	247,800	（ ⑭ ）	（ ⑮ ）
材料費	（ ⑩ ）	次月繰越	（ ⑯ ）
労務費	（ ⑪ ）		
外注費	（ ⑫ ）		
経　費	（ ⑬ ）		
	（ ⑰ ）		（ ⑱ ）

完成工事原価

（ ⑲ ）	（ ⑳ ）		

完成工事高

		（ ㉑ ）	（ ㉒ ）

問1

NO	勘定科目	金額	勘定科目	金額
(1)				
(2)				
(3)				
(4)				
(5)				
(6)				
(7)				
(8)				
(9)				
(10)				
(11)				
(12)				
(13)				
(14)				
(15)				

NO	勘　定　科　目	金　　額	勘　定　科　目	金　　額
(16)				
(17)				
(18)				
(19)				
(20)				

問2

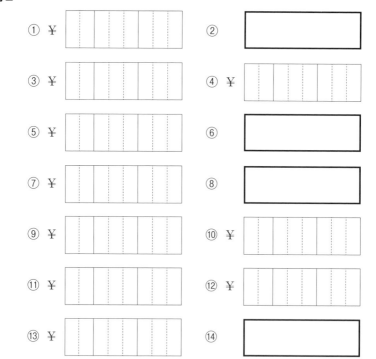

① ¥		②	
③ ¥		④ ¥	
⑤ ¥		⑥	
⑦ ¥		⑧	
⑨ ¥		⑩ ¥	
⑪ ¥		⑫ ¥	
⑬ ¥		⑭	

⑮	¥		⑯	¥	
⑰	¥		⑱	¥	
⑲			⑳	¥	
㉑			㉒	¥	

解答＆解説

1 参照➡P44

NO	勘定科目	金額	勘定科目	金額
(1)	材料	550000	現金 工事未払金	330000 220000
(2)	現金 支払利息	495500 4500	借入金	500000
(3)	現金	110000	完成工事未収入金	110000
(4)	販売費及び一般管理費	3600	現金	3600
(5)	販売費及び一般管理費	7000	未払金	7000
(6)	未成工事支出金	935000	現金 預り金	877000 58000
(7)	普通預金	230000	未成工事受入金	230000

(1) 工事に関する費用なので、工事未払金として処理する。勘定科目群に材料勘定がなければ工事に関する支出なので、未成工事支出金として処理する。

(2) 借りた時点で利息相当額も差し引かれている。現金の金額は500,000円－4,500円＝495,500円

(3) 完成した工事の未回収分は完成工事未収入金である。

(4) 勘定科目の語群に通信費がないため、販売費及び一般管理費を選択する。

(5) 未処理なので処理すべきことを処理する。広告宣伝費が語群にないので販売費及び一般管理費を選択する。工事に関する費用ではないので工事未払金ではなく未払金として処理する。

(6) (1)の材料勘定のように労務費、賃金という科目がないので、未成工事支出金を選択する。源泉所得税、社会保険料は将来払うべきものなので預り金として処理する。

(7) 工事代金の前受分は未成工事受入金として処理する。

2-1 参照➡P44

	発生工事原価	完成工事原価
材料費	¥1417000	¥1433000
労務費	¥650000	¥651000
外注費	¥730000	¥724000
経　費	¥302000	¥301500

材料費の計算

発生工事原価＝今月工事のために消費した材料費を計算する。
6日　鉄骨搬入651,500円＋24日　鉄骨搬入765,500円＝1,417,000円
完成工事原価
前月繰越241,000円＋発生工事原価1,417,000円－次月繰越225,000円＝1,433,000円
※9日に鉄骨1,200,000円を購入し、倉庫に保管した。購入なので本問では関係のない取引である。

労務費の計算

発生工事原価＝今月工事のために消費した労務費は23日の650,000円である。
完成工事原価
前月繰越高162,000円＋発生工事原価650,000円－次月繰越161,000円＝651,000円

外注費の計算

発生工事原価＝30日　730,000円のみである。
完成工事原価＝前月繰越316,000円＋730,000円－次月繰越外注費322,000円＝724,000円

経費の計算

発生工事原価＝15日　電力料35,000円＋22日　労災保険料36,000円＋24日

現場事務所家賃231,000円＝302,000円
完成工事原価
前月繰越高　経費61,800円＋発生工事原価302,000円－経費62,300円＝301,500円

2-2 問1　参照➡P44

NO	勘定科目	金額	勘定科目	金額
(1)	備品	170000	未払金	170000
(2)	材料	258000	工事未払金	258000
(3)	賃金	856000	現金 預り金	772300 83700
(4)	未払賃金	120000	賃金	120000
(5)	賃金	135000	未払賃金	135000
(6)	外注費	75000	工事未払金	75000
(7)	外注費 工事未払金	175000 60000	現金	235000
(8)	工事未払金	15000	現金	15000
(9)	経費	265000	普通預金	265000
(10)	販売費及び一般管理費	5000	現金	5000
(11)	経費	34300	現金	34300

NO	勘定科目	金額	勘定科目	金額
⑿	経費	8500	販売費及び一般管理費	8500
⒀	現金	600000	借入金	600000
⒁	貸付金	750000	現金	750000
⒂	借入金 支払利息	600000 3000	現金	603000
⒃	現金	755000	貸付金 受取利息	750000 5000
⒄	預り金	83700	現金	83700
⒅	販売費及び一般管理費	350000	普通預金	350000
⒆	未成工事受入金 完成工事未収入金 完成工事原価	300000 1500000 1460000	完成工事高 未成工事支出金	1800000 1460000
⒇	現金	1500000	完成工事未収入金	1500000

費目別計算は
できましたか？
これが解けたら
ばっちりだね！

(1) 備品の購入をした。

(備　　　品)	170,000	(未　払　金)	170,000

工事原価以外の取引だから未払金として処理する。

(2) 工事用資材258,000円を購入した。

(材　　　料)	258,000	(工事未払金)	258,000

工事に関する取引なので工事未払金で処理する。

(3) 賃金手当の支給をした。

(賃　　　金)	856,000	(現　　　金)	772,300
		(預　り　金)	83,700

将来支払うべき金額なので負債

(4) 前月末未払賃

(未払賃金)	120,000	(賃　　　金)	120,000

(5) 当月末未払賃金

(賃　　　金)	135,000	(未払賃金)	135,000

(6) 外注費の進捗状況

(外　注　費)	75,000	(工事未払金)	75,000

250,000円×30%=75,000円

(7) 内装工事の完成

(外　注　費)	175,000	(現　　　金)	235,000
(工事未払金)	60,000		

(8) 工事未払金の支払い

(工事未払金)	15,000	(現　　　金)	15,000

(6)75,000円－(7)60,000円=残額15,000円

(9) 工事用事務所の家賃の引き落し。

(経　　　費)	265,000	(普通預金)	265,000

(10) 本社役員用のガソリン代の支払い。

(販売費及び一般管理費)	5,000	(現　　　金)	5,000

(11) 工事用トラックの駐車場代の支払い。

(経　　　費)	34,300	(現　　　金)	34,300

(12) 修正仕訳(誤りを修正する)

間違えた仕訳

(販売費及び一般管理費)	8,500	(現　金　等)	8,500

反対仕訳

（現　金　等）	8,500	（販売費及び一般管理費）	8,500

正しい仕訳

（経　　費）	8,500	（現　金　等）	8,500

反対仕訳＋正しい仕訳

（経　　費）	8,500	（販売費及び一般管理費）	8,500

⒀　現金の借り入れ

（現　　金）	600,000	（借　入　金）	600,000

⒁　現金の貸し付け

（貸　付　金）	750,000	（現　　金）	750,000

⒂　借入金の返済

（借　入　金）	600,000	（現　　金）	603,000
（支 払 利 息）	3,000		

⒃　貸付金の回収

（現　　金）	755,000	（貸　付　金）	750,000
		（受 取 利 息）	5,000

⒄　源泉所得税42,100円と社会保険料41,600円の支払い。

（預　り　金）	83,700	（現　　金）	83,700

⒅　本社建物の家賃350,000円の未処理。

（販売費及び一般管理費）	350,000	（普 通 預 金）	350,000

会社を管理するための費用だから販売費及び一般管理費である。

⒆　完成工事高及び完成工事原価に関する仕訳。

（未成工事受入金）	300,000	（完 成 工 事 高）	1,800,000
（完成工事未収入金）	1,500,000		

着手前に代金300,000円を受け入れているので完成工事未収入金は1,800,000円－300,000円＝1,500,000円

（完成工事原価）	1,460,000	（未成工事支出金）	1,460,000

⒇　工事代金未収金額の回収

（現　　金）	1,500,000	（完成工事未収入金）	1,500,000

2-2 問2 参照➡P44

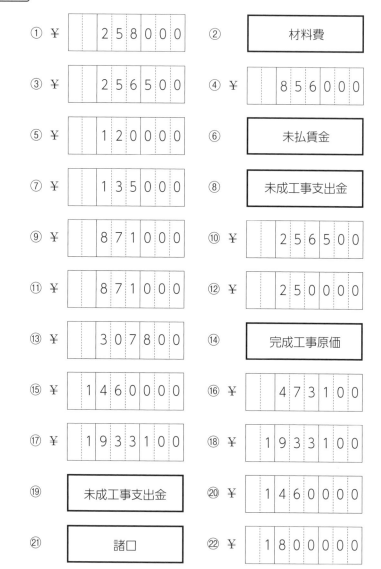

①	¥258000	②	材料費
③	¥256500	④	¥856000
⑤	¥120000	⑥	未払賃金
⑦	¥135000	⑧	未成工事支出金
⑨	¥871000	⑩	¥256500
⑪	¥871000	⑫	¥250000
⑬	¥307800	⑭	完成工事原価
⑮	¥1460000	⑯	¥473100
⑰	¥1933100	⑱	¥1933100
⑲	未成工事支出金	⑳	¥1460000
㉑	諸口	㉒	¥1800000

①問1⑵より258,000円
②工事のために消費したので材料費
③21,600円＋258,000円－23,100円＝256,500円
④問1⑶より856,000円

⑤問1⑷より120,000円

⑥未払賃金

⑦問1⑸より135,000円

⑧未成工事支出金

⑨問1⑶856,000円＋⑸135,000円－⑷120,000円＝871,000円

⑩③の金額256,500円　材料の発生工事原価（消費額）

⑪⑨の金額871,000円　労務費の完成工事原価

⑫問1⑹と⑺より250,000円

⑬問1⑼265,000円＋⑾34,300円＋⑿8,500円＝307,800円

⑰⑱　⑰と⑱は同じ金額であり、前月繰越と発生工事原価を合計するだけで解答できるので先に計算する。

247,800円＋⑩256,500円＋⑪871,000円＋⑫250,000円＋⑬307,800円＝1,933,100円

⑭⑮　未成工事支出金勘定の貸方は完成工事原価か次月繰越であるので⑭は完成工事原価であり、⑮の金額は問1⒆より1,460,000円である。

⑯完成工事原価は問1⒆より1,460,000円なので合計金額1,933,100円－1,460,000円＝473,100円

⑲⑳　問1⒆より⑲未成工事支出金、⑳1,460,000円

㉑㉒

問1⒆の仕訳

（未成工事受入金）	300,000	（完成工事高）	1,800,000
（完成工事未収入金）	1,500,000		

完成工事高の相手科目は未成工事受入金と完成工事未収入金で２つ以上なので、㉑科目は諸口で、㉒金額は1,800,000円である。

基礎編のまとめ

この用語を覚えよう！

簿記 日々の取引活動を一定のルールに従って帳簿に記入すること

取引 資産、負債、純資産（資本）、費用、収益の増減を伴う取引のこと

資産
・現金や土地建物のように、個別で財産価値があるもの
・貸付金や完成工事未収入金のように、後でお金などを受け取れる権利のこと

負債 借入金や工事未払金のように、将来支払わなければならない債務などのこと

純資産（資本） 資産の総額から、負債の総額を差し引いた正味の財産（返さなくてもいい元手）のこと

費用 儲けるために費やしたり支払ったりしたもの

収益 どのようにして儲けたのかを示したもの

このしくみを理解しよう！

● **簿記の目的** → 財政状態（お金持ち具合）と経営成績（どれだけ儲かっているか）を明らかにする

本試験対策編

この章では、基礎編で学習したことをもとに、実践的な内容について学習していきます。

内容が
難しくなるのかな…
ひとつひとつ
学んでいきましょう

1 現　金

現金とは

現金は、通貨と通貨代用証券に分けられます。通貨とは、紙幣と硬貨のことをいいます。通貨代用証券とは、すぐに通貨に換えることができる証券のことで、**他人振出小切手**、送金小切手、送金為替手形、預金手形、郵便為替証書、**期限の到来した公社債利札**、**配当金領収書**、振替払出証書などがあります。

現金として扱うものはいろいろあるんですね
現金は、普段わたしたちが使っている通貨だけではありません。企業間の取引では、小切手や証書がよく使われます

現金が取引の仕訳を見てみましょう。

仕訳例

●機械装置を75,000円で購入し、代金は現金で支払った。

（機 械 装 置）	75,000	（現　　　金）	75,000

●工事代金の未収代金160,000円を小切手で受け取った。

（現　　　金）	160,000	（工 事 未 払 金）	160,000

すぐに現金化できる通貨代用証券なので、**現金として処理**する。

●土地1,200,000円を売却し、代金は現金で受け取った。

（現　　　金）	1,200,000	（土　　　地）	1,200,000

現金過不足

帳簿に記入されている金額と、実際にある現金の金額が一致しないことがあります。この場合の差額を**現金過不足**といいます。現金過不足勘定は、次のような処理が行われます。

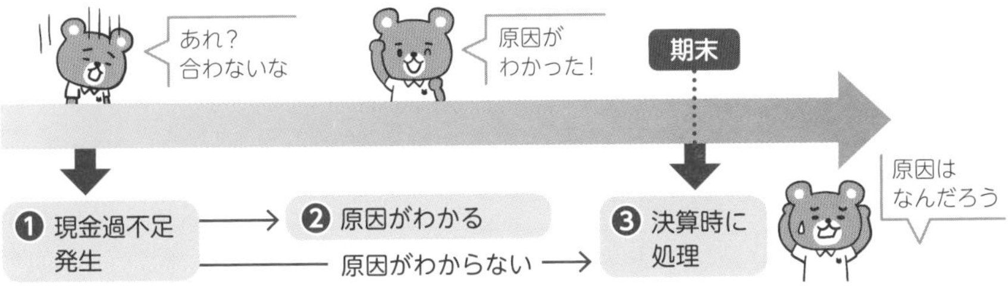

どのように仕訳を行うのか、例を見てみましょう。

仕訳例1 会社の帳簿金額より、実際の金額が不足していた場合（雑損失または雑損）

❶1,000円少ないのが事実だから、1,000円減らす。

(現 金 過 不 足)	1,000	(現　　　金)	1,000

原因がわからないので現金過不足として処理

ここを CHECK!
実際にある金額（実際有高）に合わせて修正します。

❷原因を探す。

その1 事務用消耗品費500円の現金支払いの記入漏れがあった。

その2 差額である500円の不一致の原因はわからなかった。

❸原因が判明したものは正しい勘定に、判明しないものは雑損失または雑損として処理する。

(事務用消耗品費)	500	(現 金 過 不 足)	1,000
(雑　損　失)	500		

…費用として処理　…原因がわかったので消す

仕訳例2　会社の帳簿金額より、実際の金額が多い場合（雑収入または雑益）

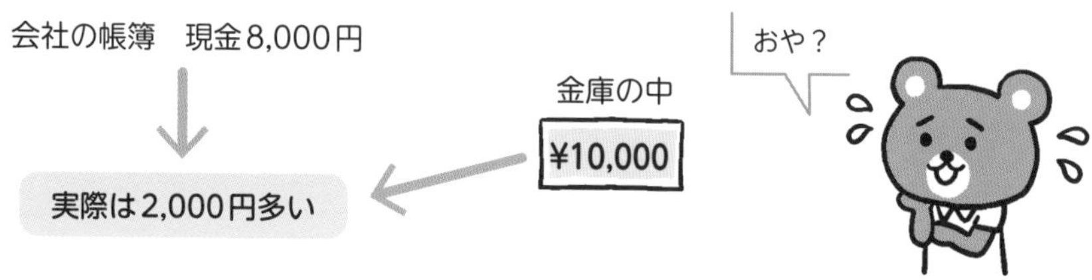

❶2,000円多いのが事実だから、2,000円増やす。

(現　　金)	2,000	(現 金 過 不 足)	2,000

…原因がわからないので現金過不足として処理

❷原因を探す。

その1 貸付金回収により受取利息1,200円の記入漏れがあった。

その2 差額である800円の不一致の原因はわからなかった。

❸原因が判明したものは正しい勘定に、判明しないものは雑収入または雑益として処理する。

(現 金 過 不 足)	2,000	(受 取 利 息)	1,200
		(雑　収　入)	800

…原因がわかったので消す　…収益として処理

例題 3-1 次の取引について仕訳を示しなさい。

現金の帳簿残高が68,000円であるが、実際の手許残高は62,000円であった。原因を調査した結果、通信費1,200円を支払い済みであったが未処理で、備品66,000円を現金購入していたが65,000円と誤記入していた。それ以外の原因は不明である。

・解 答・ **・解 説・**

不一致を処理する。

実際は6,000円少ない

(現金過不足)	6,000	(現　　金)	6,000

原因を見つける。

(通　信　費)	1,200	(現金過不足)	6,000
(備　　品)	1,000		
(雑　損　失)	3,800		

通信費の1,200円が処理されておらず、備品を1,000円過小計上しているので、追加計上する。原因が判明しない差額は、雑損失とする。

2 預金（よきん）

預金とは

預金には、**当座預金**（とうざよきん）、**普通預金**（ふつうよきん）、**定期預金**（ていきよきん）があります。これらの預金口座に預け入れたときは増加しているので**資産の増加（借方）**として処理し、引き出したときは**資産の減少（貸方）**として処理します。

当座預金とは

当座預金とは、銀行と利息のつかない当座取引契約を結んでいる預金です。引き出すには小切手を使い、**当座預金という資産の減少**として処理します。

ここを CHECK!

自分が振り出した小切手が戻ったときは、**当座預金（資産）の増加**として処理します。

仕訳例　当座預金

● 金庫の現金500,000円を当座預金に預け入れた。

（当　座　預　金）	500,000	（現　　　　金）	500,000
資産の増加		資産の減少	

● 工事未払金250,000円を小切手で支払った。

（工 事 未 払 金）	250,000	（当　座　預　金）	250,000
負債の減少		資産の減少	

● 完成工事未収入金360,000円を小切手で受け取った。

（現　　　　金）	360,000	（完成工事未収入金）	360,000

すぐに現金化できる通貨代用証券なので、**現金として処理**する。

● 工事代金の前受分700,000円を自己振出小切手で受け取った。

（当　座　預　金）	700,000	（未成工事受入金）	700,000

自己振り出ししていた小切手（当座預金）を取り返すと考え、**当座預金の増加**となる。

● 車両の売却代金の未収入金170,000円を小切手で受け取り、ただちに当座預金に預け入れた。

(当座預金)	170,000	(未収入金)	170,000

小切手を受け取ってただちに当座預金に預け入れた場合、いったん現金の増加として処理せず、**直接、当座預金が増加**したと考える。

当座借越（とうざかりこし）

小切手の金額が当座預金の残高を超えるとき、銀行が超える部分の金額を立て替えてくれるという契約があります。この契約を**当座借越契約**といいます。立て替えてくれた金額は**当座借越**(負債)にあたり、**銀行からの借入金**(貸借対照表上の表示は**短期借入金**)になります。

また、当座借越に残高がある時点で当座預金に入金があると、**優先的に当座借越の返済が行われます**。残高がない時点で当座預金が増加します。

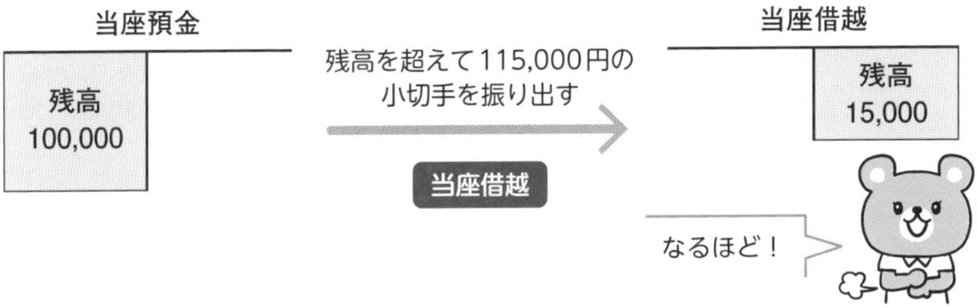

仕訳例1 当座借越の取引を次に示す。

工事未払金120,000円を小切手で支払った。ただし、当座預金の残高は110,000円であり、銀行とは限度額200,000円の当座借越契約を結んでいる。

(工事未払金)	120,000	(当座預金)	110,000
		(当座借越)	10,000

不足している金額、負債が増加

会社の当座預金の残高を減らして、不足している部分の金額を当座借越として処理する。

仕訳例2 当座借越があるとき、当座預金に預け入れた場合を示す。

完成工事未収入金135,000円を回収し、当座預金に預け入れた(当座借越が10,000円ある)。

(当座借越)	10,000	(完成工事未収入金)	135,000
(当座預金)	125,000		

銀行からの借入金である当座借越を優先して返済し、差額分が当座預金になる。

参考 当座借越の処理については、試験では二勘定制で出題されますが、当座勘定だけで処理する一勘定制という方法もあります。
仕訳例1、2を一勘定制で処理すると、次のようになります。

仕訳例1

(工事未払金)	120,000	(当座)	120,000

仕訳例2

(当座)	135,000	(完成工事未収入金)	135,000

例題 3-2 **(1) 次の取引の仕訳を示しなさい(二勘定制で行うこと)。**

1 備品380,000円を売却し、代金は小切手で受け取った。

2 土地860,000円を売却し、代金は小切手で受け取り、ただちに当座預金に預け入れた。

3 建物1,300,000円を売却し、代金は自己振出小切手で受け取った。

(2) 次の一連の取引の仕訳を示しなさい(二勘定制で行うこと)。

4 外注費2,750,000円を小切手で支払った。ただし、当座預金の残高は2,500,000円であり、銀行とは1,000,000円を限度額とする当座借越契約を結んでいる。

5 工事代金の前受分800,000円が当座預金に入金された。

・解答・ **・解説・**

1	(現　　　金)	380,000	(備　　　品)	380,000

他人振出小切手で受け取ったので現金として処理する。

2	(当座預金)	860,000	(土　　　地)	860,000

小切手を受け取ってただちに当座預金に預け入れた場合、いったん現金の増加として処理せず、直接、当座預金が増加したと考える。

3	(当座預金)	1,300,000	(建　　　物)	1,300,000

自己振出小切手で受け取った場合は、以前に振り出して当座預金を減少させていた分を取り返すと考え、当座預金の増加として処理する。

4	(外　注　費)	2,750,000	(当座預金)	2,500,000
			(当座借越)	250,000

当座預金で支払いきれない部分の金額は当座借越で処理する。

5	(当座借越)	250,000	(未成工事受入金)	800,000
	(当座預金)	550,000		

銀行からの借入金である当座借越の返済を優先的に行い、差額を当座預金にする。

当座借越が相殺されているときの決算処理

銀行からの短期借入金にあたる当座借越が、帳簿上で当座預金と相殺(合算)されていると、本当はあるはずの当座借越と当座預金が消滅してしまい、いくらあるのかがわからなくなります。そのため、決算のときには、借方に当座預金を増加、貸方に短期借入金を増加させて、あるべきものを明らかにします。

仕訳例 A銀行の当座預金残高が100,000円、B銀行の当座借越の残高が50,000円であった。これを相殺し、貸借対照表に当座預金50,000円と表示した。

●貸借対照表の表示

貸借対照表

（単位：円）

	流動負債	
	短期借入金	50,000

●決算時の処理

（当座預金）	50,000	（短期借入金）	50,000

相殺するのは誤りなので増加

貸借対照表上は短期借入金として表示

3 銀行勘定調整表（ぎんこうかんじょうちょうせいひょう）

当座預金の銀行勘定調整表

決算日において、会社の当座預金の残高と銀行の残高が一致しないことがあります。一致しない場合は原因を明らかにして、正しい処理を行います。両者の金額を一致させる過程を示した一覧表を**銀行勘定調整表**といいます。

○△銀行
○△銀行
本試験の多くは会社残高と銀行残高は最終的に一致しますが、一致しない問題が出題されることもあります

不一致の原因

不一致の原因を大きく分けると、会社内部に原因がある場合と、銀行と会社間に問題がある場合があります。

❶会社内部に原因がある場合

会社の内部で間違えたり、連絡が来ていなかったり、気づかなかったりなど、会社側に問題があるので修正仕訳を行います。

❷銀行と会社間に問題がある場合

銀行勘定作成表では不一致の原因、金額を記入しますが、会社側では修正仕訳は行いません。

会社内部に原因がある場合

会社の内部に不一致の原因がある場合について、状況ごとに見ていきましょう。

❶連絡未達

当座預金に入金や引き落としがあったにも関わらず、会社に連絡が来ていないので処理がされていません。その場合、連絡未通知の取引を計上します。

仕訳例 当座預金に工事未収入金460,000円の入金があったが、その通知が当社に未達であった。

（当　座　預　金）	460,000	（完成工事未収入金）	460,000

銀行勘定調整表

（単位：円）

当社の残高	540,000	当銀行の残高	1,000,000
(加算) 入金通知未達	460,000	(加算)	
(減算)		(減算)	
	1,000,000		1,000,000

❷誤記入

帳簿に誤ったことを記入したので、修正します。

仕訳例 通信料金の引き落としが22,000円であったが、32,000円と処理をしていた。

（当座預金）	10,000	（通信費）	10,000

実際より10,000円過大計上しているので、減少させる。

銀行勘定調整表

（単位：円）

当社の残高	990,000	銀行の残高	1,000,000
（加算）通信費誤記入	10,000	（加算）	
（減算）		（減算）	
	1,000,000		1,000,000

過小計上していたら、次のように処理する。

（通信費）	不足金額分	（当座預金）	不足金額分

❸未渡小切手（みわたしこぎって）

会社は小切手を振り出した処理をしたが、実際は相手先に渡っていないもののため、修正します。

取引例1 工事未払金の未渡小切手

工事未払金の決済で振り出した小切手44,000円が未渡しだった。

①小切手を振り出したときにすでに行っていた処理

（工事未払金）	44,000	（当座預金）	44,000

②小切手が未渡しだとわかったときの処理

（当座預金）	44,000	（工事未払金）	44,000

❶で減少させていた当座預金と工事未払金の増加

実際には小切手を振り出していないので、反対仕訳を行うことで、すでに処理していた取引を消滅させる。銀行勘定調整表にまとめると、

銀行勘定調整表

(単位：円)

当社の残高	956,000	銀行の残高	1,000,000
(加算) 未渡小切手	44,000	(加算)	
(減算)		(減算)	
	1,000,000		1,000,000

取引例2 その他の未渡小切手

機械購入代金の決済のために振り出した小切手250,000 円が、相手方に未渡しであった。

①小切手を振り出したときにすでに行っていた処理

(機　　械)	250,000	(当 座 預 金)	250,000

②小切手が未渡しだとわかったときの処理

(当 座 預 金)	250,000	(機　　械)	250,000

誤っているので、反対仕訳で消去する。

③正しい仕訳の処理

(機　　械)	250,000	(未 払 金)	250,000

②の時点で何も処理されてないことになるので、正しい仕訳を行う。

②+③

(当 座 預 金)	250,000	(未 払 金)	250,000

銀行勘定調整表

(単位：円)

当社の残高	750,000	銀行の残高	1,000,000
(加算) 未渡小切手	250,000	(加算)	
(減算)		(減算)	
	1,000,000		1,000,000

銀行と会社間に問題がある場合

銀行勘定作成表では不一致の原因、金額を記入しますが、会社側では修正仕訳は行いません。

会社側の仕訳は不要となります

❶時間外預入（締め後入金）

営業時間終了後に入金した場合、会社は入金処理をしていますが銀行は翌日入金扱いになるため、会社の当座預金と銀行の当座預金の残高に誤差が生じます。翌日（翌週）に誤差が解消されるので、会社側では修正仕訳は行いません。

取引例 夜間金庫に100,000円を預け入れ、当座預金に入金処理をした。 仕訳不要

銀行勘定調整表

（単位：円）

当社の残高	1,000,000	銀行の残高	900,000
（加算）		（加算） 時間外預入	100,000
（減算）		（減算）	
	1,000,000		1,000,000

❷未取立小切手（みとりたてこぎって）

他者から振り出された小切手を銀行に預け入れたので、会社側は当座預金増加の処理をしていますが、銀行がまだ換金していないので、会社と銀行の当座預金の残高に不一致が生じます。

取引例 銀行に依頼した小切手580,000円の取り立てがまだ完了していなかった。 仕訳不要

銀行勘定調整表

（単位：円）

当社の残高	1,000,000	銀行の残高	420,000
(加算)		(加算) 未取立小切手	580,000
(減算)		(減算)	
	1,000,000		1,000,000

❸未取付小切手（みとりつけこぎって）

会社は小切手を振り出したので当座預金減少の処理を行っていますが、小切手を受け取った側が銀行に小切手を持ち込んでいないので、銀行の当座預金が減少されておらず、会社と銀行の当座預金に不一致が生じています。

取引例 工事代金の支払いに小切手300,000円を振り出したが、まだ持ち込まれていなかった。 仕訳不要

銀行勘定調整表

（単位：円）

当社の残高	1,000,000	銀行の残高	1,300,000
(加算)		(加算)	
(減算)		(減算) 未取付小切手	300,000
	1,000,000		1,000,000

ここを CHECK!

※修正仕訳が必要な項目と不要な項目のまとめ

修正仕訳が必要な項目	誤記入、連絡未通知、未渡小切手
修正仕訳が不要な項目	時間外預入（締後入金）、未取立小切手、未取付小切手

基礎力確認問題

1 重要度 B 難易度 C

解答＆解説➡P93

次の資料にもとづいて、①銀行勘定調整表を作成し、②修正仕訳が必要な場合には修正仕訳を示し、③貸借対照表に記載すべき当座預金の金額をもとめなさい。仕訳が不要な場合は仕訳不要と記入しなさい。

〈資料〉

(1) 工事未収入金150,000円が当座預金に入金されていたが、その通知が当社に未達であった。

(2) 機械装置代金の支払いのために振り出した小切手5,600円が、相手先に未渡しであった。

(3) 銀行に取立依頼した63,000円の取立てがまだ完了していなかった。

(4) 現金57,000円を当座預金に営業時間外に入金したので銀行では翌日入金として処理された。

(5) 工事未払金62,000円の支払いため小切手で支払ったが、60,000円で処理をしていた。

(6) 外注費の未払代金の支払いとして、小切手90,000円を振り出したが、銀行への支払呈示（ていじ）がされていなかった。

NO	勘定科目	金額	勘定科目	金額
(1)				
(2)				
(3)				
(4)				
(5)				
(6)				

銀行勘定調整表

(単位：円)

当社の残高	1,320,000	銀行の残高	1,443,600
(加算)		(加算)	
(減算)		(減算)	

貸借対照表に記載すべき金額は [　　　] 円

2 重要度 B 難易度 B 解答&解説➡P95

次の③と⑥の [　　　] 内に入る正しい金額を計算し、必要な仕訳を行い、不要な場合は仕訳不要と記入しなさい。

当社の決算整理前の残高は611,000円であるが、銀行預金残高は699,000円であった。両者の差異を分析した結果、次の事実が判明した。

①工事未払金の支払手形100,000円を振り出したがいまだ取り立てられていなかった。

②銀行に取立依頼した小切手32,000円の取り立てが完了していなかった。

③通信料金の引き落としが [　　　] 円あったが未処理であった。

④工事の前受分25,000円を小切手で受け取り、ただちに当座預金に預け入れたが、いまだに取り立てられていなかった。

⑤工事代金の未収分75,000円回収し当座預金に預け入れたが、連絡が未通知であった。

⑥貸借対照表の当座預金に計上される金額は [　　　] 円である。

NO	勘　定　科　目	金　　額	勘　定　科　目	金　　額
①				
②				
③				
④				
⑤				

③ ＿＿＿＿ 円　⑥ ＿＿＿＿ 円

解答＆解説

1 参照➡P84

NO	勘定科目	金額	勘定科目	金額
(1)	当座預金	150000	完成工事未収入金	150000
(2)	当座預金	5600	未払金	5600
(3)	仕訳不要			
(4)	仕訳不要			
(5)	工事未払金	2000	当座預金	2000
(6)	仕訳不要			

銀行勘定調整表

（単位：円）

当社の残高		1,320,000	銀行の残高		1,443,600
(加算)	連絡未達	150,000	(加算)	未取立小切手	63,000
	未渡小切手	5,600		時間外預入	57,000
(減算)	誤記入	2,000	(減算)	未取付小切手	90,000
		1,473,600			1,473,600

貸借対照表に記載すべき金額は 1,473,600円

(1) 連絡未達

(当 座 預 金)	150,000	(完成工事未収入金)	150,000

(2) 未渡小切手

(当 座 預 金)	5,600	(未 払 金)	5,600

(3) 未取立小切手　仕訳不要　銀行残高加算

(4) 時間外預け入れ　仕訳不要　銀行残高加算

(5) 誤記入

(工事未払金)	2,000	(当座預金)	2,000

(6) 未取付小切手　仕訳不要　銀行残高減算

貸借対照表に記載すべき金額は当座残高、銀行残高修正後に一致した金額である。

参考

銀行勘定調整表の作成方法は、3つあります。

1-1 会社残高銀行残高区分調整法 ― 試験ではこちらが出題されます

銀行勘定調整表

(単位：円)

当社の残高		1,320,000	銀行の残高		1,443,600
(加算)	連絡未達	150,000	(加算)	未取立小切手	63,000
	未渡小切手	5,600		時間外預入	57,000
(減算)	誤記入	2,000	(減算)	未取付小切手	90,000
		1,473,600			1,473,600

1-2 企業残高基準法

塗りつぶし部分は会社残高銀行残高区分調整法を基準にすると、加算減算逆に記入する。

銀行勘定調整表

(単位：円)

当社の残高			1,320,000
(加算)	連絡未達	150,000	
	未渡小切手	5,600	
	未取付小切手	90,000	245,600
(減算)	誤記入	2,000	
	未取立小切手	63,000	
	時間外預入	57,000	122,000
	銀行残高		1,443,600

1-3 銀行残高基準法

銀行勘定調整表

（単位：円）

銀行の残高			1,443,600
（加算）	未取立小切手	63,000	
	時間外預入	57,000	
	誤記入	2,000	122,000
（減算）	未取付小切手	90,000	
	連絡未達	150,000	
	未渡小切手	5,600	245,600
			1,320,000

2 参照➡P84

NO	勘定科目	金額	勘定科目	金額
①	仕訳不要			
②	仕訳不要			
③	通信費	30000	当座預金	30000
④	仕訳不要			
⑤	当座預金	75000	完成工事未収入金	75000

③ 30,000円　⑥ 656,000円

決算整理前の残高は611,000円		銀行預金残高は699,000円	
③通信費	－□円	①未取付小切手	－100,000円
⑤完成工事未収入金の未通知	＋75,000円	②未取立小切手	＋32,000円
		④未取立小切手	＋25,000円
	⑥656,000円		⑥656,000円

③＝611,000円＋75,000円－656,000円＝30,000円

1 未成工事受入金(みせいこうじうけいれきん)

未成工事受入金と取引

建設業では、工事の注文を受けてから建設を始めます。そして完成、引き渡しまで長期間かかることがほとんどです。また、受注金額がほかの業種に比べて多額になることが多くあります。

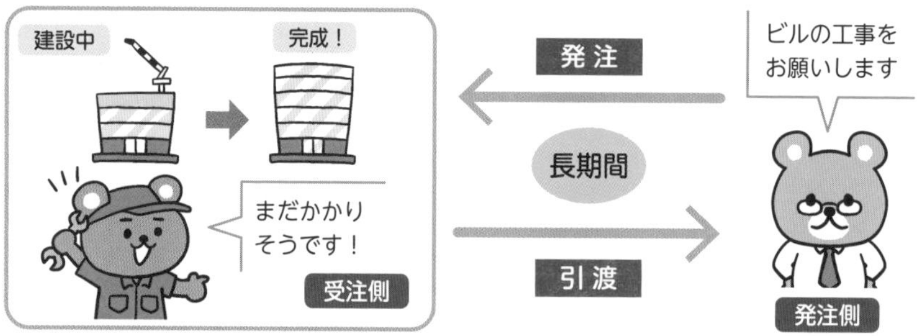

そこで、建設業では工事の発注者から工事の完成前に工事代金の一部を受け取ることがあります。この完成する前に受け取った工事代金は受入金などと呼ばれ、**未成工事受入金（負債）**として処理されます。

未成工事受入金が仕訳上で実際にどのように処理されるのか、仕訳例を見ていきましょう。

仕訳例　こぐま建設はひぐま商事からビルの建設工事を請け負った。

●工事完成前の代金の受取

こぐま建設は、工事を請け負う契約をするとき、工事代金の一部として小切手で500,000円をひぐま商事から受け取った。

小切手は現金として扱う ／ 負債の増加

（現　　　金）	500,000	（未成工事受入金）	500,000

完成前に先に受け取った金額分だけ、手元の現金が増加し、未成工事受入金である負債が増加する。

● 工事の完成と引き渡し

こぐま建設は、当期に着工した工事を完成させ、ひぐま商事にビルを引き渡した。なお、契約金額は2,300,000円であり、契約時に工事代金の一部である500,000円を受け取っている。

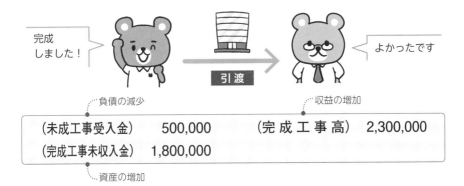

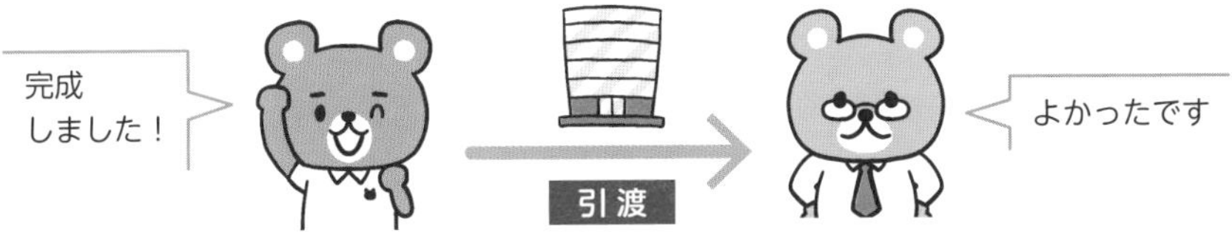

負債の減少 ／ 収益の増加

（未成工事受入金）	500,000	（完 成 工 事 高）	2,300,000
（完成工事未収入金）	1,800,000		

資産の増加

工事代金の一部として500,000円を事前に受け取っているので、完成工事高と未成工事受入金の差額が、将来受け取ることができる権利である**完成工事未収入金**（かんせいこうじみしゅうにゅうきん）になる。

完成工事未収入金 ＝ 完成工事高 － 未成工事受入金

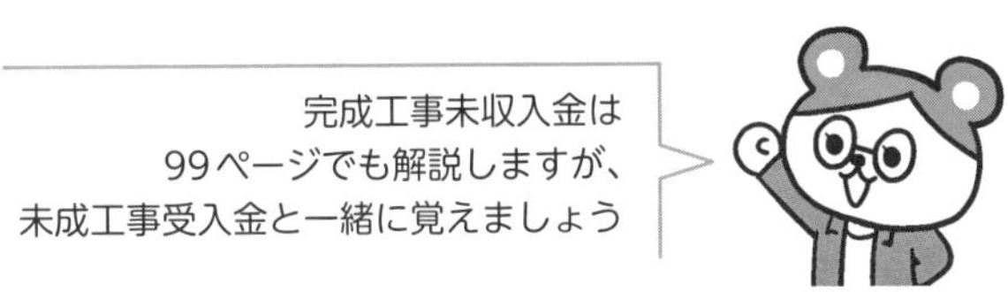

完成工事未収入金は
99ページでも解説しますが、
未成工事受入金と一緒に覚えましょう

● 残りの代金の回収

こぐま建設は、完成工事未収入金1,800,000円を小切手で回収した。

（現　　　金）	1,800,000	（完成工事未収入金）	1,800,000

資産の増加 ／ 資産の減少

現金を回収したことで、将来受け取ることができる権利が失われるので、完成工事未収入金が消去される。

●残りの代金の回収（期日前）

こぐま建設は、完成工事未収入金1,800,00円を期日前に回収し、3%の割引を行い小切手で回収した。

（現　　　金）	1,746,000	（完成工事未収入金）	1,800,000
（売 上 割 引）	54,000		

1,800,0000×3%

売上割引とは、決められた受取期日より早く受け取ることによって、その分契約金額から減額をすることです。割引きした分の金額を**営業外費用**として処理します。

例題 4-1 次の取引の仕訳を示しなさい。

当期に着工した契約額17,500,000円の工事が完成し、引き渡しが完了した。当該工事の工事原価総額の見積額は12,800,000円であり、着手前の受入金は6,000,000円であった。当期の完成工事高及び完成工事原価に関する仕訳を示しなさい。

・解答・ ・解説・

（未成工事受入金）	6,000,000	（完 成 工 事 高）	17,500,000
（完成工事未収入金）	11,500,000		
（完成工事原価）	12,800,000	（未成工事支出金）	12,800,000

完成工事高17,500,000円－未成工事受入金6,000,000円＝1,150,000円が完成工事未収入金になる。

着手金受入時の仕訳は、

（現　　　金）	6,000,000	（未成工事受入金）	6,000,000

1 建設業における未収入金・未払金の処理

完成工事未収入金と工事未払金

工事が完成した後に、未収や未払いのお金が発生することがあります。工事に関する未収、未払いについては**完成工事未収入金**、**工事未払金**として処理します。

どういった仕訳があるのか、実際に見てみましょう。

仕訳例1 当期に着工した工事契約2,100,000円の建物が完成し、引き渡しが完了した。代金は後日受け取る予定である。

(完成工事未収入金)	2,100,000	(完 成 工 事 高)	2,100,000

工事に関する未収入金なので、完成工事未収入金として処理する。

仕訳例2 外注費830,000円は後日支払う予定である。

（外　注　費）	830,000	（工事未払金）	830,000

工事原価に関する取引なので、工事未払金として処理する。

未収入金・未払金とは

工事以外に関する未収、未払いについては、**未収入金**、**未払金**として処理します。

仕訳例1　しろくま材木店に備品を220,000円で売却した。代金は後日受け取る予定である。

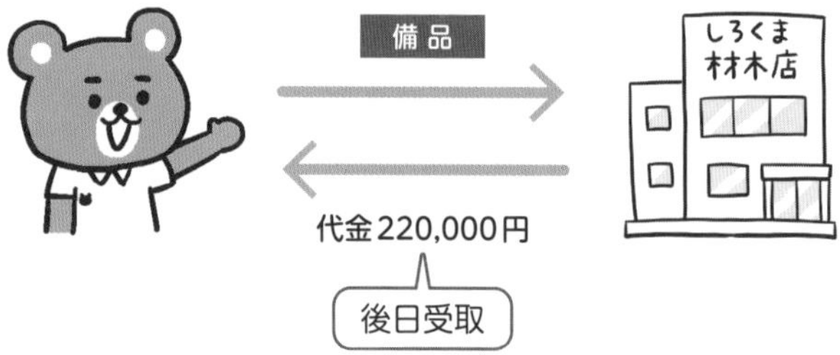

（未 収 入 金）	220,000	（備　　品）	220,000

工事に関するものではないので、未収入金として処理する。

仕訳例2　土地3,000,000円を購入し、代金は翌月支払う予定である。

（土　　　地）	3,000,000	（未　払　金）	3,000,000

工事に関する未払いではないので、未払金として処理する。

例題 5-1 次の各取引について仕訳を示しなさい。

1 当期に着工した工事契約3,250,000円の建物が完成し、引き渡しが完了した。代金は後日受け取る予定である。

2 得意先に建物を220,000円で売却した。代金は後日受け取る予定である。

3 材料600,000円を掛けで購入した。

4 建物を1,200,000円で購入した。代金は翌月支払う予定である。

・解答・ ・解説・

1	（完成工事未収入金）	3,250,000	（完成工事高）	3,250,000

工事に関する取引だから、完成工事未収入金として処理する。

2	（未収入金）	220,000	（建　　　物）	220,000

工事以外の取引だから、未収入金として処理する。

3	（材　　　料）	600,000	（工事未払金）	600,000

工事に関する取引だから、工事未払金として処理する。

4	（建　　　物）	1,200,000	（未　払　金）	1,200,000

工事以外の取引だから、未払金として処理する。

1 建設業における前渡金・工事未払金

前渡金（前払金）とは

前渡金（前払金）とは、材料の購入、外注費の代金を事前に払ったお金のことです。払ったお金によって、材料やサービスの提供を受けるための権利を得るので、資産として処理します。

> ここを CHECK！
> 前渡金のことを、手付金ともいいます。

先に払っておくから
材料とっておいてね
¥1000
かしこまりました

仕訳例 材料購入のため、内金として小切手60,000円を振り出した。

（前　渡　金）	60,000	（当 座 預 金）	60,000
資産の増加		資産の減少	

工事未払金とは

建設業では、材料を購入したり、外注業者に外注工事をしてもらったりするときに、その場で支払わずに代金を後日支払うときがあります。そのような本来の営業取引における未払いを**工事未払金**といい、**工事未払金勘定**で処理をします。本来の営業取引以外は**未払金**で処理します。

本来の営業取引、
つまり工事に関わる
ことですね
それ以外が
未払金なのか

仕訳例1 材料170,000円を受け取った。内金として60,000円を支

払い済みで、残額は月末払いとした。

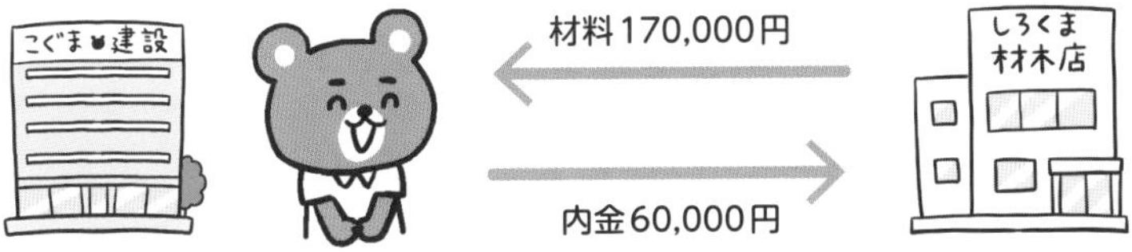

資産が減少

(材　　料)	170,000	(前　渡　金)	60,000
		(工事未払金)	110,000

負債が発生

受け取った材料代金のうち、60,000円はすでに支払い済みなので、170,000円－60,000円＝110,000円が工事未払金になる。

仕訳例2 工事未払金110,000円を決済日に現金で支払った。

(工事未払金)	110,000	(現　　金)	110,000

仕訳例3 工事未払金110,000円について、決済日よりも早く現金で支払い、8,000円の割引を受けた。

(工事未払金)	110,000	(現　　金)	102,000
		(仕入割引)	8,000

本来支払うべき金額110,000円と、期日前に支払ったことによりまけてもらった金額8,000円の差額から、実際に支払った金額は102,000円になる。

ここをCHECK!

仕入割引とは、決済日前に代金を支払うことで支払代金の減額を受けることです。営業外収益として処理します。

本試験対策編

前渡金（前払金）・工事未払金

例題 6-1 次の一連の取引の仕訳を示しなさい。

1 X材木店に手付金350,000円を小切手で支払った。

2 X材木店より材料1,560,000円を購入し、代金は手付金と相殺し、残額は掛けとした。

3 **2**の工事未払金について、支払期日前に小切手で支払い、2.5%の割引を受け、小切手で支払った。

・解答・ **・解説・**

1	（前渡金）	350,000	（当座預金）	350,000

手付金として350,000円を小切手で支払っているので、前渡金という資産が増加し、当座預金という資産が減少する。

2	（材料）	1,560,000	（前払金）	350,000
			（工事未払金）	1,210,000

手付金350,000円を受け取っているので、工事未払金は差額分1,560,000円－350,000円＝1,210,000円になる。

3	（工事未払金）	1,210,000	（当座預金）	1,179,750
			（仕入割引）	30,250

仕入割引の金額は、工事未払金1,210,000円×2.5%＝30,250円。

立替金・預り金・仮払金・仮受金

1 立替金（たてかえきん）

立替金とは

従業員が負担すべきところを一時的に会社が立て替えて支払うことがあります。そのようにして払ったお金を**立替金**といいます。

立替金は、払ったお金を
返してもらえるので
資産として処理するよ

仕訳例1　従業員が負担すべき家賃30,000円を、会社が立て替え払いした。このとき会社の処理は、

(立　替　金)	30,000	(現　　　金)	30,000

資産である立替金が増加

仕訳例2　会社が立て替え払いしていた支払家賃の負担分30,000円を、従業員が会社に支払った。このとき会社の処理は、

(現　　　金)	30,000	(立　替　金)	30,000

会社の現金は増加

従業員が会社に払ったので立替金が減少

2 預り金（あずかりきん）

預り金とは

会社が預かっていて将来支払わなければならないお金を**預り金**といいます。預り金は負債として処理します。

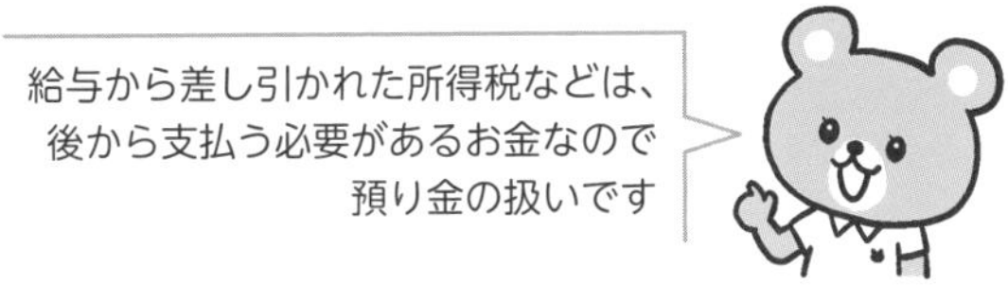

給与から差し引かれた所得税などは、
後から支払う必要があるお金なので
預り金の扱いです

仕訳例1 賃金手当総額320,000円から源泉所得税4,800円と社会保険料12,500円を控除した残額を現金で支払った。

（賃金手当）	320,000	（預り金）	17,300
		（現金）	302,700

※（預り金）：負債の増加

仕訳例2 源泉所得税4,800円と社会保険料12,500円の預り金の合計金額を、現金で支払った。

（預り金）	17,300	（現金）	17,300

※（預り金）：支払ったので負債である預り金が減少

例題 7-1 下記の一連の取引の仕訳を示しなさい。

1 従業員の引越費用99,000円を立て替え払いした。

2 従業員の給料総額280,000円から源泉所得税4,700円、社会保険料11,600円と上記1の立替金を差し引き、現金で支給した。

・解答・ **・解説・**

1	（立替金）	99,000	（現金）	99,000

資産である立替金が増加する。

2	（給料）	280,000	（預り金）	16,300
			（立替金）	99,000
			（現金）	164,700

立替金と預り金を差し引いた金額が支給金額である。

3 仮払金（かりばらいきん）

仮払金とは

仮払金とは、使途や金額が確定していない経費に事前に概算でお金を支払うことです。一時的に資産として処理します。

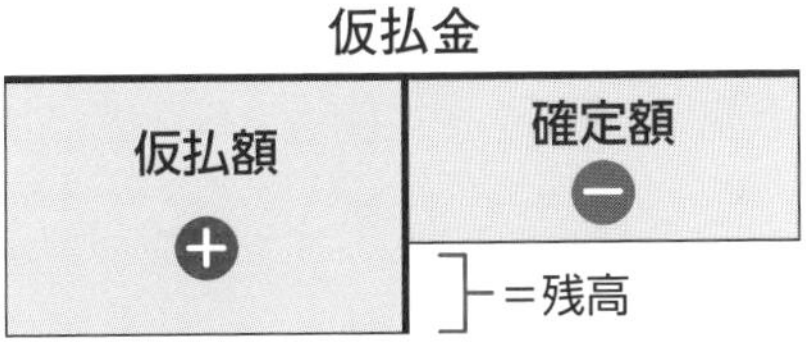
仮払金
仮払額
確定額
＝残高

仮払金は一時的な勘定科目なので、使途と金額が明らかになったら正しい科目と正しい金額に振り替えます。

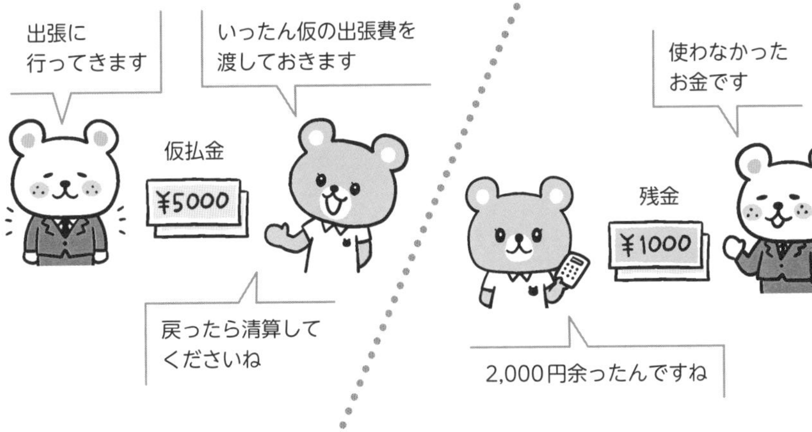
出張に
行ってきます
いったん仮の出張費を
渡しておきます
仮払金
¥5000
戻ったら清算して
くださいね
使わなかった
お金です
残金
¥1000
2,000円余ったんですね

仕訳例1 従業員の出張仮払金として4,100円を現金で支払った。

（仮　払　金）	4,100	（現　　　金）	4,100

…資産の増加

使途は明らかだが、金額が確定していないので仮払金として処理する。

仕訳例2 従業員の出張のため、仮払金4,100円を前渡しした。精算の結果、実費との差額1,000円が現金にて返金された。

資産の減少

（出張旅費）	3,100	（仮払金）	4,100
（現金）	1,000		

用途と金額が判明し、仮払金の残金1,000円を会社に返した。

仕訳例3 従業員の出張のため、仮払金4,100円を前渡しした。精算の結果、実費との差額1,500円を従業員が立て替えていた。

資産の減少

（出張旅費）	5,600	（仮払金）	4,100
		（未払金）	1,500

出張旅費は、仮払金4,100円＋従業員立替分1,500円＝5,600円である。立て替えているのは従業員であって、会社の立場からすれば後で従業員に払わなければならない金額が1,500円であるので、未払金になる。

4 仮受金（かりうけきん）

仮受金とは

仮受金とは、振り込まれた理由や金額がわからない入金があった場合に一時的に使う勘定科目です。負債として処理します。

仮受金は一時的な勘定科目なので、内容と金額が明らかになった時点で正しい科目と金額に振り替えます。

何の入金かわからないときや
金額がわからないときは
いったん仮払金・仮受金で
処理するのね

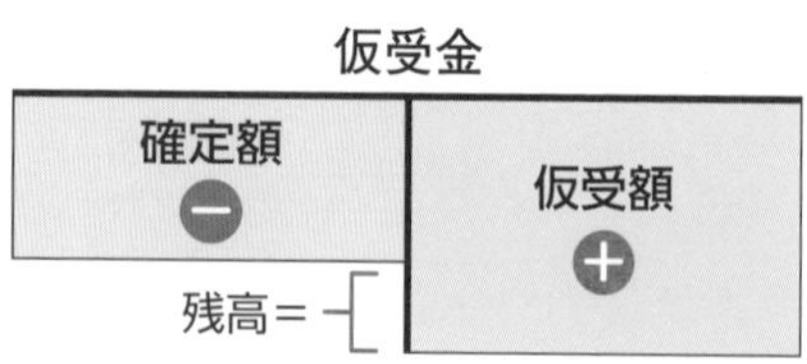

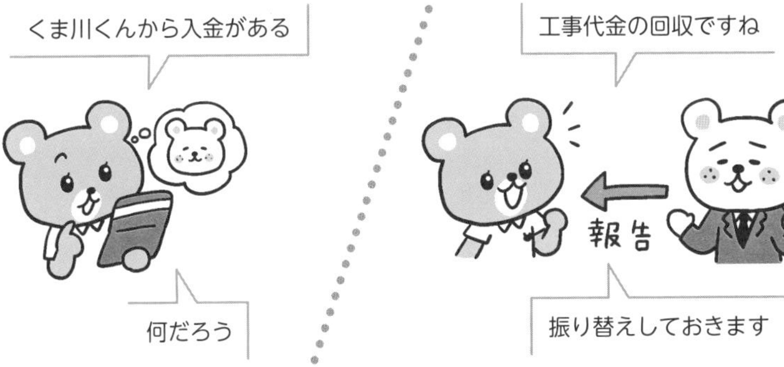

仕訳例1 出張先の従業員から当座預金に275,000円が振り込まれていた。何の入金かは不明である。

（現　　金）	275,000	（仮　受　金）	275,000

（仮受金：負債の増加）

何の入金かがわからないので仮受金という負債が増加している。

仕訳例2 仕訳例1の仮受金の期末残高275,000円の内訳は、以下の内容であることが判明した。

①140,000円は施工中の工事代金の中間金であった。

②135,000円は工事代金の未収入金であった。

● 仮受金の振替

入金理由不明の275,000円仮受金 → 判明 振替

		勘定科目
施行中の工事代金 140,000円	➡	未成工事受入金
工事代金の未収入金 135,000円	➡	完成工事未収入金

（仮　受　金）	275,000	（未成工事受入金）	140,000
		（完成工事未収入金）	135,000

入金理由と金額の内訳が不明だった仮受金について、理由と内訳が明らかになったので、借方に仮受金が計上されて抹消される。

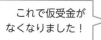

これで仮受金が
なくなりました！
何の入金かわからない
お金を抹消するまでが
仮受金の処理ですね

例題 7-2　**次の各取引の仕訳を行いなさい。**

1　従業員の出張仮払金として現金6,600円を支払った。

2　仮払金6,600円は従業員の出張仮払金であった。精算の結果、実費との差額1,200円を従業員が立て替えていた。

3　出張先の従業員から当座預金に398,000円が振り込まれていた。

4　仮受金の期末残高398,000円の内訳は、以下の内容であることが判明した。

・160,000円は工事代金の未収金であった。

・238,000円は車両売却代金の未収代金であった。

5　工事代金の未収分160,000円を期日前に受け取り、割引分3,000円を差し引いて、残額を小切手で受け取った。

・解答・　**・解説・**

1（仮　払　金）	6,600	（現　　　金）	6,600

使途は明らかだが、金額が判明していないので仮払金として処理する。

2 （出張旅費）	7,800	（仮払金）	6,600
		（未払金）	1,200

従業員が立て替えた金額を会社が支払わなければならないので、1,200円は未払金として処理し、出張旅費は6,600円＋1,200円＝7,800円である。

3 （当座預金）	398,000	（仮受金）	398,000

金額は明らかだが、入金理由が不明のため仮受金として処理する。

4 （仮受金）	398,000	（完成工事未収入金）	160,000
		（未収入金）	238,000

160,000円は工事についての未収金であるから完成工事未収入金になる。238,000円は工事以外の未収入金であるから未収入金として処理する。

5 （現金）	157,000	（完成工事未収入金）	160,000
（売上割引）	3,000		

期日前に支払ってもらったため、受け取るべき代金から売上割引分が減額される。売上割引は、営業外費用として処理する。

手形・手形借入金・手形貸付金

1 手　形

手形とは

手形とは、指定した金額を定められた期間後に支払うことを約束した証書をいいます。小切手はすぐに現金に換えることができますが、手形は期日が来ないと現金に換えることができません。

ひぐま商事
わかりました！
この間の費用、
手形で支払いますね
こぐま建設

約束手形とは

約束手形とは、支払う人（振出人）が受け取る人（名宛人）に対して決められた日に決められた場所で一定の金額を支払うことを約束した証券です。

> **ここをCHECK!**
>
> 約束手形と為替手形は、勘定科目ではありません。
> 間違えやすいので注意しましょう。

NO.01　　約束手形　　AB12345
ひぐま商事　殿
収入印紙　印
金額　¥1,000,000※
上記金額をあなたまたはあなたの指図人へ
この約束手形と引換えにお支払いいたします
○年○月○日
振出地　東京都千代田区神田神保町1-52
振出人　こぐま建設
くまの助　印

東京1301
0000-000

支払期日	○年○月○日
支払地	東京都千代田区
支払場所	○○銀行 ○○支店

これが
手形か〜

約束手形の処理

支払う人は手形を振り出したことにより、将来支払わなければならない金額が増えます。この支払義務は**支払手形**という勘定科目を使用し、負債が増加します。逆に受け取った人は、将来お金がもらえる権利が発生します。この権利は、**受取手形**という勘定科目を使用し、資産が増加します。

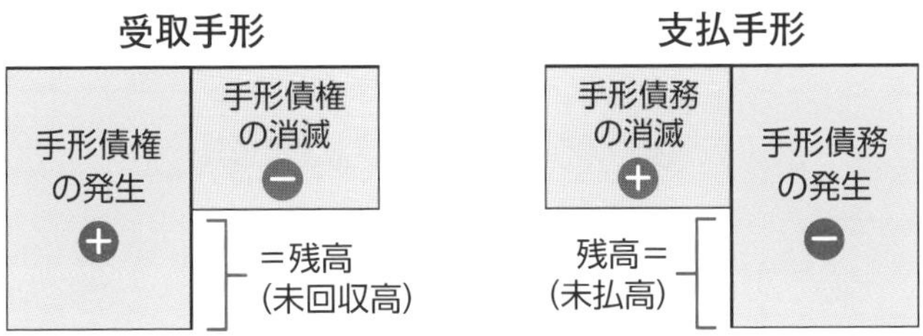

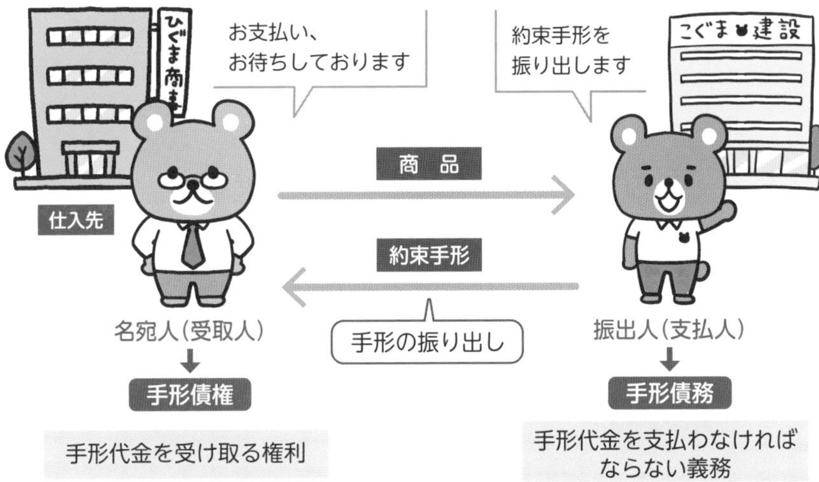

仕訳例1 約束手形を振り出したときの処理

●支払う側（振出人）の処理

こぐま建設はひぐま商事から材料110,000円を購入し、代金は手形で振り出した。

（材　　料）	110,000	（支 払 手 形）	110,000

●受け取る側（名宛人）の処理

こぐま建設は請負金額32,000,000円の工事を完成させ、引き渡しも完了した。代金はひぐま商事より約束手形で受け取った。

（受取手形）	32,000,000	（完成工事高）	32,000,000

●自己振出手形の回収（以前振り出した約束手形が返ってきた）

こぐま建設は工事代金の未収分600,000円を手形で回収したが、300,000円は自己振出手形であった。

（受取手形）	300,000	（完成工事未収入金）	600,000
（支払手形）	300,000		

以前（XXX）300,000（支払手形）300,000　手形を振り出していたのを取り返した

仕訳例2　約束手形を決済したときの処理

●支払う側（振出人）の処理

こぐま建設が材料購入のために振り出した手形110,000円を当座預金で決済した。

（支払手形）	110,000	（当座預金）	110,000

●受け取る側（名宛人）の処理

工事代金32,000,000円としてこぐま建設が受け取った約束手形が、当座預金に入金された。

（当座預金）	32,000,000	（受取手形）	32,000,000

約束手形を振り出したとき（代金を支払う・受け取る権利の発生）	支払う側（振出人）	負債の増加
	受け取る側（名宛人）	資産の増加
約束手形を決済したとき（代金を支払う・受け取る権利の消失）	支払う側（振出人）	負債の減少
	受け取る側（名宛人）	資産の減少

「約束手形」は勘定科目ではないので注意

営業外受取手形・営業外支払手形

主たる営業以外の取引に関わる代金の決済を手形で行う場合、**営業外受取手形、営業外支払手形**という勘定科目で処理します。

仕訳例1 こぐま建設はひぐま商事から土地を購入し、その代金8,100,000円を支払うため約束手形を振り出した。

●支払う側（振出人）の処理

（土　　　地）	8,100,000	（営業外支払手形）	8,100,000

土地の購入は、主たる営業以外の取引なので、営業外支払手形という勘定科目を使用する。

●受け取る側（名宛人）の処理

（営業外受取手形）	8,100,000	（土　　　地）	8,100,000

土地の販売は、主たる営業以外の取引なので、営業外受取手形という勘定科目を使用する。

仕訳例2 工事用の建設機械6,500,000円を購入し、約束手形を振り出して支払った。

（機 械 装 置）	6,500,000	（営業外支払手形）	6,500,000

工事用という指示があるが固定資産の購入取引なので、営業外支払手形という勘定科目を使用する。

為替手形

為替手形とは、手形の作成人が「一定の金額を、一定の期日に自分の代わりに支払うこと」を支払人に委託した証券です。したがって、手形の支払いを委託する立場の振出人（①）、手形を支払う立場である名宛人（②）、手形を受け取る立場である指図人（③）の３者間による取引です。

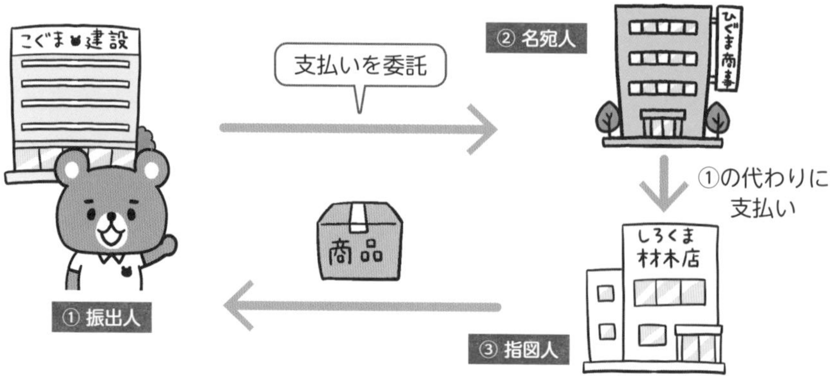

仕訳例 こぐま建設は、ひぐま商事（名宛人）より受注した自社ビル36,000,000円を完成させ、ひぐま商事に引き渡した。こぐま建設は、しろくま材木店（指図人）より木材16,000,000円を購入した。

こぐま建設がビルの受取人のひぐま商事に対して、自分の代わりにしろくま材木店に材料代を支払ってほしいと依頼すると、ひぐま商事は引き受けてくれたので、為替手形を振り出した。

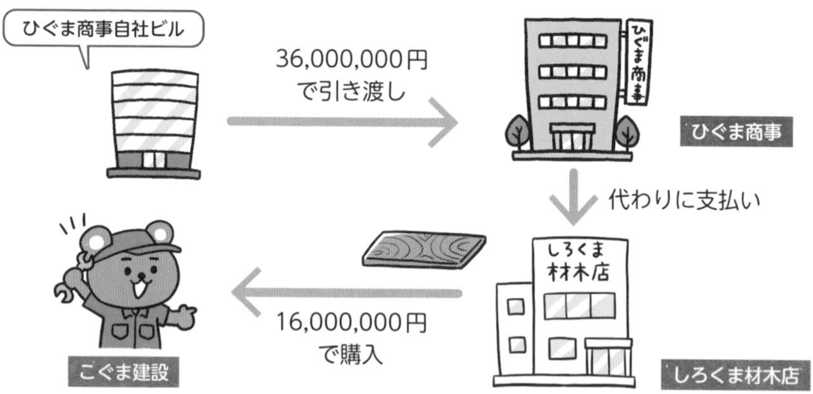

こぐま建設の受注工事引き渡し時、材料購入時の仕訳は、

（完成工事未収入金）	36,000,000	（完 成 工 事 高）	36,000,000
（材　　　　料）	16,000,000	（工 事 未 払 金）	16,000,000

為替手形16,000,000円を振り出し時のこぐま建設の仕訳は、

（工事未払金）	16,000,000	（完成工事未収入金）	16,000,000

参考として、それぞれの仕訳は次のとおりである。

●名宛人（支払人、引受人）ひぐま商事の自社ビル購入時の仕訳

（建　　　物）	36,000,000	（未　払　金）	36,000,000

●振出人こぐま建設が為替手形振り出し時のひぐま商事の仕訳

（未　払　金）	16,000,000	（支払手形）	16,000,000

●指図人（受取人）しろくま材木店がこぐま建設へ木材売却時の仕訳

（売　掛　金）	16,000,000	（売　　　上）	16,000,000

●振出人こぐま建設が為替手形振り出し時のしろくま材木店の仕訳

（受取手形）	16,000,000	（売　掛　金）	16,000,000

割引手形（わりびきてがた）

手形の割引とは、期日前に銀行へ手形を持っていくと、額面金額から割引きされて差し引かれた金額が換金されます。割引きを行った手形を**割引手形**といいます。

割引きした金額を**手形売却損**という勘定科目で費用として処理します。

期日前の換金は
手数料がかかる
ということですね

仕訳例　手持ちの約束手形600,000円を銀行で期日前に換金し、割引料5,000円を差し引いた金額を当座預金に入金した。

（当座預金）	595,000	（受取手形）	600,000
（手形売却損）	5,000		

裏書手形

裏書手形を譲渡された側は
受取手形として処理するよ

裏書手形とは、手形の裏に書きこみをして、ほかの人に債務の支払いとして譲渡した手形です。この手形が期日までに決済がされないと、裏書人にも責任が及びます。

仕訳例　こぐま建設は工事未払金の支払いのため、手持ちの約束手形800,000円をしろくま材木店に裏書譲渡した。

(工事未払金)	800,000	(受取手形)	800,000

参考までに、裏書譲渡を受けたしろくま材木店の仕訳は、

(受取手形)	800,000	(売掛金)	800,000

評価勘定法と対照勘定法

受取手形の計上方法は複数あります。**評価勘定法**とは、受取手形勘定を減少しないで割引手形、裏書手形を貸方に計上する方法です。**対照勘定法**とは、受取手形と手形割引義務、または裏書手形義務勘定を貸方に計上し、借方に手形割引義務見返勘定、または裏書手形義務見返勘定を計上する方法です。問題文の指示によっては、受取手形を貸方に計上して、借方に**保証債務**費用、貸方に保証債務勘定を計上する部分時価法もあります。

仕訳例1　割引手形

❶評価勘定法による場合

手持ちの約束手形600,000円を銀行で期日前に換金し、割引料5,000円を差し引いた金額を当座預金に入金した。なお、評価勘定法を用いる。

(当座預金)	595,000	(割引手形)	600,000
(手形売却損)	5,000		

上記の手形が無事決済された。

(割引手形)	600,000	(受取手形)	600,000

❷対照勘定法による場合

(当座預金)	595,000	(受取手形)	600,000
(手形売却損)	5,000		
(手形割引義務見返)	600,000	(手形割引義務)	600,000

上記の手形が無事決済された。

(手形割引義務)	600,000	(手形割引義務見返)	600,000

❸部分時価法による場合 参考

保証債務を手形金額の1.5%計上する。

(当座預金)	595,000	(受取手形)	600,000
(手形売却損)	5,000		
(保証債務費用)	9,000	(保証債務)	9,000

上記の手形が無事決済された。

(保証債務)	9,000	(保証債務取崩益)	9,000

仕訳例2 裏書手形

❶評価勘定法による場合

こぐま建設は工事未払金の支払いのため、手持ちの為替手形800,000円を裏書譲渡した。なお、評価勘定を用いる。

(工事未払金)	800,000	(裏書手形)	800,000

上記の手形が無事決済された。

(裏書手形)	800,000	(受取手形)	800,000

❷対照勘定法による場合

こぐま建設の工事未払金の支払いのため、手持ちの為替手形800,000

円を裏書譲渡した。なお、対照勘定法を用いる。

(工事未払金)	800,000	(受取手形)	800,000
(手形裏書義務見返)	800,000	(手形裏書義務)	800,000

上記の手形が無事決済された。

(手形裏書義務)	800,000	(手形裏書義務見返)	800,000

❸部分時価法による場合 参考

保証債務7,300円を計上する。

(当座預金)	800,000	(受取手形)	800,000
(保証債務費用)	7,300	(保証債務)	7,300

上記の手形が無事決済された。

(保証債務)	7,300	(保証債務取崩益)	7,300

不渡手形(ふわたりてがた)

手形が決済日に決済できなくなることを手形の不渡りといい、**不渡手形**とは不渡りになった手形を指します。不渡手形は、受取手形とは別に不渡手形(資産)という勘定科目を使用します。

不渡手形は絶対に回収不能になるとは限らず、請求権がある債権なので資産として処理します。返還請求できる金額は手形金額に支払利息、支払拒絶証書作成費用などの**償還請求**(しょうかんせいきゅう)費用を加算した金額となります。

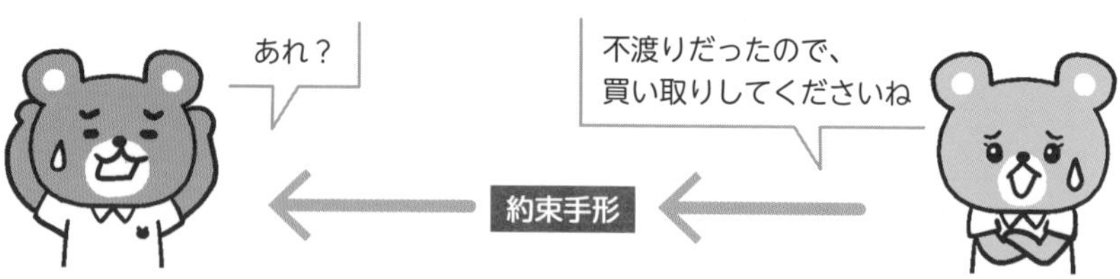

あれ？
不渡りだったので、
買い取りしてくださいね
約束手形

仕訳例1 受取手形の不渡り

当期に受け取った受取手形のうち250,000円が不渡りになり、償還請求費用2,500円は現金で支払った。

(不渡手形)	252,500	(受取手形)	250,000
		(現金)	2,500

不渡手形の金額は、受取手形250,000円＋償還請求費用2,500円＝252,500円である。

仕訳例2　割引手形が不渡りの場合

割引手形600,000円が不渡りになり、償還請求費用5,000円と合わせて現金で支払った。

(不渡手形)	605,000	(現金)	605,000

仕訳例3　裏書手形が不渡りの場合

裏書手形800,000円が不渡りになり、現金で支払った。

(不渡手形)	800,000	(現金)	800,000

手形貸付金(てがたかしつけきん)・手形借入金(てがたかりいれきん)

お金の借入、貸付は通常、借用証書によって行われますが、手形を代わりに用いるときがあります。このとき、勘定科目は借入金、貸付金とせず、**手形借入金**(負債)、**手形貸付金**(資産)として処理します。

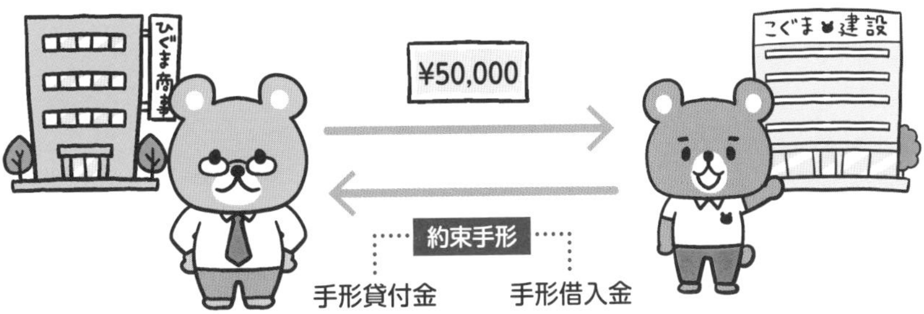

仕訳例1　通常の借入と貸付

こぐま建設は銀行から550,000円を借り入れ、利息7,500円を差し引かれ、現金を受け取った。

●こぐま建設の仕訳

(現　　　金)	542,500	(借　入　金)	550,000
(支 払 利 息)	7,500		

●銀行の仕訳

(貸　付　金)	550,000	(現　　　金)	542,500
		(受 取 利 息)	7,500

仕訳例2

こぐま建設は銀行から550,000円を借り入れるため、約束手形を振り出した。利息7,500円を差し引かれ、現金で受け取った。

●こぐま建設の仕訳

(現　　　金)	542,500	(手形借入金)	550,000
(支 払 利 息)	7,500		

●銀行の仕訳

(手形貸付金)	550,000	(現　　　金)	542,500
		(受 取 利 息)	7,500

☑ 基礎力確認問題

1 重要度 B 難易度 E

解答＆解説➡P126

次の各取引について仕訳を示しなさい。

(1) 機械装置（工事現場用）5,500,000円を購入し、約束手形を振り出した。

(2) 工事用木材870,000円を仕入れ、その代金のうち250,000円は手持ちの他人振出の約束手形を裏書譲渡し、残額は翌月払いとした。なお、評価勘定を用いる方法を採用している。

(3) 外注工事代金の未払金440,000円の支払いのため、手持ちの為替手形100,000円を裏書譲渡し、残額は小切手で支払った。なお、対照勘定を用いる方法を採用している。

(4) 当期の発生工事原価は7,700,000円であり、3,100,000円ついては他社振り出しの手持ちの約束手形を裏書譲渡し、残額は約束手形を振り出して支払った。

(5) 土地68,000,000円を購入し、30,000,000円は約束手形を振り出し、残額は掛けとした。

(6) 当期に受け取った手形のうち16,000円が不渡りになった、この手形の償還請求により発生した費用500円は現金で支払った。

(7) 手持ちの約束手形150,000円を銀行で期日前に換金し、割引料2,500円が差し引かれた金額を当座預金に預け入れ、後日無事決済された。割引時の仕訳と決済時の仕訳を示しなさい。なお、対照勘定を用いる方法を採用している。

(8) 当期に受注した工事が完成し、発注先に引き渡した。請負金額は4,800,000円であり、受注時に受け取っていた800,000円との差額を約束手形で受け取った。

(9) 大阪ガラス工事に外注し、工事未払金の支払いのため、手持ちの為替手形400,000円を裏書譲渡した。なお、手形金額の2％保証債務を計上する。

(10) 浪速工務店は中央鉄骨に対する工事未払金260,000円を支払うため、北商事引受済みの為替手形を振り出した。

(11) 土地27,000,000円を売却し、代金は約束手形10,000,000円で受け取り、残額は掛けとした。

⑿　当社は銀行から事業資金2,500,000円を借り入れるため、約束手形を振り出した。利息20,000円を差し引かれ、当座預金で受け取った。

⒀　材料の購入先から為替手形260,000円の呈示があり、支払いを引き受けた。

NO	勘定科目	金額	勘定科目	金額
(1)				
(2)				
(3)				
(4)				
(5)				
(6)				
(7)				
(8)				
(9)				
(10)				

NO	勘　定　科　目	金　　額	勘　定　科　目	金　　額
(11)				
(12)				
(13)				

☑ 解答＆解説

1 参照➡P112

NO	勘定科目	金額	勘定科目	金額
(1)	機械装置	5500000	営業外支払手形	5500000
(2)	材料	870000	裏書手形	250000
			工事未払金	620000
(3)	工事未払金	440000	受取手形	100000
			当座預金	340000
	手形裏書義務見返	100000	手形裏書義務	100000
(4)	未成工事支出金	7700000	受取手形	3100000
			支払手形	4600000
(5)	土地	68000000	営業外支払手形	30000000
			未払金	38000000
(6)	不渡手形	16500	受取手形	16000
			現金	500
(7)	当座預金	147500	受取手形	150000
	手形売却損	2500		
	手形割引義務見返	150000	手形割引義務	150000
	手形割引義務	150000	手形割引義務見返	150000

(1) 工事現場用であるが、工事原価ではないので営業外支払手形として処理する。

(2) 評価勘定なので貸方は裏書手形で処理する。

(3) 対照勘定を用いる方法を採用しているので、手形裏書義務見返、手形裏書義務を使用する。

(4) 手持ちの裏書手形は受取手形の減少で、約束手形の支払いは支払手形として処理する。

(5) 土地の購入は主たる営業取引以外なので30,000,000円は営業外支払手形で残額は未払金として処理する。

(6) 償還請求により発生した費用を加算した金額が不渡手形の金額になる。

(7) 対照勘定を用いる方法なので手形割引義務見返、手形割引義務勘定を使

NO	勘定科目	金額	勘定科目	金額
(8)	未成工事受入金 受取手形	800000 4000000	完成工事	4800000
(9)	工事未払金 保証債務費用	400000 8000	受取手形 保証債務	400000 8000
(10)	工事未払金	260000	完成工事未収入金	260000
(11)	営業外受取手形 未収入金	10000000 17000000	土地	27000000
(12)	当座預金 支払利息	2480000 20000	手形借入金	2500000
(13)	工事未払金	260000	支払手形	260000

用する。

(8) 主たる営業取引なので受取手形勘定を使用し、受注時受け取っていた未成工事受入金を減少させる。

(9) 保証債務費用、保証債務の金額400,000円×2%＝8,000円

(10) 為替手形を振り出したことにより、工事未払金と完成工事未収入金が減少した。

(11) 主たる営業取引以外なので営業外受取手形と未収入金で処理する。

(12) 約束手形を振り出して借り入れているので手形借入金として処理する。

(13) 材料の購入先なので以前に（材料）XXX（工事未払金）XXXの処理を行ったと考える。名宛人（支払人）の処理なので工事未払金が減少し、支払手形が増加する。

1 有価証券とは

有価証券と保有目的による分類

株主が所有者であることを示す権利証である**株式**と、国債や社債など**債券**のことを**有価証券**といいます。

- **有価証券**
  - 株　式（株主が所有者であることを示す権利証）
  - 債　券（国債や社債など）

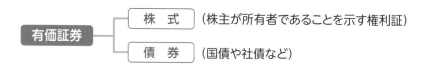

有価証券は、保有目的によって区分され、各区分により処理方法が異なります。

有価証券の保有目的による分類	勘定科目
❶ 売買目的有価証券	有価証券
❷ 満期保有目的債券	投資有価証券
❸ 子会社株式	関係会社株式など
❹ 関連会社株式	関係会社株式など
❺ その他有価証券	投資有価証券など

❶売買目的有価証券

売買目的有価証券とは、できるだけ安く買って、できるだけ高く売り、お金を儲けることを目的に保有する有価証券をいいます。

貸借対照表では**有価証券**と表示されます。本試験では有価証券という勘定科目が用いられます。

❷満期保有目的債券

満期保有目的債券とは、満期まで保有するつもりの債券をいいます。

貸借対照表では**投資有価証券**と表示されます。本試験では、満期保有目的債券または投資有価証券という勘定科目が用いられます。

❸子会社株式

当該会社の発行済株式数の**50%超**を保有している株式を**子会社株式**といいます。

貸借対照表では**関係会社株式**と表示されます。本試験では、子会社株式や関係会社株式などの勘定科目が用いられます。

❹関連会社株式

当該会社の発行済株式数の**20%以上50%以下**を保有している株式を**関連会社株式**といいます。貸借対照表では**関係会社株式**と表示されます。本試験では、関連会社株式や関係会社株式などの勘定科目が用いられます。

子会社とは、
半数を超える株式を
親会社に保有されて
支配されている会社
のことだよ
保有する株式が
半数以下だけど、
ほかの企業に
影響力がある会社を
関連会社といいます

❺その他有価証券

❶～❹以外の有価証券をいいます。貸借対照表では、投資有価証券などで表示されます。

しっかり覚えましょう。
次から、それぞれの
区分の取引を実際に
紹介していきます

2 売買目的有価証券

売買目的有価証券を購入した場合

有価証券の取得原価は、有価証券本体の**購入代価**に、購入手数料などの**付随費用**を加算した金額とします。

有価証券の取得原価 ＝ 購入代価（1株あたりの購入単価 × 株数） ＋ 付随費用（手数料など）

取引例 売買目的有価証券500株を1株250円で購入し、手数料2,700円と合わせて現金で支払った。

●購入時の仕訳

(有価証券)	127,700	(現　　　金)	127,700

500株×250円＋2,700円＝127,700円
株式数×1株あたりの購入単価＋手数料で計算する。

売買目的有価証券を売却した場合

売買目的有価証券を帳簿価額より高く売った場合は、**有価証券売却益（収益）**として処理し、帳簿価額より安く売った場合には、**有価証券売却損（費用）**として処理します。

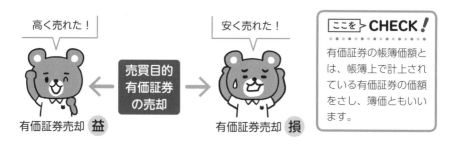

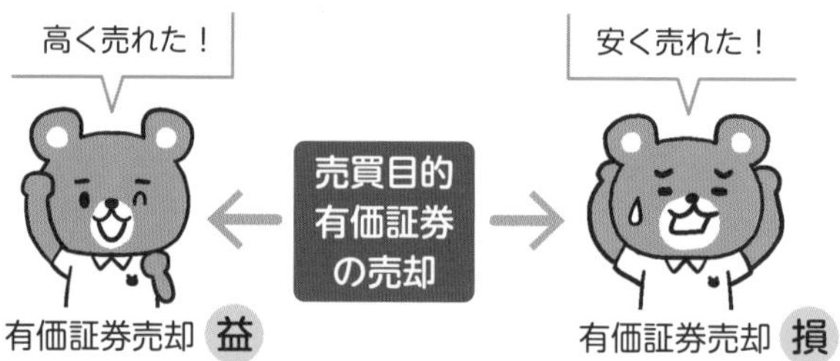

ここをCHECK!
有価証券の帳簿価額とは、帳簿上で計上されている有価証券の価額をさし、簿価ともいいます。

取引例1 売買目的有価証券を5,000株、1株あたり650円で購入し、売買手数料10,000円とともに小切手で支払った。その後3,000株を1株あたり665円で売却し、代金は現金で受け取った。

●購入時の仕訳

(有価証券)	3,260,000	(当座預金)	3,260,000

5,000株×650円＋売買手数料10,000円＝3,260,000円

●売却時の仕訳

(現　　　金)	1,995,000	(有価証券)	1,956,000
		(有価証券売却益)	39,000

高く売って儲けがでた

売却時に減少した有価証券の帳簿価額は、

$$3{,}260{,}000円 \times \frac{3{,}000株}{5{,}000株} = 1{,}956{,}000円$$

売却金額は、3,000株×665円＝1,995,000円

取引例2-1 売買目的有価証券を1株あたり732円で800株購入し、売買手数料7,800円とともに現金で支払った。さらに、追加で当期中に同一銘柄の売買目的有価証券を1株あたり755円で1,000株購入し、売買手数料10,600円とともに現金で支払った。

●購入時の仕訳

（有 価 証 券）	1,359,000	（現 金）	1,359,000

（732円×800株＋売買手数料7,800円）＋（755円×1,000株＋売買手数料10,600円）＝1,359,000円

取引例2-2 当期中に上記2-1の売買目的有価証券800株を1株あたり752円で売却し、代金は後日受け取ることにした。なお、有価証券の取引については**平均原価法**で行う。

●売却時の仕訳

$1{,}359{,}000円 \times \frac{800株}{1{,}800株} = 604{,}000円$

（未 収 入 金）	601,600	（有 価 証 券）	604,000
（有価証券売却損）	2,400		

未収入金800株×752円−604,000円＝−2,400円

ワンポイントQ&A 平均原価法とは？

同一銘柄の有価証券を2回以上で分けて購入したとき、取得原価の合計金額を取得株式数の合計で割って平均単価を計算する方法です。算式は右のとおりです。 $平均単価 = \frac{取得原価の合計}{取得株式数の合計}$

売買目的有価証券の決算時の評価替え

決算時に売買目的有価証券の帳簿価額は**時価**（じか）（その時点での価格）に修

正します。この処理を**売買目的有価証券の評価替え**といいます。

売買目的有価証券の決算時の時価が帳簿価額より高ければ**有価証券評価益**（収益）で処理し、決算時の時価が帳簿価額より低ければ**有価証券評価損**（費用）で処理します。

売買目的有価証券の評価替え

決算時の時価 ＞ 帳簿価額 ➡ 有価証券評価益（収益）

決算時の時価 ＜ 帳簿価額 ➡ 有価証券評価損（費用）

取引例 決算時においての帳簿価額1,200円の有価証券の時価は1,120円であった。

（有価証券評価損）	80	（有 価 証 券）	80

1,200円－1,120円＝80円

80円値下がりなので有価証券評価損という費用の計上

3 満期保有目的債券

満期保有目的債券を購入した場合

満期保有目的債券は取得していると利息がもらえ、満期日まで保有していると額面金額が戻ってきます。満期保有目的有価証券の取得原価は、下記の計算式でもとめられます。

$$\text{満期保有目的有価証券の取得原価} = \text{額面金額} \times \frac{\text{購入単価}}{100\text{円}} + \text{付随費用}$$

満期保有目的債券の償却原価法

償却原価法とは、取得価額と額面金額との差額を償還期にいたるまで毎期一定の方法で取得原価に加減算する方法のことです。

計算方法のひとつである**定額法**は、取得原価または発行価額と額面金額との差額を、毎期同額ずつ各期の損益に配分する方法です。各期の損益に配分された償却額は債券の帳簿価額に加減します。

なお、定額法の計算式は次のとおりです。

定額法の計算式

$$(\text{額面金額}-\text{購入時の価額})\times\frac{\text{当期に保有している月数}}{\text{取得から満期までの月数}}$$

取引例1 X1年8月1日に満期保有目的債券、額面300,000円、償還日X6年7月31日、額面100円につき98.7円で取得した。なお、会計期間は4月1日〜3月31日とする。

額面300,000円 $\times\frac{98.7円}{100円}$ =296,100円

(満期保有目的債券)	296,100	(現　　金)	296,100

取引例2 X2年決算時の処理(償却原価法による定額法)

(300,000円−296,100円) $\times\frac{8カ月}{60カ月}$ =520円

(満期保有目的債券)	520	(有価証券利息)	520

満期保有目的債券の帳簿価額の加算

有価証券利息という収益の計上

取引例3 X3年決算時の処理(償却原価法の定額法)

(300,000円−296,100円) $\times\frac{12カ月}{60カ月}$ =780円

(満期保有目的債券)	780	(有価証券利息)	780

満期保有目的債券の帳簿価額の加算

有価証券利息という収益の計上

満期までの償却額をまとめると、次の表のとおりである。

〜X2年3月31日	X3年3月31日	X4年3月31日	X5年3月31日	X6年3月31日	X6年7月31日
8カ月	12カ月	12カ月	12カ月	12カ月	4カ月
520円	780円	780円	780円	780円	260円
合計3,900円					

額面金額300,000円−購入金額296,100円＝3,900円

$$3{,}900円 \times \frac{8カ月}{60カ月} = 520円$$

$$3{,}900円 \times \frac{12カ月}{60カ月} = 780円$$

$$3{,}900円 \times \frac{4カ月}{60カ月} = 260円$$

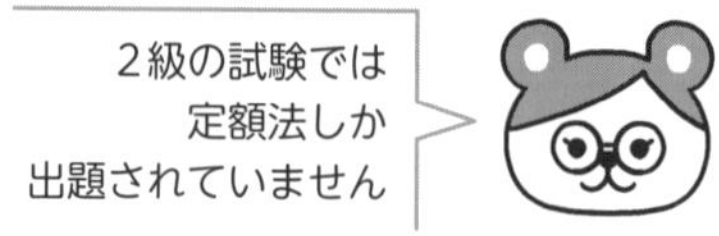

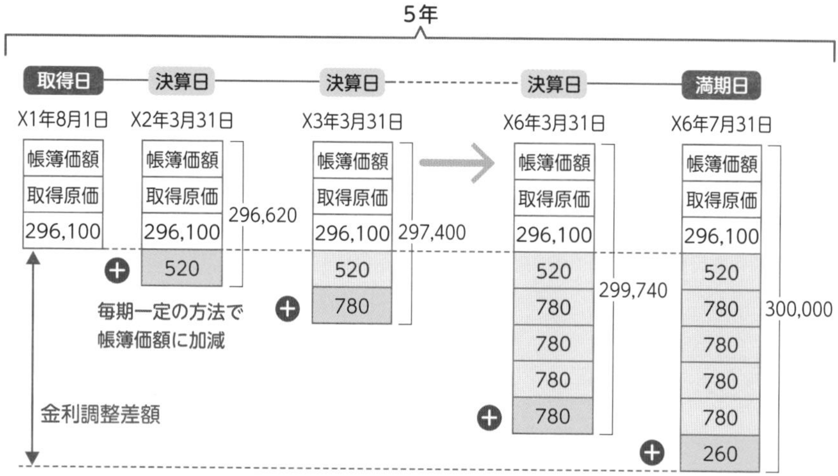

4 子会社株式・関連会社株式

子会社株式・関連会社株式の評価

子会社株式及び関連会社株式は、長期保有目的で所有しているため、**決算時に評価替えしません。**ただし、時価が著しく下落したときは、回復する見込みがあると認められる場合を除き、時価を貸借対照表価額とします。

取引例 当社は、子会社X社の株式670,000円（帳簿価額）と子会社Y社の株式810,000円（帳簿価額）を持っている。決算時の時価はX社株式280,000円、Y社株式は780,000円である。なお、X社株式については著しい下落で回復する見込みは不明である。

● X社株式の処理

子会社であるが、著しい下落で回復する見込みが不明であるので評価替えする。

280,000円－670,000円＝－390,000円

(子会社株式評価損)	390,000	(子会社株式)	390,000

● Y社株式の処理

子会社で評価替えしないので、 仕訳不要

配当金の受け取り

株式を所有していると配当金を受け取ることがあります。配当金を受け取ったときは**受取配当金（収益）**として処理します。また、配当金領収書は通貨代用証券なので**現金（資産）**として処理します。

配当金	受取配当金（収益）
配当金領収書（＝通貨代用証券）	現金（資産）

取引例 配当金領収書3,200円を受け取った。

通貨代用証券なので現金として処理

(現　　　金)	3,200	(受 取 配 当 金)	3,200

5 利息の受け取り

期限が到来している利札を持ち込めば、利息分を現金でもらうことができます。期限到来済み利札は通貨代用証券なので、**現金（資産）**として処理します。

期限到来済み利札（＝通貨代用証券）	現金（資産）

取引例 公社債の利札2,500円の支払期限が到来した。

(現　　　　金)	2,500	(有価証券利息)	2,500

通貨代用証券なので現金として処理　　有価証券利息は収益として処理

端数利息

社債や国債などの所有者は、利払日に利息を受け取ることができます。利払日以外の日に社債や公社債を売買した場合、**前回の利払日の翌日から売買した日の期間まで**の利息を買主は支払います。これを端数利息といいます。**端数利息**の計算式は次のとおりで、基本的に日割計算です。

$$\text{端数利息} = \text{額面金額} \times \text{年利率} \times \frac{\text{前回の利払日の翌日から購入、売却した日までの日数}}{365\text{日}}$$

取引例1 6月29日にこぐま建設は額面8,000,000円の社債を100円につき97.5円で購入し、端数利息（日割計算する）とともに小切手を振り出して支払った。なお、この社債は償還期間5年、年利2％、利払日　3月31日と9月30日の年2回である（端数が生じた場合は小数点以下四捨五入すること）。

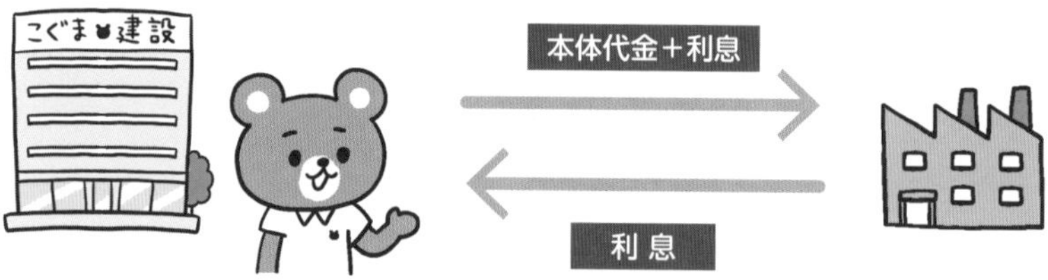

(投資有価証券)	7,800,000	(当　座　預　金)	7,839,452
(有価証券利息)	39,452		

・有価証券利息（端数利息の金額）

$$8{,}000{,}000\text{円} \times 2\% \times \frac{90\text{日}}{365\text{日}} = 39{,}452.05 \quad \rightarrow 39{,}452$$

（4月は30日＋5月は31日＋6月は29日＝90日）

・投資有価証券（または満期保有目的債券）の金額

$$8{,}000{,}000円 \times \frac{97.5円}{100円} = 7{,}800{,}000円$$

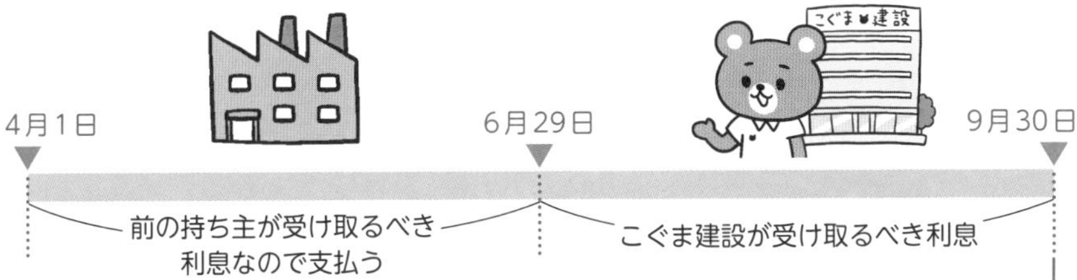

・こぐま建設が9月30日に受け取る金額

$$8{,}000{,}000円 \times 2\% \times \frac{183日}{365日} = 80{,}219.17円 \quad \rightarrow 80{,}219円$$

実際保有しているのは6月29日から9月30日までの期間である。9月30日には6カ月分の利息が受け取れるため、保有期間より余分に利息をもらいすぎるので、購入時に端数利息として立替払いすることで相殺される。よって、保有期間分の利息が計上される。

取引例2 参考 6月29日に額面8,000,000円（帳簿価額7,730,000円）の社債を100円につき97.5円で売却し、端数利息を合わせて現金で受け取った。利払日は3月31日と9月30日の年2回である（端数が生じた場合は小数点以下四捨五入すること）。

（現　　　金）	7,839,452	（投資有価証券）	7,730,000
		（有価証券利息）	39,452
		（有価証券売却益）	70,000

・有価証券利息（端数利息の金額）

$$8{,}000{,}000円 \times 2\% \times \frac{90日}{365日} = 39{,}452.05 \quad \rightarrow 39{,}452$$

（4月は30日＋5月は31日＋6月は29日＝90日）

・有価証券売却益の金額

$$8{,}000{,}000円 \times \frac{97.5円}{100円} - 7{,}730{,}000円 = 70{,}000円$$

6 有価証券の減損処理

有価証券の減損処理とは

市場性のある有価証券のうち売買目的以外の有価証券は、時価が著しく下落し、回復する見込みがあると認められる場合を除き、時価を貸借対照表価額とします。これを**有価証券の減損処理**といいます。

実価法

時価を把握することが極めて困難な株式が、財政状態の悪化により**実質価額**が著しく低下したときは、相当の減額をなし、評価差額は当期の損失として処理します。この方法を**実価法**といいます。数式は次のとおりです。

実質価額 ＝ （純資産 ÷ 発行株式総数）× 保有株式数

（純資産 ÷ 発行株式総数）：1株あたりの実質価額

取引例 所有している市場価格のない1株あたり880円の保有株式数500株の乙株式について、諸資産1,680,000円、諸負債450,000円、発行済株式総数3,000株と、財政状態が悪化したため実質価額により評価差額を処理する。

●評価損計上の仕訳

帳簿価額880円×500株＝440,000円

1株あたりの実質価額は、（諸資産1,680,000円－諸負債450,000円）÷発行済株式総数3,000株＝410円

実質価額410円×500株＝205,000円

帳簿価額440,000円－実質価額205,000円＝235,000円

（投資有価証券評価損）	235,000	（投資有価証券）	235,000

強制評価減

売買目的有価証券以外の有価証券について、時価が著しく下落したときは、回復する見込みがあると認められる場合を除き、時価評価し、評価差額は当期の損失（特別損失）として処理します。この処理方法を**強制評価減**といいます。

差入有価証券・保管有価証券

（さしいれゆうかしょうけん・ほかんゆうかしょうけん）

担保として差し入れた有価証券を**差入有価証券**、担保として預かった有価証券を**保管有価証券**といいます。通常の有価証券と区別するために差入有価証券勘定を使用し、金額は帳簿価額で処理します。

取引例１ 投資有価証券（帳簿価額4,600,000円）を担保に差し入れ、銀行から3,500,000円を借り入れた。この利息12,500円を差し引かれた手取金が当座預金に振り込まれた。なお、担保に差し入れた事実についても仕訳しなさい。

（差入有価証券）	4,600,000	（投資有価証券）	4,600,000
（当座預金）	3,487,500	（借入金）	3,500,000
（支払利息）	12,500		

※投資有価証券の金額：帳簿価額

取引例２ 参考 取引例１において担保を預かった側の仕訳

（保管有価証券）	4,600,000	（預り有価証券）	4,600,000
（貸付金）	3,500,000	（現金預金）	3,487,500
		（受取利息）	12,500

※預り有価証券：問題文の指示による

☑ 基礎力確認問題

1 重要度 A 難易度 A〜D

解答＆解説➡P145

次の各取引について仕訳を示しなさい。使用する勘定科目は下記の〈勘定科目語群〉から選び勘定科目を書くこと。

(1) 難易度A

取引関係強化のために乙社株式を1株あたり1,150円で5,000株購入した。購入代金と手数料78,000円を合わせて当座預金で支払った。

(2) 難易度B

前期において取引先の株式5,000株（1株500円、購入手数料20,000円）を購入したが、当期末において株価が1株200円に下落したので評価減を行った（第11回試験第1問）。

(3) 難易度A

売買目的で保有する有価証券38,000円の期末時価は32,000円である（第20回試験第5問）。

(4) 難易度B

当期に売買目的でA社株式7,000株を1株あたり1,380円、購入手数料115,000円で購入し、代金は現金で支払った。A社株式の期末の時価は1株あたり1,367円であった。購入時と期末の仕訳を示しなさい。

(5) 難易度C

有価証券勘定111,000円の内訳を調べたところ、一時所有の売買目的株式35,000円、満期保有目的債券30,000円、子会社の株式46,000円であった。適切な勘定に振り替えなさい。

(6) 難易度A

配当金領収書6,000円を受け取った。

(7) 難易度A

所有する公社債の利札4,800円の支払期限が到来した。

(8) 難易度C

売買目的有価証券を5,000株、1株あたり650円で購入し、売買手数料と10,000円とともに小切手で支払った。その後2,000株を1株あたり665円で売却し、代金は手数料18,700円を差し引いた手取り金額を現金で受け取った。購入時と売却時の仕訳を示しなさい。

⑼　難易度A

7月31日に、額面総額6,000,000円の社債（償還期間5年、利率年0.5%、利払日3月31日と9月30日の年2回）を額面100円につき98.8円で買い入れ、端数利息10,027円とともに代金は小切手を振り出して支払った。

⑽　難易度C

X社の株式を長期保有目的で所有しており、その簿価は1,100,000円であった。当期においてX社を子会社化するため残りの85%のX社株式3,600,000円を、小切手を振り出して取得した。

⑾　難易度C

当社は、売買目的でZ社株式700株を1株あたり360円、手数料2,600円で購入し、後日追加で300株を1株あたり417円、手数料3,200円で購入している。このうち700株を1株あたり385円で売却し、手数料5,200円を差し引かれた金額を現金で受け取った。Z社株式の売却時点の仕訳を示しなさい。なお、1株の単価は平均法により計算する。

⑿　難易度D

X1年7月1日に社債券面総額70,000,000円（償還期限X6年6月31日、年利0.6%、利払日は9月末日と3月末日）を額面100円につき96.8円で購入し、端数利息（日割計算）とともに現金で支払った。当社の会計期間は4月1日～3月31日である（端数利息の計算上端数が生じた場合は小数点以下四捨五入すること）。

⒀　難易度B

上記⑿において当期のX1年利払日9月末日に利息を現金で受け取った。利息の計算は月割で行うこと。

⒁　難易度A

上記⑿において当期の利払日X2年3月末日に利息を現金で受け取った。利息の計算は月割で行うこと。

⒂　難易度C

上記⑿においてX2年3月末決算につき償却原価法（定額法）により評価する。

⒃　難易度A

上記⑿においてX3年3月末決算につき償却原価法（定額法）により評価する。

〈勘定科目語群〉

現金、当座預金、有価証券、投資有価証券、子会社株式、有価証券評価損、支払利息、有価証券売却損、有価証券売却益、関連会社株式、有価証券利息、受取利息配当金、投資有価証券評価損

NO	勘定科目	金額	勘定科目	金額
(1)				
(2)				
(3)				
(4)				
(5)				
(6)				
(7)				
(8)				
(9)				
(10)				
(11)				
(12)				

NO	勘定科目	金額	勘定科目	金額
⑬				
⑭				
⑮				
⑯				

2 重要度 B 難易度 C

解答&解説➡P149

決算期末におけるそれぞれの有価証券の①貸借対照表の金額、②損益計算書の科目、③損益計算書の金額をもとめなさい（なお、記入すべき科目と金額がない場合は記入する必要はない）。

（単位：千円）

銘柄	保有目的	簿価	時価	備考
A建設	満期保有目的債券	48,000		償却原価法による定額法で適切に処理されている。
B塗装	支配目的	20,500	10,200	著しい下落であり回復する見込みは不明である。
C鉄骨	支配目的	13,800	13,500	
D商事	売買目的	5,100	5,600	
E開発	投資目的	16,500		その他有価証券である

・A建設発行の満期保有目的債券を額面総額50,000円（償還期間5年）で前期期首に取得している。
・当社はB塗装の発行済株式総数85％を所有し、実質的に支配している。
・当社はC鉄骨の発行済株式総数の70％を所有し、実質的に支配している。
・E開発株式はその他有価証券である。

・E開発株式については、実質価額により評価する。

当社はE開発の総発行株数12,000株のうち500株を所有している。

E開発株式会社の貸借対照表

(単位：円)

諸資産	558,000円	諸負債	370,800円
欠損金	12,800円	資本金	200,000円
	570,800円		570,800円

(単位：円)

	分　　類	①	②	③
A建設株式	満期保有目的債券	(　　　)	有価証券利息	(　　　)
B塗装株式	子会社株式	(　　　)	(　　　)	(　　　)
C鉄骨株式	子会社株式	(　　　)	(　　　)	(　　　)
D商事株式	売買目的有価証券	(　　　)	(　　　)	(　　　)
E開発株式	その他有価証券	(　　　)	(　　　)	(　　　)

解答&解説

1 参照➡P128

NO	勘定科目	金額	勘定科目	金額
(1)	投資有価証券	5828000	当座預金	5828000
(2)	投資有価証券評価損	1520000	投資有価証券	1520000
(3)	有価証券評価損	6000	有価証券	6000
(4)	有価証券 有価証券評価損	9775000 206000	現金 有価証券	9775000 206000
(5)	投資有価証券 子会社株式	30000 46000	有価証券	76000
(6)	現金	6000	受取利息配当金	6000
(7)	現金	4800	有価証券利息	4800
(8)	有価証券 現金	3260000 1311300	当座預金 有価証券 有価証券売却益	3260000 1304000 7300
(9)	投資有価証券 有価証券利息	5928000 10027	当座預金	5938027
(10)	子会社株式	4700000	投資有価証券 当座預金	1100000 3600000
(11)	現金 有価証券売却損	26430 3730	有価証券	26803
(12)	投資有価証券 有価証券利息	67760000 105863	現金	67865863
(13)	現金	210000	有価証券利息	210000

NO	勘定科目	金額	勘定科目	金額
⒁	現金	210000	有価証券利息	210000
⒂	投資有価証券	336000	有価証券利息	336000
⒃	投資有価証券	448000	有価証券利息	448000

(1)

(投資有価証券)	5,828,000	(当座預金)	5,828,000

取引関係強化のために購入した株式は投資有価証券として処理する。

1,150円×5,000株＋手数料78,000円＝5,828,000円

(2)・購入時の仕訳

(投資有価証券)	2,520,000	(現金等)	2,520,000

5,000株×500円＋購入手数料20,000円＝2,520,000円

・評価減の仕訳

(投資有価証券評価損)	1,520,000	(投資有価証券)	1,520,000

2,520,000円－(200円×5,000株)＝1,520,000円

(3)

(有価証券評価損)	6,000	(有価証券)	6,000

売買目的有価証券なので有価証券勘定科目で処理する。

有価証券評価損　38,000円－32,000円＝6,000円

(4)・購入時の仕訳

(有価証券)	9,775,000	(現金)	9,775,000

7,000株×1,380円＋115,000円＝9,775,000円

・期末の仕訳

(有価証券評価損)	206,000	(有価証券)	206,000

7,000株×1,367＝9,569,000円

9,775,000円－9,569,000円＝206,000円

(5)

(投資有価証券)	30,000	(有価証券)	76,000
(子会社株式)	46,000		

満期保有目的債券は投資有価証券を選択する。

(6)

(現金)	6,000	(受取利息配当金)	6,000

配当金領収書は通貨代用証券なので現金として処理する。

(7)

(現　　　金)	4,800	(有価証券利息)	4,800

期限到来済み利札は通貨代用証券なので現金として処理する。

(8)・購入時の仕訳

(有 価 証 券)	3,260,000	(当 座 預 金)	3,260,000

5,000株×650円+売買手数料10,000円=3,260,000円

・売却時の仕訳

(現　　　金)	1,311,300	(有 価 証 券)	1,304,000
		(有価証券売却益)	7,300

3,260,000円×$\frac{2,000株}{5,000株}$=1,304,000円

2,000株×665円−手数料18,700円=1,311,300円

有価証券売却益1,311,300円−1,304,000円=7,300円

(9)

(投資有価証券)	5,928,000	(当 座 預 金)	5,938,027
(有価証券利息)	10,027		

6,000,000円×$\frac{98.8円}{100円}$=5,928,000円で買い入れ、端数利息10,027円とともに代金は小切手を振り出して支払った。

(10)

(子 会 社 株 式)	4,700,000	(投資有価証券)	1,100,000
		(当 座 預 金)	3,600,000

長期保有目的で1,100,000円所有時は投資有価証券と処理されているが、子会社化するので減少する。子会社の金額は減少した投資有価証券の金額と振り出した当座預金の合計になる。

(11)・購入時の仕訳

(有 価 証 券)	254,600	(現 金 等)	254,600

700株×360円+手数料2,600円=254,600円

(有 価 証 券)	128,300	(現 金 等)	128,300

300株×417円+手数料3,200円=128,300円

・売却時の仕訳

(現　　　金)	264,300	(有 価 証 券)	268,030
(有価証券売却損)	3,730		

・平均法による単価

(254,600円+128,300円)÷1,000株=382.9円

382.9円×700株=268,030円

・売却金額

700株×385円－手数料5,200円＝264,300円

⑿
（投資有価証券）	67,760,000	（現　　　金）	67,865,863
（有価証券利息）	105,863		

・投資有価証券（満期保有目的債券）の金額

$$70{,}000{,}000円 \times \frac{96.8円}{100円} = \underline{67{,}760{,}000}円$$

・端数利息の金額

$$70{,}000{,}000円 \times 0.6\% \times \frac{92日^{※}}{365日} = 105{,}863.013 \quad \rightarrow \underline{105{,}863}$$

※4月　30日＋5月　31日＋6月　30日＋7月　1日＝92日

⒀
（現　　　金）	210,000	（有価証券利息）	210,000

上記⑿において当期のX1年利払日9月末日に利息を受け取った。

$$70{,}000{,}000円 \times 年利0.6\% \times \frac{6カ月}{12カ月} = \underline{210{,}000}円$$

端数利息を支払っているので、6カ月分受け取ることができる（7月1日から9月末日で計算しないこと）。

⒁
（現　　　金）	210,000	（有価証券利息）	210,000

$$70{,}000{,}000円 \times 年利0.6\% \times \frac{6カ月}{12カ月} = \underline{210{,}000}円$$

⒂
（投資有価証券）	336,000	（有価証券利息）	336,000

$$(70{,}000{,}000円 - 67{,}760{,}000円) \times \frac{9カ月^{※}}{60カ月} = \underline{336{,}000}円$$

※7月1日～3月31日＝9カ月間

⒃
（投資有価証券）	448,000	（有価証券利息）	448,000

$$(70{,}000{,}000円 - 67{,}760{,}000円) \times \frac{12カ月^{※}}{60カ月} = \underline{448{,}000}円$$

※4月1日～3月31日＝12カ月間

2 参照➡P128

（単位：円）

	分類	①	②	③
A建設株式	満期保有目的債券	（48,500）	有価証券利息	（500）
B塗装株式	子会社株式	（10,200）	（子会社株式評価損）	（10,300）
C鉄骨株式	子会社株式	（13,800）	（—）	（—）
D商事株式	売買目的有価証券	（5,600）	（有価証券評価益）	（500）
E開発株式	その他有価証券	（7,800）	（投資有価証券評価損）	（8,700）

有価証券の貸借対照表科目と有価証券の分類を混同しないこと。

貸借対照表科目と損益計算書の科目の出題は本試験の第5問で出題されるが必ず科目が解答用紙に印刷されている。

また第1問の仕訳問題で出題されるが必ず勘定科目語群から選択する問題である。

・A建設　前期期首に購入しているので1回償却原価法による定額法の処理を行っているので残りの年数は5年－1年＝4年。

（額面総額50,000円－帳簿価額48,000円）÷4年＝500円

（投資有価証券）　500	（有価証券利息）　500

（有価証券利息 → 損益計算書科目）

分類の金額48,000円＋500円＝48,500円

前期首の購入金額は48,000円－500円＝47,500円になる。

・B塗装　子会社であっても著しい下落で回復する見込みが不明なので評価損を計上する。

20,500円－10,200円＝10,300円

（10,300円 → 損益計算書の金額）
（10,200円 → 貸借対照表の金額）

・C鉄骨　子会社は原則評価替えしない。

・E開発　その他有価証券は貸借対照表では投資有価証券勘定で表示する。本問は分類の問題なのでその他有価証券勘定で記載する。

$$(\text{諸資産}558{,}000\text{円}-\text{諸負債}370{,}800\text{円})\times\frac{500\text{株}}{12{,}000\text{株}}=7{,}800\text{円}$$

投資有価証券評価損　16,500円－7,800円＝8,700円

固定資産

1 固定資産とは

固定資産の分類

固定資産は営業活動を行うために長期間使用する資産をいい、**有形固定資産**、**無形固定資産**、**繰延資産**の３つに分類されます。

- 固定資産
  - 有形固定資産
  - 無形固定資産
  - 繰延資産

2 有形固定資産

有形固定資産とは

有形固定資産とは、長期間使用している形のある資産をいい、建物、車両、土地などがあります。

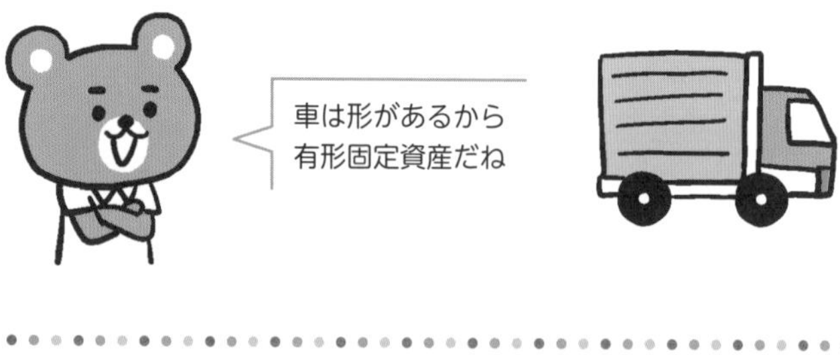

車は形があるから
有形固定資産だね

3 有形固定資産の取得原価

固定資産を購入によって取得した場合

購入代金に買入手数料、運送費、荷役費、据付費、試運転費等の付随費

用を加算した金額を取得原価とすることができます。

有形固定資産の取得原価 ＝ 購入代価 ＋ 付随費用

取引例 土地5,000,000円を翌月払いで購入した。なお、購入手数料180,000円と登記費用80,000円は現金で支払った。

購入手数料と登記費用は取得原価に含める
土地の購入代金は主たる営業取引ではないので未払金で処理

(土　地)	5,260,000	(未　払　金)	5,000,000
		(現　金)	260,000

有形固定資産と有形固定資産の交換

自己所有の固定資産との交換で固定資産を取得した場合には、交換に供された自己資産の適正な簿価をもって取得原価とします。

取引例 自社所有の土地時価57,000,000円（簿価5,600,000円）と、B社所有の簿価48,000,000円の土地を交換した。

(土　地)	5,600,000	(土　地)	5,600,000

自社が所有している土地の簿価を、新しい土地と無くなる土地の取得原価とする

有形固定資産と有価証券の交換

自己所有の株式または社債等と固定資産を交換した場合には、当該有価証券の時価または適正な簿価をもって取得原価とします。

取引例 こぐま建設は所有する株式（帳簿価額1,220,000円、時価1,470,000円）とKコンクリート所有の土地を交換した。

(土　地)	1,470,000	(有　価　証　券)	1,220,000
		(有価証券売却益)	250,000

帳簿価額より時価が250,000円高いので差額分収益が計上されたと考える

自家建設

自家建設とは、自社ビルの建設や、自社で使用する機械の製造を自社で行うことをいいます。自家建設した場合には、適正な原価基準にしたがって計算された**製造原価**を取得原価とします。

取引例 こぐま建設は自社ビルを自家建設した。このビルの建設にかかった費用は、材料費6,500,000円、労務費7,100,000円、経費8,500,000円であった。

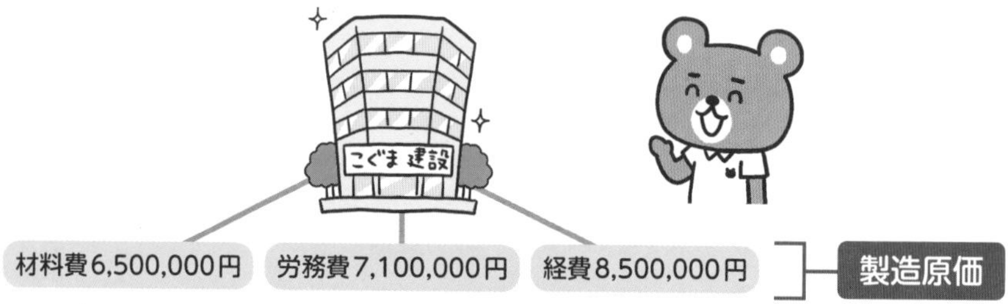

(建　　　物)	22,100,000	(材　料　費)	6,500,000
		(労　務　費)	7,100,000
		(経　　　費)	8,500,000

現物出資

株式を発行するときに、現金以外の資産を出資金にあてることを**現物出資**といいます。株式を発行しその対価として固定資産を受け入れた場合には、出資者に対して交付された株式の発行価額をもって取得原価とします。

取引例 設立時に現物出資として土地3,000,000円と建物2,000,000円を受け入れた。1株あたり50,000円で100株を発行した。

(土　　地)	3,000,000		
(建　　物)	2,000,000	(資　本　金)	5,000,000

資本件の金額50,000円×100株＝5,000,000円

4 固定資産の減価償却（げんかしょうきゃく）

固定資産の減価償却とは

建物、車両、備品などの固定資産は、使用や時間の経過とともに価値が減少します。そこで価値の減少を利用期間にわたって費用として配分する手続きを**減価償却**といいます。この配分された費用を**減価償却費**といい、計上方法は以下のとおりです。

減価償却
- 定額法
- 定率法
- 生産高比例法
- 総合償却法

次からそれぞれの
計上方法について
見ていきましょう

定額法（ていがくほう）

定額法とは、固定資産の価値が毎年同じだけ減少すると考え、減価償却費を毎期同じ金額で計上する方法をいいます。

定額法による1年あたりの減価償却費 ＝ $\dfrac{（取得原価－残存価額）}{耐用年数}$

取引例 X1年建物8,700,000円は、残存価額ゼロ、耐用年数30年として定額法により計算する（会計期間4月1日～3月31日）。

(減価償却費)	290,000	(減価償却累計額)	290,000

8,700,000円÷30年＝290,000円なので毎年290,000円を計上

定率法（ていりつほう）

定率法とは、期首未償却残高に対して、一定の**償却率**をかけることによって減価償却費を計上する方法をいいます。定率法は、使い始めの減価償却費は大きくなりますが、年々減少します。

定率法による1年あたりの減価償却費 ＝ （取得原価－減価償却累計額）× 償却率

（取得原価－減価償却累計額）＝期首未償却残高

取引例 X1年期首に購入した備品1,000,000円を、耐用年数4年、償却率25％にて減価償却を行った。なお、会計期間は4月1日〜3月31日である。取得後1年後、2年後、3年後の減価償却費を計算しなさい。

● X2年3月末日の減価償却費の計上（1年後）

（減 価 償 却 費）	250,000	（減価償却累計額）	250,000

未償却残高1,000,000円×0.25％＝250,000円

● X3年3月末日の減価償却費の計上（2年後）

（減 価 償 却 費）	187,500	（減価償却累計額）	187,500

未償却残高（1,000,000円－250,000円）×0.25＝187,500円

● X4年3月末日の減価償却費の計上（3年後）

（減 価 償 却 費）	140,625	（減価償却累計額）	140,625

未償却残高（1,000,000円－250,000円－187,500円）×0.25＝140,625円

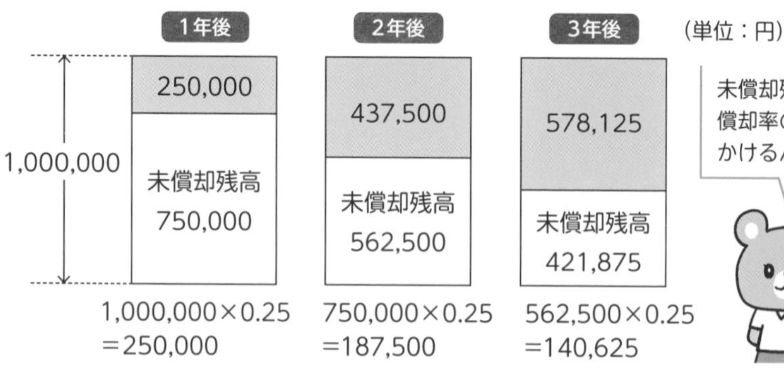

生産高比例法

（せいさんだかひれいほう）

生産高比例法とは、総利用可能量のうち当期利用量の割合だけ価値が減少したとして減価償却費を計上する方法をいいます。なお、生産高比例法は月数にも対応しているので月割りしません。

生産高比例法による1年あたりの減価償却費 ＝（取得原価－残存価額）× $\frac{\text{当期利用料}}{\text{総利用可能料}}$

取引例 X1年期首に購入した車両運搬具1,000,000円を、総利用可能量75,000km、当期利用量15,000km、残存価額1割、生産高比例法により減価償却を行った。なお、会計期間は4月1日～3月31日である。当期の減価償却費を計算する。

（減価償却費）	180,000	（減価償却累計額）	180,000

$(1{,}000{,}000\text{円}-1{,}000{,}000\text{円}\times 0.1)\times\frac{\text{当期利用量}15{,}000\text{km}}{\text{総利用可能量}75{,}000\text{km}}=$ 180,000円

総合償却法

（そうごうしょうきゃくほう）

総合償却法は、2つ以上の有形資産につき平均耐用年数を用いて一括して減価償却計算を行う方法です。

総合償却法による減価償却費 ＝ 要償却額 ÷ 平均耐用年数

平均耐用年数の計算方法には**加重平均法**と**単純平均法**があります。

加重平均法	要償却額を1年あたりの減価償却費で割る
単純平均法	耐用年数を単純に平均する

取引例1 機械装置Aは、取得原価800,000円、耐用年数8年、残存価額ゼロである。機械装置Bは、取得原価2,400,000円、耐用年数6年、残存価額ゼロである。機械装置Cは、取得原価1,200,000円、耐用年数

2年、残存価額ゼロである。これらを総合償却法で減価償却費の計算（定額法）を行う場合、加重平均法で計算した平均耐用年数は □ 年であり、年償却費は □ 円である。

●計算手順

残存価額がゼロだと
要償却額は取得原価と
同じ額なのか

	要償却額		年償却額	
・A	800,000円	÷8年＝	100,000円	
・B	2,400,000円	÷6年＝	400,000円	
・C	1,200,000円	÷2年＝	600,000円	
合計	4,400,000円	÷	1,100,000円	＝4年

平均耐用年数は4年で、年償却費は1,100,000円である。

取引例2 機械装置Aは取得原価750,000円、耐用年数10年、残存価額ゼロである。機械装置Bは取得原価2,400,000円、耐用年数5年、残存価額ゼロである。機械装置Cは、取得原価2,800,000円、耐用年数6年、残存価額ゼロである。これらを総合償却法で減価償却費の計算（定額法）を行う場合、単純平均法で計算した平均耐用年数は □ 年であり、年償却費は □ 円である。

●計算手順

計算方法の違いに
注意しましょう

平均耐用年数　（10年＋5年＋6年）÷3＝7年
（10年：A、5年：B、6年：C）

要償却額を平均耐用年数で割って、年償却額をもとめる。

（750,000円＋2,400,000円＋2,800,000円）÷7年＝850,000円
（750,000円：A、2,400,000円：B、2,800,000円：C）

減価償却によって資産価値を下げるとき、減価償却費の記帳方法には**間接法**と**直接法**があります。

間接法とは、固定資産を直接減額しないで減価償却累計額という資産のマイナス勘定で処理する方法をいい、基本はこちらが用いられます。

（減価償却費）	XXX	（減価償却累計額）	XXX

直接法とは、固定資産の取得原価を直接減額する方法をいいます。

(減価償却費)	XXX	(建　　物)	XXX

5 固定資産の売却

固定資産を売却したときの処理

固定資産を売却したときは、帳簿価額より売却価額の方が大きければ**固定資産売却益**、帳簿価額より売却価額の方が小さければ**固定資産売却損**として処理します。

固定資産の売却
- **売却価額** ＞ 帳簿価額 ➡ **固定資産売却益**
- 売却価額 ＜ **帳簿価額** ➡ **固定資産売却損**

固定資産を期中に売却した場合

固定資産を期中に売却した場合は、期首から売却時までの期間の減価償却費を通常月割で計上します。仕訳をまとめると、次のようになります。

売却時の仕訳

(減価償却累計額)	(固定資産)
(未収金、現金など)	
(減価償却費)	
(差額)	(差額)

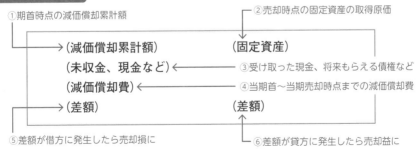

①期首時点の減価償却累計額
②売却時点の固定資産の取得原価
③受け取った現金、将来もらえる債権など
④当期首～当期売却時点までの減価償却費
⑤差額が借方に発生したら売却損に
⑥差額が貸方に発生したら売却益に

取引例1 定額法による場合

工事用機械（取得価額4,800,000円、残存価額ゼロ、耐用年数5年）を3年間定額法で償却してきたが、4年目の期首において1,600,000円で売却し、売却代金は後日受け取る予定である。

主たる営業取引以外なので未収入金として処理

（減価償却累計額）	2,880,000	（機　　械）	4,800,000
（未 収 入 金）	1,600,000		
（固定資産売却損）	320,000		

●減価償却累計額の計算

4,800,000円×3年÷5年＝2,880,000円

借方差額なので、固定資産売却損320,000円である。

取引例2 定率法による場合

工事用機械（取得価額4,800,000円、残存価額ゼロ、耐用年数5年）について3年間定率法（償却率0.2）で償却してきたが、4年目の期首において1,600,000円で売却し、売却代金は後日受け取る予定である。

主たる営業取引以外なので未収入金として処理

（減価償却累計額）	2,342,400	（機　　械）	4,800,000
（未 収 入 金）	1,600,000		
（固定資産売却損）	857,600		

●減価償却累計額の計算

1年目の減価償却費　4,800,000円×0.2＝960,000円

2年目の減価償却費　（4,800,000円－960,000円）×0.2＝768,000円

3年目の減価償却費　（4,800,000円－960,000円－768,000円）×0.2＝614,400円

960,000円＋768,000円＋614,400円＝2,342,400円

借方差額なので、固定資産売却損は857,600円である。

取引例3 参考 直接法による場合

工事用機械（取得価額4,800,000円、残存価額ゼロ、耐用年数5年）を3年間定額法で償却してきたが、4年目の期首において1,600,000円で売却し、売却代金は後日受け取る予定である。

主たる営業取引以外なので未収入金として処理

（未収入金）	1,600,000	（機械）	1,920,000
（固定資産売却損）	320,000		

取引例1と同様に、減価償却累計額は4,800,000円×3年÷5年＝2,880,000円

建物の取得原価4,800,000円－減価償却累計額2,880,000円＝1,920,000円

借方差額なので、固定資産売却損は320,000円である。

取引例4 期中・定額法による場合

工事用機械（取得価額4,800,000円、残存価額ゼロ、耐用年数5年）を3年間定額法で償却したが、4年目の6月末日に1,600,000円で売却し、売却代金は後日受け取る予定である。なお、会計期間は4月1日～3月末日であり当期減価償却費は月割で計算すること。

主たる営業取引以外なので未収入金として処理

（減価償却累計額）	2,880,000	（機械）	4,800,000
（未収入金）	1,600,000		
（減価償却費）	240,000		
（固定資産売却損）	80,000		

●減価償却累計額の計算

4,800,000円×3年÷5年＝2,880,000円

4月1日～6月末までの減価償却費4,800,000円÷5年×$\frac{3カ月}{12カ月}$＝240,000円

借方差額なので、固定資産売却損は80,000円である。

取引例5 期中・定率法による場合

工事用機械（取得価額4,800,000円、残存価額ゼロ、耐用年数5年）について3年間定率法（償却率0.2）で償却したが、4年目の6月末日に1,600,000円で売却し、売却代金は後日受け取る予定である。なお、会計期間は4月1日～3月末日で、当期減価償却費は月割で計算すること。

主たる営業取引以外なので未収入金として処理

（減価償却累計額）	2,342,400	（機　　械）	4,800,000
（未 収 入 金）	1,600,000		
（減 価 償 却 費）	122,880		
（固定資産売却損）	734,720		

●減価償却累計額の計算

1年目の減価償却費　4,800,000円×0.2＝960,000円

2年目の減価償却費　（4,800,000円－960,000円）×0.2＝768,000円

3年目の減価償却費　（4,800,000円－960,000円－768,000円）×0.2＝614,400円

960,000円＋768,000円＋614,400円＝2,342,400円

・4月1日～6月末までの減価償却費

（4,800,000円－960,000円－768,000円－614,400円）×0.2×$\frac{3カ月}{12カ月}$＝122,880円

借方差額なので、固定資産売却損は734,720円である。

6 固定資産の除却（じょきゃく）・廃棄（はいき）

固定資産の除却・廃棄とは

除却とは、いらなくなった固定資産の使用をやめること（保管など）をいいます。**廃棄**とは、固定資産を処分することをいいます。

固定資産の除却の取引

除却して不要になった固定資産の価値を**貯蔵品**として計上します。

取引例 当期首に機械（取得原価450,000円、期首減価償却累計額219,600円）を除却した。なお、除却した固定資産の見積処分価額は150,000円である。

見積処分価額は貯蔵品勘定で処理

（機械減価償却累計額）	219,600	（機　　　械）	450,000
（貯　蔵　品）	150,000		
（固定資産除却損）	80,400		

差額を固定資産除却損として処理

固定資産の廃棄の取引

廃棄した固定資産の帳簿価額を**固定資産廃棄損**として処理します。廃棄のときに生じた廃棄費用も、固定資産廃棄損として処理します。

取引例 当期首に備品（取得原価760,000円、期首減価償却累計額439,375円）を廃棄し、処分費用50,000円を現金で支払った。

（備品減価償却累計額）	439,375	（備　　　品）	760,000
（固定資産廃棄損）	370,625	（現　　　金）	50,000

帳簿価額760,000円－439,375円＝320,625円

320,625円＋処分費用50,000円＝固定資産廃棄損370,625円

7 固定資産の滅失（めっしつ）

固定資産の滅失とは

滅失とは火災、水害などにより、固定資産がなくなることをいいます。滅失したときの仕訳をまとめると、次の図のようになります。

①期首～滅失した時点の減価償却費
②滅失した固定資産の取得原価

（減価償却費）	XXX①	（固定資産）	XXX②
（減価償却累計額）	XXX③		
（火災未決算）	XXX④		

④差額の金額
③期首時点の減価償却累計額

保険金が確定したとき

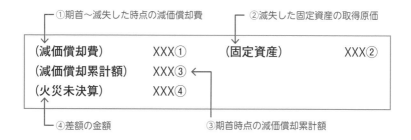

滅失後、保険会社から保険金が支払われる連絡があったら、支払われる金額を未収金として処理し、未収金の方が**火災未決算**より大きければ**保険差益（収益）**として処理し、未収金の方が火災未決算より小さければ、**災害損失、火災損失（費用）**などで処理します。保険金が確定したときの仕訳をまとめると、次の図のようになります。

①>②→保険差益
①<②→災害損失、火災損失など

（未収入金）	XXX①	（火災未決算）	XXX②

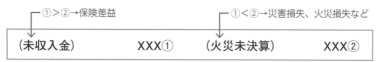

取引例1 建物（取得原価2,400,000円、減価償却累計額1,800,000円）が期首に火災により滅失した。なお、この建物には保険金1,500,000円を掛けている。

●火災時の仕訳

無くなるので建物の取得原価と累計額を消す

(減価償却累計額)	1,800,000	(建　　　物)	2,400,000
(火災未決算)	600,000		

差額を火災未決算とする

取引例2-1 取引例1について、保険会社から保険金850,000円を支払う旨の通知を受けた。

(未収入金)	850,000	(火災未決算)	600,000
		(保険差益)	250,000

貸方に差額が生じたので保険差益として処理

取引例2-2 取引例1について、保険会社から保険金500,000円を支払う旨の通知を受けた。

(未収入金)	500,000	(火災未決算)	600,000
(火災損失)	100,000		

借方に差額が生じたので火災損失として処理

8 交換差金（こうかんさきん）

交換差金とは

交換差金とは、価値が異なる固定資産と固定資産を交換するときに、差額を補うために金銭の受け取りや支払いを行うことをいいます。

取引例1 こぐま建設は、期首に自社の機械装置（取得価額360,000円、前期末減価償却累計額144,000円）としろくま材木店の機械装置を交換し、交換差金24,000円を支払った。

(減価償却累計額)	144,000	(機械装置)	360,000
(機械装置)	240,000	(現　　　金)	24,000

360,000円＋24,000円－144,000円＝差額240,000円

取引例2 こぐま建設は、持っていた車両（簿価2,400,000円）としろくま材木店の車両を交換し、交換差金300,000円を現金で受けとった。

（車両運搬具）	2,100,000	（車両運搬具）	2,400,000
（現　　　金）	300,000		

2,400,000円－300,000円＝2,100,000円

例題 10-1 次の❶❷❸の交換取引について仕訳を示しなさい。

❶ 当社はX社に建設機械（帳簿価額500,000円）を引き渡し、X社より建設機械を受け入れ、交換差金300,000円を受け取った。

❷ 当社はY社に車両（帳簿価額1,600,000円）を引き渡し、Y社より車両を受け入れ、交換差金200,000円を支払った。

❸ 当社はZ社に器具備品（帳簿価額1,300,000円）を引き渡し、器具備品を受け入れ、交換差金200,000円を支払った。

・解答・

❶	（機械装置）	200,000	（機械装置）	500,000
	（現　　金）	300,000		

❷	（車両運搬具）	1,800,000	（車両運搬具）	1,600,000
			（現　　　金）	200,000

❸	（器具備品）	1,500,000	（器具備品）	1,300,000
			（現　　金）	200,000

9 資本的支出（しほんてきししゅつ）・収益的支出（しゅうえきてきししゅつ）

資本的支出・収益的支出とは

建物にエレベータをつけるなど、固定資産の価値増加のための支出を**資本的支出**といい、固定資産の取得原価に加算（資産）として処理します。建物の雨漏りやキズの修復など、現状維持のための支出を**収益的支出**といい、修繕費（費用）として処理します。

倉庫の屋根が
ぼろぼろですね
こぐま倉庫
まず修繕しなきゃ
新しいエアコンも
ほしかったけど

仕訳例 本社建物の価値増加のための支出8,000,000円、現状維持のための支出150,000円をあわせて現金で支払った。

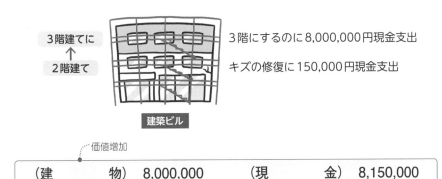

価値増加

（建　　　物）	8,000,000	（現　　　金）	8,150,000
（修　繕　費）	150,000		

現状維持

例題 10-2 当期において、建物の修繕工事を行い、その代金5,750,000円を全額建物勘定で処理していたが、このうち650,000円は現状維持のための支出であった。

・解答・ ・解説・

（修　繕　費）	650,000	（建　　　物）	650,000

現状維持のために支出は収益的支出であり、修繕費として処理するので修繕費を計上する。650,000円の修繕費分が誤って建物として計上されていたので、その分建物勘定を減少させる。

10 建設仮勘定（けんせつかりかんじょう）

建設仮勘定とは

完成前の固定資産の代金を前払いしたときは、**建設仮勘定（資産）**で処理します。

取引例1 工事代金の一部を支払ったとき

自社ビルの増設工事につき、請負金額30,000,000円で契約し、手付金3,000,000円を当座預金で支払った。

（建設仮勘定）	3,000,000	（当　座　預　金）	3,000,000

工事代金の一部を前払いしているので建設仮勘定で処理

取引例2 工事が完成し、引き渡しが完了したとき

自社ビルの増設工事が完了し、引き渡しを受けた。工事代金は30,000,000円であり、手付金3,000,000円はすでに支払い済みであり、残額は当座預金で支払った。

建物が完成し引き渡しが完了したので
建設仮勘定は減少

（建　　　　　物）	30,000,000	（建設仮勘定）	3,000,000
		（当　座　預　金）	27,000,000

建設仮勘定は完成すると
建物勘定に振り替えるのね

例題 10-3 次の❶・❷の仕訳を行いなさい。

❶ 本社建物工事代金総額160,000,000円の工事について、8回に分けて各20,000,000円を分割払いする工事契約を締結し、1回目の支払い分を現金で支払った。

❷ ❶の建物が完成し、引き渡しを受けた。工事代金は適正に支払っており、8回目の支払額20,000,000円は現金で支払った。

解答 **解説**

❶	（建設仮勘定）	20,000,000	（現　　　　金）	20,000,000

❷	（建　　　　物）	160,000,000	（建設仮勘定）	140,000,000
			（現　　　　金）	20,000,000

今まで適正に支払われているので、建設仮勘定20,000,000円×7回＝140,000,000円が計上されている。

11 無形固定資産（むけいこていしさん）

無形固定資産とは

無形固定資産とは、長期間使用する、形のない固定資産をいい、**特許権**、**商標権**など法律上の権利、**のれん**などの経済的な価値があります。

無形固定資産	特許権 商標権など法律上の権利 のれん

無形固定資産を取得したときの仕訳

無形固定資産を取得したとき、**取得に要した支出額**を**取得原価**とします。

仕訳例 当期首に商標権を380,000円で取得し、現金で支払った。

(商　標　権)	380,000	(現　　金)	380,000

無形固定資産の決算時の仕訳

無形固定資産は**残存価額ゼロ**、**定額法**で償却し、**直接法**で処理します。

仕訳例 当期首に取得した商標権380,000円を償却期間10年で償却する。

380,000円÷10年＝38,000円

(商標権償却)	38,000	(商　標　権)	38,000

商標権を直接減らす

のれん

のれんとは、お店の入り口にかかっているあののれんではなく、受け入れた資産の額が引き継いだ負債の額より多いときの差額をいいます。ほかの企業より有利になるものや、ブランド力などがあります。**合併**や**買収**を行うと、のれんが生じることがあります。

ワンポイントQ&A　合併と買収とは？

合併とは、2つ以上の会社が合体して、1つの会社になることをいいます。買収とは、ある会社を支配するためにその会社の発行株式数のうち過半数を取得することをいいます（合併は、227ページでも解説します）。

取引例 当期首にG社は、B社を現金600,000円で買収した。なお、B社の諸資産は1,300,000円、諸負債は900,000円であった。

(諸　資　産)	1,300,000	(諸　負　債)	900,000
(の　れ　ん)	200,000	(現　　　金)	600,000

借方に差額が生じたのでのれん（資産）として処理

貸方に差額が生じた場合は、負ののれん発生益(収益)として処理します
なるほど！

のれんの決算時の処理

のれんは、**20年以内**(最長20年)の期間で、定額法によって償却します。

最長償却期間は20年と決まっているんですね

取引例 のれん200,000円について、会計基準が定める最長期間で償却する。

(の れ ん 償 却)	10,000	(の　れ　ん)	10,000

最長期間は20年なので、200,000円÷20年＝10,000円である。

⑫ 繰延資産（くりのべしさん）

繰延資産とは

会社の開業や、新製品の開発などに使われるお金は、会社の将来の収益を得るために使われています。そのため支出による効果が、長期間に渡って期待されることになります。

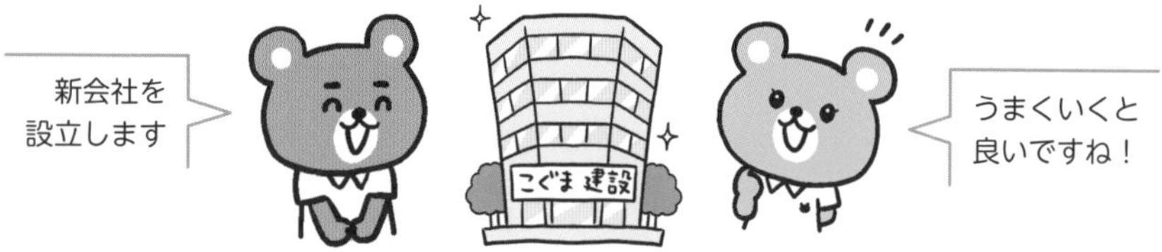
新会社を
設立します
こぐま 建設
うまくいくと
良いですね！

このような支出は原則的に費用として計上されますが、将来の収益が得られる能力があると考えて、資産として計上し、次期以降に費用を繰延することが認められます。これを**繰延資産**といいます。

期待される効果は
支出した期間だけでは
ないってことですね
繰延資産として計上す
ると、決算時の処理が
でてきますよ

繰延資産の種類

繰延資産には**創立費**、**株式交付費**、**開業費**、**開発費**、**社債発行費**、**新株予約権発行費**があり、試験では株式交付費と社債発行費が出題されます。

創立費	会社設立のために要した費用
株式交付費	新株発行のために支出した費用
開業費	会社設立後、営業活動を開始するまでに支払われた費用
開発費	新技術または経営組織の採用、資源の開発、市場の開発などのために特別に直接支出した費用
社債発行費	社債を発行するために要した費用
新株予約権発行費	新株予約権を発行するために直接支出した費用

繰延資産の償却方法

各繰延資産の償却期間と償却方法は、次のとおりです。

創立費、開業費、開発費	5年以内に定額法
株式交付費、新株予約権発行費	3年以内に定額法
社債発行費	償還期間にわたり定額法

取引例 株式交付費57,600円を当期11月1日に現金で支出したため、繰延資産として計上する。なお、会計期間は4月1日～3月31日まで、償却期間は3年とする。

●支出時の仕訳

(株式交付費)	57,600	(現　　金)	57,600

●決算時の仕訳

(株式交付費償却)	8,000	(株式交付費)	8,000

3年で償却するので、

$$57{,}600円 \times \frac{5カ月(11月1日\sim 3月31日)}{36カ月} = 8{,}000円$$

覚えることが
たくさんあるなあ
大丈夫？
固定資産はたくさん条件があるので
繰り返し学習しましょう

基礎力確認問題

1 重要度 A 難易度 A〜B

解答＆解説➡P178

次の各取引について仕訳を示しなさい。計算過程で端数が生じた場合は、小数点以下四捨五入しなさい。

使用する勘定科目は下記の〈勘定科目語群〉から選び勘定科目を書くこと。

(1) 難易度A

備品、取得原価1,320,000円、残存価額ゼロ、耐用年数6年、定額法により減価償却費を計上する。

(2) 難易度A

機械装置、取得原価200,000円、残存価額ゼロ、耐用年数5年、償却率0.369、減価償却累計額93,203円を定率法により減価償却費を計上する。

(3) 難易度A

前期首に取得したショベル（取得価額2,500,000円、残存価額ゼロ、耐用年数6年）について定率法（償却率0.319）で減価償却を行う場合、当期末の減価償却計上の仕訳を示しなさい。

(4) 難易度A

建物を、取得原価7,800,000円、残存価額ゼロ、耐用年数30年、減価償却方法、定額法により減価償却費を計上する。

このうち、1,500,000円は期中の7月1日に取得している。なお、会計期間は4月1日から翌年3月31日である。

(5) 難易度B

期首に、自社のトラック（取得価額600,000円 前期末減価償却累計額168,000円）と他社のトラックを交換し、交換差金18,000円を支払った。

(6) 難易度B

当期首に焼失した建物（取得価額3,600,000円、建物減価償却累計額2,760,000円であり、未決算勘定で処理済み）について保険の査定を受け、保険金額1,000,000円の支払いの通知を保険会社から受けた。

(7) 難易度B

工事用機械（取得価額1,000,000円、期首減価償却累計額481,600円）

を期末に売却した。売却価額330,000円は３カ月後に支払われる。なお、当期の減価償却費は、償却率0.28、耐用年数７年で償却する。

(8)　難易度A

建物の補修工事を行い、その代金523,000円について約束手形を振り出して支払った。この代金のうち163,000円は収益的支出と認め、残りを資本的支出として処理した。

〈勘定科目語群〉

減価償却費　減価償却累計額　修繕費　消耗品費　車両　機械　火災未決算　火災損失　保険差益　現金　仮受金　未収入金　完成工事未収入金　営業外支払手形　支払手形　受取手形　建物　固定資産売却損　固定資産売却益　未払金

NO	勘定科目	金額	勘定科目	金額
(1)				
(2)				
(3)				
(4)				
(5)				
(6)				
(7)				
(8)				

2 重要度 B 難易度 C～D

解答＆解説➡P180

問1 次の各取引について仕訳を示しなさい。計算過程で端数が生じた場合は小数点以下四捨五入しなさい。なお、減価償却費の計算は月割で計算し、使用する勘定科目は下記の〈勘定科目語群〉から選び勘定科目を書くこと（いずれも会計期間は4月1日から翌年3月31日である）。

⑴ 難易度C

自家用の材料倉庫を自社の施工部門が建設中で、発生した原価5,800,000円は受注した工事と同様の会計処理を行っていたが、決算にあたり正しく処理する（第25回試験第1問）。

⑵ 難易度D

当期首に、自社のトラック（前々期8月1日に360,000円で取得、残存価額ゼロ、定額法4年により適正に償却済）と他社のトラックを交換し、交換差金80,000円を支払った。このトラックについて、定額法（耐用年数5年、残存価額ゼロ）で償却した場合、交換時と当期決算時の減価償却費計上の仕訳を示しなさい。

⑶ 難易度C

前期6月1日に取得したショベル（取得価額2,700,000円、残存価額ゼロ、耐用年数6年）について定率法（償却率0.319）で減価償却を行う。当期末の減価償却計上の仕訳を示しなさい。

⑷ 難易度C

備品について、当期の減価償却費を計上する（取得原価650,000円、減価償却累計額590,150円、残存価額ゼロ、耐用年数5年、定率法、償却率0.369）。このほか、180,000円の備品を期中7月1日に取得している。

⑸ 難易度C

当期11月末日に焼失した建物（取得価額3,600,000円、期首建物減価償却累計額2,760,000円、定額法50年、残存価額ゼロ、未決算勘定で処理済み）について保険の査定を受け、保険金額1,000,000円の支払通知を保険会社から受けた。

〈勘定科目語群〉
減価償却費　減価償却累計額　修繕費　建設仮勘定　消耗品費　車両機械　火災損失　保険差益　火災未決算　未収入金　現金　完成工事未収入金　固定資産売却損　固定資産売却益　未払金　未成工事支出金

問2　次の [　　　] に入る正しい金額を計算しなさい。

(1)　難易度C
2013年4月1日（期首）に取得価額が520,000円で、残存価額ゼロ、耐用年数13年である機械装置を取得し、定額法で償却してきたが、2021年9月末日（期末は3月31日である）に210,000円で売却処分した。この場合における固定資産売却益は、[　　　] 円である。

(2)　難易度B
機械装置甲は取得原価2,160,000円、耐用年数8年、残存価額ゼロ、機械装置乙は取得原価5,670,000円、耐用年数7年、残存価額ゼロ、機械装置丙は取得原価1,150,000円、耐用年数5年、残存価額ゼロである。これらを総合償却法で減価償却費の計算（定額法）を行う場合、加重平均法で計算した平均耐用年数は [　] 年である。なお、小数点以下は切り捨てるものとする。

(3)　難易度B
前々期7月1日に取得した（取得価額800,000円、残存価額ゼロ、耐用年数8年、定率法による償却率0.25、総利用可能量5,000km、当期の利用量800km）について、当期（会計期間4月1日～3月末日）の減価償却費は、
定率法　① [　　　] 円、
定額法　② [　　　] 円、
生産高比例法　③ [　　　] 円である。

問1

NO	勘定科目	金額	勘定科目	金額
(1)				
(2)				
(3)				
(4)				
(5)				

問2

(1) ¥ ______　　(2) ______

(3) ① ¥ ______　　(3) ② ¥ ______

(3) ③ ¥ ______

3 重要度 C 難易度 A

解答＆解説➡P182

問1　下記の資料にもとづいて、繰延経理した場合の決算時の仕訳を示しなさい。会計期間はX2年4月1日～X3年3月31日である。

決算整理前残高試算表
X3年3月31日　　　　(単位：円)

新株発行費	66,600	
社債発行費	136,800	
特許権	77,000	
のれん	39,600	
開発費	180,000	

(1)　新株発行費は当期の2月1日に支出している。償却期間は3年である。

(2)　社債発行費は前々期の6月1日に支出しており、社債の償還期間は5年(定額法)である。

(3)　特許権は前期首に取得しており、償却期間8年で償却している。

(4)　のれんは前々期首に取得しており、20年で償却している。

(5)　開発費は当期首に支出している。償却期間は5年である。

NO	勘定科目	金額	勘定科目	金額
(1)				
(2)				
(3)				
(4)				
(5)				

☑ 解答＆解説

1 参照➡P153

NO	勘定科目	金額	勘定科目	金額
(1)	減価償却費	220000	減価償却累計額	220000
(2)	減価償却費	39408	減価償却累計額	39408
(3)	減価償却費	543098	減価償却累計額	543098
(4)	減価償却費	247500	減価償却累計額	247500
(5)	減価償却累計額 車両	168000 450000	車両 現金	600000 18000
(6)	未収入金	1000000	火災未決算 保険差益	840000 160000
(7)	減価償却累計額 未収入金 減価償却費 固定資産売却損	481600 330000 145152 43248	機械	1000000
(8)	建物 修繕費	360000 163000	営業外支払手形	523000

(1) （減 価 償 却 費） 220,000　（減価償却累計額） 220,000

1,320,000円÷6年＝220,000円

(2) （減 価 償 却 費） 39,408　（減価償却累計額） 39,408

（200,000円－93,203円）×0.369＝39,408.093円→39,408円（端数処理四捨五入）

(3) （減 価 償 却 費） 543,098　（減価償却累計額） 543,098

2,500,000円×0.319＝797,500円

（2,500,000円－797,500円）×0.319＝543,097.5円→543,098円（端数処理四捨五入）

(4)

(備品減価償却費)	247,500	(備品減価償却累計額)	247,500

② (7,800,000円－1,500,000円) ÷30年＝210,000円

$$1{,}500{,}000円 \div 30年 \times \frac{9カ月}{12カ月} = 37{,}500円$$

210,000円＋37,500円＝247,500円

(5) 新規取得の車両の金額が不明のため算定する。

(減価償却累計額)	168,000	(車　　両) ← 旧車両	600,000
(車　　両) ← 新車両	□	(現　　金)	18,000

□ ＝450,000円

(6)・焼失時の火災未決算の処理

(減価償却累計額)	2,760,000	(建　　物)	3,600,000
(火 災 未 決 算)	840,000		

・通知受取時の処理

(未 収 入 金)	1,000,000	(火 災 未 決 算)	840,000
		(保 険 差 益)	160,000

(7)

(減価償却累計額)	481,600	(機　　械)	1,000,000
(未 収 入 金)	330,000		
(減 価 償 却 費)	145,152		
(固定資産売却損)	43,248		

減価償却費 (1,000,000円－481,600円) ×0.28＝145,152円

(8)

(建　　物)	360,000	(営業外支払手形)	523,000
(修　繕　費)	163,000		

主たる営業取引以外のため営業外支払手形になる。

2 問1 参照➡P153

NO	勘定科目	金額	勘定科目	金額
(1)	建設仮勘定	5800000	未成工事支出金	5800000
(2)	減価償却累計額 車両 減価償却費	150000 290000 58000	車両 現金 減価償却累計額	360000 80000 58000
(3)	減価償却費	632338	減価償却累計額	632338
(4)	減価償却費	71900	減価償却累計額	71900
(5)	未収入金	1000000	火災未決算 保険差益	792000 208000

(1)

(建設仮勘定)	5,800,000	(未成工事支出金)	5,800,000

発生した原価を、受注した工事と同様より未成工事支出金を借方に計上しているので貸方に計上して消滅させる。

建設中の自家用の有形固定資産は、建設仮勘定が正しいので借方に計上する。

(2)・交換時の仕訳

(減価償却累計額)	150,000	(車　両)	360,000
(車　両)	290,000	(現　金)	80,000

差額で計算

・減価償却累計額

前々期の減価償却費　360,000円÷4年×$\frac{8カ月^{※}}{12カ月}$＝60,000円

前期の減価償却費　360,000円÷4年＝90,000円

60,000円＋90,000円＝150,000円

※8月1日～3月31日＝8カ月

・減価償却費の仕訳

(減価償却費)	58,000	(減価償却累計額)	58,000

減価償却費の計算

290,000円÷5年＝58,000円

(3)

(減価償却費)	632,338	(減価償却累計額)	632,338

・初年度の減価償却費

$2,700,000円 \times 0.319 \times \frac{10カ月^{※}}{12カ月} = 717,750円$

※6月1日～3月31日＝10カ月

(2,700,000円－717,750円)×0.319＝632,337.75円

→632,338円(小数点以下四捨五入)

(4)

(減価償却費)	71,900	(減価償却累計額)	71,900

・すでに取得している分

(650,000円－590,150円)×0.369＝22,084.65円→22,085円

・新規に取得した分

$180,000円 \times 0.369 \times \frac{9カ月^{※}}{12カ月} = 49,815円$

※7月1日～3月31日＝9カ月

22,085円＋49,815円＝71,900円

(5)・火災未決算で処理済みの仕訳

(減価償却累計額)	2,760,000	(建物)	3,600,000
(減価償却費)	48,000		
(火災未決算)	792,000		

減価償却費　$3,600,000円 \div 50年 \times \frac{8カ月^{※}}{12カ月} = 48,000円$

※4月1日～11月末＝8カ月

・保険金額通知

(未収入金)	1,000,000	(火災未決算)	792,000
		(保険差益)	208,000

2 問2　参照➡P153

(1) ¥ 30000

(2) 6

(3) ① ¥ 121875

(3) ② ¥ 100000

(3) ③ ¥ 128000

(1)

(減価償却累計額)	320,000	(機械装置)	520,000
(減価償却費)	20,000	(固定資産売却益)	30,000
(現金)	210,000		

……他人振出小切手は通貨代用証券で現金

・減価償却累計額の計算

2013年期首～2021年期末＝8年

520,000円÷13年×8年＝320,000円

・減価償却費の計算

520,000円÷13年×$\frac{6カ月^{※}}{12カ月}$＝20,000円

※4月1日～9月30日＝6カ月

(2)

	要償却額	年償却額
甲	2,160,000円÷8年＝	270,000円
乙	5,670,000円÷7年＝	810,000円
丙	1,150,000円÷5年＝	230,000円
合計	8,980,000円	1,310,000円

8,980,000円÷1,310,000円＝6.85→6年（端数処理切り捨て）

(3) ①定率法

前々期の減価償却費　800,000円×0.25×$\frac{9カ月^{※}}{12カ月}$＝150,000円

※7月1日～3月31日＝9カ月

前期の減価償却費　(800,000円－150,000円)×0.25＝162,500円

当期の減価償却費　(800,000円－150,000円－162,500円)×0.25＝121,875円

②定額法　800,000円÷8年＝100,000円

③生産高比例法　800,000円×$\frac{800km}{5,000km}$＝128,000円

3 参照➡P169

NO	勘定科目	金額	勘定科目	金額
(1)	新株発行費償却	3700	新株発行費	3700
(2)	社債発行費償却	43200	社債発行費	4320

NO	勘定科目	金額	勘定科目	金額
(3)	特許権償却	11000	特許権	11000
(4)	のれん償却	2200	のれん	2200
(5)	開発費償却	36000	開発費	36000

(1)

(新株発行費)	3,700	(新株発行費)	3,700

新株発行費は、3年(36カ月)で償却するので、

$$66,600円 \times \frac{2カ月^{※}}{36カ月} = \underline{3,700}円$$

※2月1日～3月31日＝2カ月

(2)

(社債発行費償却)	43,200	(社債発行費)	43,200

償還期間は5年(60カ月)なので、5年で償却する。

前々期の6月1日～当期首まで22カ月なので、残りの償却月数は60カ月－22カ月＝38カ月である。

$$136,800円 \times \frac{12カ月}{38カ月} = \underline{43,200}円$$

(3)

(特許権償却)	11,000	(特許権)	11,000

特許権は償却期間8年で償却している

前期首～当期首まで12カ月で残りの償却月数は、

96カ月－12カ月＝84カ月(7年)　77,000円÷7年＝11,000円

(4)

(のれん償却)	2,200	(のれん)	2,200

のれんの最長期間は20年であるから、

20年－2年(前々期首から当期首まで2年)＝18年

39,600円÷18年＝2,200円

(5)

(開発費償却)	36,000	(開発費)	36,000

開発費は5年で償却するから、180,000÷5年＝36,000円

本試験対策編　固定資産

社　債

1 社債とは

社　債

社債とは、不特定多数の人たちから資金を集めるために、**社債券**という有価証券を発行することです。集めたお金は将来返さなければならないので、社債は負債として処理します。

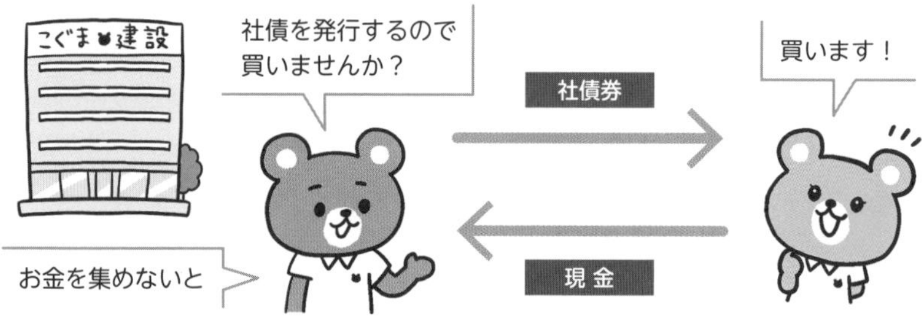

社債を発行したときの仕訳

社債を発行したときは、払い込まれた金額を**社債**として処理し、発行のための費用（広告費や手数料）を**社債発行費**として処理します。

割引発行	額面より低い価額で発行すること
平価発行	額面と同じ価額で発行すること
打歩発行	額面より高い価額で発行すること

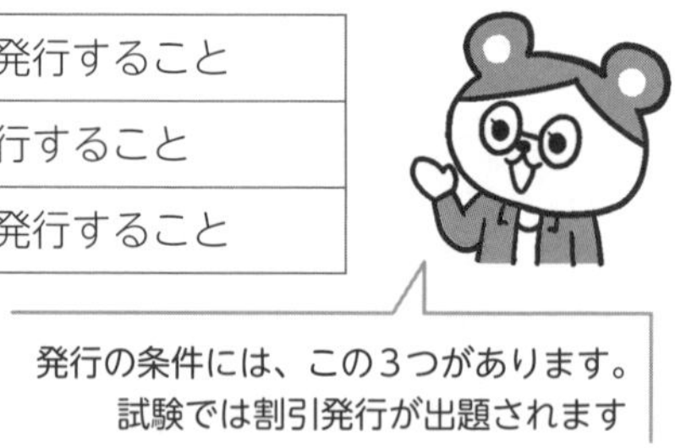

発行の条件には、この3つがあります。
試験では割引発行が出題されます

取引例1 社債と社債発行費

当期首X1年4月1日に、こぐま建設は社債額面総額100,000円（償還期間5年、利払日9月30日と3月31日、年利1%）を額面100円につき97円で発行し、払込金額は当座預金とした。なお、社債発行のための費用3,000円は当座預金で支払った。

●発行したときのこぐま建設の仕訳

$100{,}000円 \times \frac{97円}{100円} = 97{,}000円$

(当座預金)	97,000	(社債)	97,000
(社債発行費)	3,000	(当座預金)	3,000

社債利息の仕訳

社債を発行したときは、対応する期間の**社債利息**(しゃさいりそく)を計上します。社債利息は次の算式でもとめられます。

$$社債利息 = 社債額面総額 \times 年利率 \times \frac{社債の利用月数}{12カ月}$$

取引例2 社債利息

取引例1の条件で、こぐま建設は各利払日に利息を現金で支払った。

●9月30日の利払日

(社債利息)	500	(現金)	500

$100{,}000円 \times 1\% \times \frac{6カ月(4月1日〜9月30日)}{12カ月} = 500円$

●3月31日の利払日

(社債利息)	500	(現金)	500

$100{,}000円 \times 1\% \times \frac{6カ月(7月1日〜12月31日)}{12カ月} = 500円$

社債の決算のときの仕訳

決算時、額面総額と払込金額との差額(**金利調整差額**(きんりちょうせいさがく))を**償却原価法**(しょうきゃくげんかほう)**(定額法)**で帳簿価額に加算します。社債発行費の償却方法は**定額法**です。

取引例3 決算時の処理

当期末X2年3月31日こぐま建設の決算につき、償却原価法(定額法)と社債発行費の償却の処理を行う(取引例1と同条件)。

●償却原価法（定額法）による帳簿価額の加算

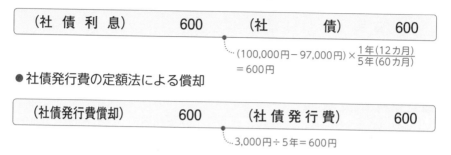

（社債利息）	600	（社　　債）	600

（100,000円－97,000円）× $\frac{1年(12カ月)}{5年(60カ月)}$ ＝600円

●社債発行費の定額法による償却

（社債発行費償却）	600	（社債発行費）	600

3,000円÷5年＝600円

決算日と利払日が異なる場合

利払日（利息を払う日）と決算日が同じでない場合、計上されていない利息が発生します。これを当期分として、決算時に**社債利息の見越計上**（みこしけいじょう）を行い、勘定科目は**未払社債利息**（みばらいしゃさいりそく）として処理します。

取引例4　社債利息の見越しの処理

X2年1月1日に社債額面総額100,000円（利払日6月30日と12月31日、年利1%）を発行した場合の社債利息の見越しの処理を行う。

（社債利息）	250	（未払社債利息）	250

100,000円×1%× $\frac{3カ月(1月1日〜3月31日)}{12カ月}$ ＝250円

X2年1月1日〜X2年3月31日まで社債を発行しているのに、利息が計上されていないので計上する。

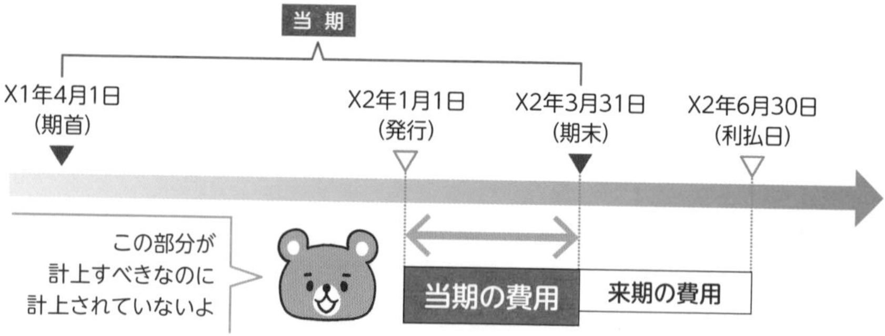

再振替仕訳

前期末に計上されて翌期首に繰り越された費用や収益の見越し、繰延資産については、期首に逆仕訳を行って残高をゼロにする処理を行います。これを再振替仕訳といいます。

取引例5 再振替仕訳

当期首X2年4月1日、前期の未払社債利息の処理を行う。

(未払社債利息)	250	(社債利息)	250

前期から翌期に繰り越した未払社債利息は、逆仕訳を行って、前期末に行った仕訳を消去する。

社債の償還とは

社債の償還とは、発行した社債を買い入れることで市場から社債を買い戻し、集めていたお金を返すことをいいます。満期に社債を買い戻すことを**満期償還**、満期より前に買い戻すことを**買入償還**といいます。

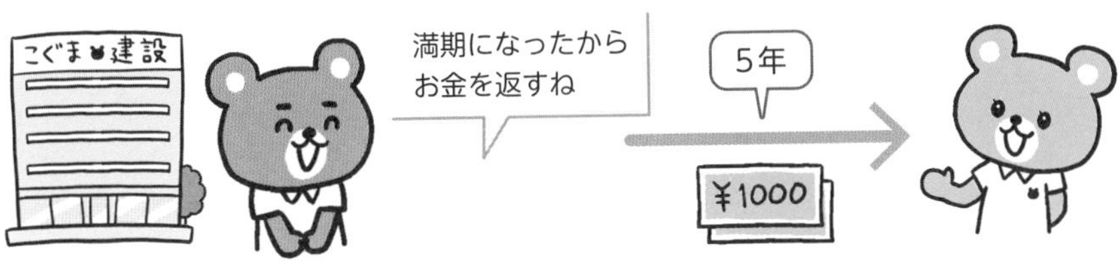

取引例1 満期償還したとき

X6年4月1日に、X1年4月1日に発行した社債が満期となった。

(社債)	100,000	(現金等)	100,000

発行時点の社債の金額(97,000円＋決算時600円×5年)＝100,000円

取引例2 買入償還したとき

X1年4月1日に額面総額100,000円を100円につき97円で発行していた社債を、X3年4月1日に社債30,000円を額面100円につき98円で買入償還し、当座預金で支払った(償還期間は5年である)。

買入償還社債29,460円＞支払金額29,400円

（社　　　債）	29,460	（当 座 預 金）	29,400
		（社債償還益）	60

支払金額が60円少ないので社債償還益

ここを CHECK！

買入償還社債＞支払金額　社債償還益
買入償還社債＜支払金額　社債償還損

取引例２の仕訳を算式にまとめると、次のとおりです。

Ⓐ発行時点の払込金額

$$額面総額100{,}000円 \times \frac{97円}{100円} = 97{,}000円$$

額面100円につき97円で発行

Ⓑ金利調整差額

額面総額100,000円－Ⓐ97,000円＝3,000円

額面金額－払込金額＝金利調整差額

Ⓒ買入償還時までの調整額

発行から２年後

$$Ⓑ3{,}000円 \times \frac{発行から償還時までの月数24カ月}{償還期限月数60カ月} = 1{,}200円$$

Ⓓ買入償還社債の金額

$$(Ⓐ97{,}000円 + Ⓒ1{,}200円) \times \frac{買入償還分30{,}000円}{額面総額100{,}000円} = 29{,}460円$$

買入償還時の社債の金額

買入償還する社債の割合

Ⓔ買入償還社債と支払金額の比較

$$Ⓓ29{,}460円 - 買入償還分30{,}000円 \times \frac{98円}{100円} = 60円$$

支払金額（29,400円）

支払金額が60円少ないので社債償還益

例題 11-1 ＿＿＿に当てはまる金額を示しなさい。

戸塚建設株式会社は、平成X1年4月1日に額面総額10,000,000円(償還期限5年、利率年2%、利払日9月30日と3月31日の年2回)の社債を額面100円につき98円で発行し、全額の払い込みを受けて当座預金とした。この社債を償却原価法(定額法)により処理していた場合、平成X3年4月1日に社債5,000,000円を額面100円につき99円で買入償却したときに計上される社債償還損の金額は＿＿＿円である(第14回試験第2問)。

・解答・ ・解説・

Ⓐ発行時点の金額

$$\text{額面総額}10{,}000{,}000\text{円}\times\frac{98\text{円}}{100\text{円}}=9{,}800{,}000\text{円}$$

Ⓑ金利調整差額

額面総額10,000,000円－Ⓐ9,800,000円＝200,000円

Ⓒ買入償還時までの調整額

$$\text{Ⓑ}200{,}000\text{円}\times\frac{\text{発行から償還時までの月数}24\text{カ月}}{\text{償還期限月数}60\text{カ月}}=80{,}000\text{円}$$

Ⓓ買入償還社債の金額

$$(\text{Ⓐ}9{,}800{,}000\text{円}+\text{Ⓒ}80{,}000\text{円})\times\frac{\text{買入償還分}5{,}000{,}000\text{円}}{\text{額面総額}10{,}000{,}000\text{円}}$$
$$=4{,}940{,}000\text{円}$$

Ⓔ買入償還社債と支払金額の比較

$$\text{Ⓓ}4{,}940{,}000\text{円}-\text{買入償還分}5{,}000{,}000\text{円}\times\frac{99\text{円}}{100\text{円}}=-10{,}000\text{円}$$

解答　<u>10,000</u>

☑ 基礎力確認問題

1 重要度 B 難易度 C

解答＆解説➡P192

問1 次の⑴～⑶の一連の各取引について仕訳を示しなさい。

⑴ 鶴舞建設株式会社は、20X1年4月1日（期首）に額面7,000,000円（償還期限5年、利率年5%、3月末日払い）の社債を100円につき97.50円で発行し、全額払い込みを受け当座預金とした。なお、社債発行のための費用36,000円は小切手を振り出して支払ったが、この費用については繰延資産として処理する。

⑵ 20X2年3月末日決算時につき、償却原価法（定額法）、社債発行費の償却の処理をそれぞれ行う。

⑶ 20X3年4月1日に社債3,000,000円を額面100円につき99円で買入償還し、当座預金で支払った。

問2 ［　　　　］に入る金額を計算しなさい。

長堀建設株式会社は、X1年4月1日（期首）に額面総額8,000,000円（償還期限5年、利率年6%、期末払い）の社債を額面100円につき97.50円で発行し、全額の払い込みを受け、当座預金としていた。この社債を償却原価法（定額法）により処理していた場合、X4年7月1日に社債3,000,000円を額面100円につき101円で買入償却したときに計上される社債償還損の金額は［　　　　］円である。

問1

NO	勘定科目	金額	勘定科目	金額
(1)				
(2)				
(3)				

問2

¥

解答&解説

1 問1 参照➡P184

NO	勘定科目	金額	勘定科目	金額
(1)	当座預金 社債発行費	6825000 36000	社債 当座預金	6825000 36000
(2)	社債利息 社債発行費償却	35000 7200	社債 社債発行費	35000 7200
(3)	社債 社債償還損	2955000 15000	当座預金	2970000

(1)

(当座預金)	6,825,000	(社債)	6,825,000
(社債発行費)	36,000	(当座預金)	36,000

$$7{,}000{,}000円 \times \frac{97.5円}{100円} = \underline{6{,}825{,}000}円$$

(2) それぞれの仕訳は下記のとおりである。

・償却原価法の処理

(社債利息)	35,000	(社債)	35,000

$$(7{,}000{,}000円 - 6{,}825{,}000円) \times \frac{12カ月}{60カ月} = \underline{35{,}000}円$$

・社債発行費の償却

(社債発行費償却)	7,200	(社債発行費)	7,200

36,000円÷5年=<u>7,200</u>円

(3)

(社債)	2,955,000	(当座預金)	2,970,000
(社債償還損)	15,000		

6,825,000円+35,000円×2年(発行から2年後買入償還)=6,895,000円

$$6{,}895{,}000円 \times \frac{3{,}000{,}000円}{7{,}000{,}000円} = \underline{2{,}955{,}000}円$$

$$3{,}000{,}000\text{円} \times \frac{99\text{円}}{100\text{円}} = \underline{2{,}970{,}000}\text{円}$$

1 問2 参照➡P187

¥				5	6	2	5	0

・発行時点の金額

$$8{,}000{,}000\text{円} \times \frac{97.5\text{円}}{100\text{円}} = 7{,}800{,}000\text{円}$$

・額面総額と発行時点の金額との差額

8,000,000円－7,800,000円＝200,000円

・償還時点の社債の金額

$$200{,}000\text{円} \times \frac{39\text{カ月（X1年4月1日～X4年7月1日）}}{60\text{カ月}} = 130{,}000\text{円}$$

$$(7{,}800{,}000\text{円} + 130{,}000\text{円}) \times \frac{3{,}000{,}000\text{円}}{8{,}000{,}000\text{円}} = 2{,}973{,}750\text{円}$$

・買入償還社債と支払金額の比較

$$3{,}000{,}000\text{円} \times \frac{101\text{円}}{100\text{円}} = 3{,}030{,}000\text{円}$$

3,030,000円＞2,973,750円

・社債償還損の金額

3,030,000円－2,973,750円＝$\underline{56{,}250}$円

引当金

1 引当金とは

引当金

引当金とは、将来的に起こりそうな費用や損失に備えて、あらかじめ見積もって計上した金額のことをいいます。その原因が当期より前の事象で、起こる可能性が高く、かつ、その金額を合理的に見積もることができるとき、当期の費用または損失として引当金に繰り入れるものとします。引当金には、次のようなものがあります。

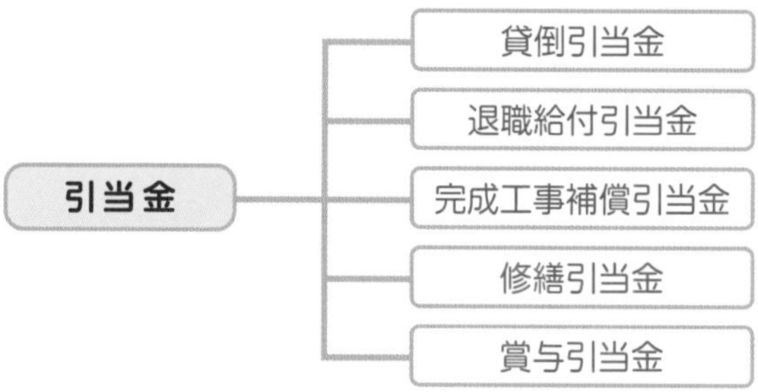

2 貸倒引当金

貸倒引当金とは

取引先の業績不振などにより、完成工事未収入金や受取手形が回収不能になることがあります。これを**貸倒れ**といいます。そこで、回収できなくなりそうな金額を、あらかじめ費用として見積もって計上します。ここで費用として計上された金額を、**貸倒引当金繰入額**（費用）勘定で処理し、貸方は**貸倒引当金**（資産の減少）として処理します。

ひぐま商事が
もしかしたら
倒産するかも…
ええ〜！

貸倒引当金の設定

貸倒引当金の計上方法には、**差額補充法**と**洗替法**があります。

なお、貸倒引当金の設定額をもとめる計算式は次のとおりです。

貸倒引当金設定額 ＝ 期末残高（完成工事未収入金＋受取手形）× 貸倒設定率

❶差額補充法

差額補充法とは、貸倒引当金の設定額と貸倒引当金の期末残高の差額を補充する方法をいいます。

貸倒引当金設定額が**期末残高より大きい場合**は、**借方を貸倒引当金繰入額**、**貸方を貸倒引当金**で処理します。逆に、**設定額が期末残高より少ない場合**は、**借方を貸倒引当金**、**貸方を貸倒引当金戻入**（収益）勘定で処理します。

	借方	貸方
貸倒引当金設定額 ＞ 期末残高 ➡	**貸倒引当金繰入額**	**貸倒引当金**
貸倒引当金設定額 ＜ **期末残高** ➡	**貸倒引当金**	**貸倒引当金戻入**

❷洗替法 参考

洗替法とは、期末残高を戻し入れ、設定額を貸倒引当金繰入勘定で処理する方法をいいます。

取引例１ 完成工事未収入金750,000円と受取手形500,000円の期末

残高に対して、3%の貸倒引当金を計上する。なお、貸倒引当金の残高は31,000円であった。設定すべき貸倒引当金の金額は、(完成工事未収入金750,000円+受取手形500,000円)×3%=37,500円である。

●差額補充法の場合

(貸倒引当金繰入額)	6,500	(貸倒引当金)	6,500

設定すべき貸倒引当金37,500円－貸倒引当金の残高31,000円=6,500円

●洗替法の場合

(貸倒引当金)	31,000	(貸倒引当金戻入)	31,000
(貸倒引当金繰入額)	37,500	(貸倒引当金)	37,500

取引例2 完成工事未収入金750,000円と受取手形500,000円の期末残高に対して、3%の貸倒引当金を設定する(差額補充法で行う)。なお、貸倒引当金の残高は41,000円であった。

(貸倒引当金)	3,500	(貸倒引当金戻入)	3,500

設定すべき貸倒引当金の金額は、(完成工事未収入金750,000円+受取手形500,000円)×3%=37,500円である。

残高41,000円－37,500円=3,500円と、計上されていた残高の方が設定すべき金額より多いので、差額分を戻し入れる。

前期以前の完成工事未収入金が実際に貸倒れたとき

前期以前に発生した、完成工事未収入金や受取手形が貸倒れた場合には、設定している貸倒引当金を取り崩します。

取引例1 前期に発生した完成工事未収入金17,000円が回収不能になった。なお、貸倒引当金の残高は25,000円である。

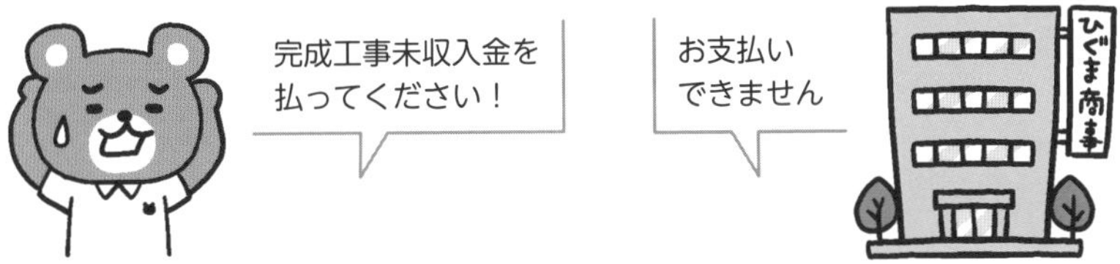

(貸倒引当金)	17,000	(完成工事未収入金)	17,000

貸倒引当金を取り崩す

貸倒れになった金額が設定している貸倒引当金を超えた場合は、不足した分の金額を**貸倒損失(費用)**として処理します。

取引例2 前期に発生した完成工事未収入金17,000円が回収不能になった。なお、貸倒引当金の残高は8,000円である。

貸倒引当金を取り崩す

(貸倒引当金)	8,000	(完成工事未収入金)	17,000
(貸倒損失)	9,000		

貸倒引当金で不足している9,000円を貸倒損失(費用)として処理

当期の完成工事未収入金が実際に貸倒れたとき

当期に発生した完成工事未収入金が貸倒れたときは、対応する貸倒引当金は設定していません。そのため、貸倒引当金を取り崩さないで全額**貸倒損失**として処理します。

取引例 当期に発生した完成工事未収入金17,000円が回収不能になった。なお、貸倒引当金の残高は8,000円であった。

(貸倒損失)	17,000	(完成工事未収入金)	17,000

当期に発生しているため全額貸倒損失

前期末の貸倒引当金は、前期以前に発生した債権に対して設定しているので、当期に発生した完成工事未収入金は全額貸倒損失（費用）として処理します。

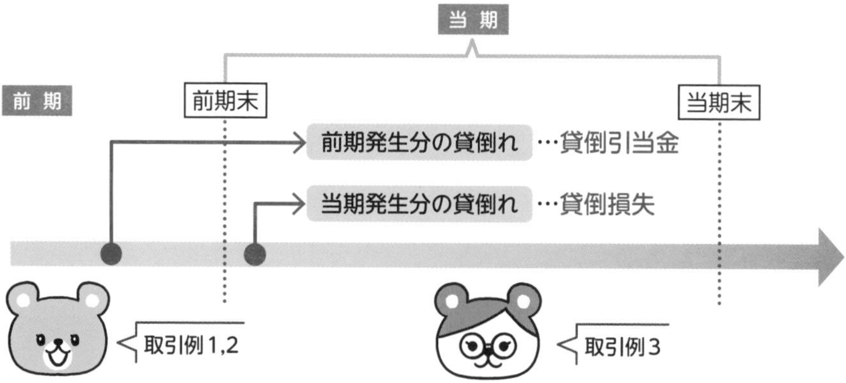

不渡手形の貸倒れ

不渡手形の貸倒引当金は、貸倒れの危険の大きさにもとづいて貸倒引当金を計上します。

取引例 当期に受け取った受取手形のうち、300,000円が不渡りとなった。この手形について貸倒引当金を100％設定する。

●不渡手形の仕訳

（不 渡 手 形）	300,000	（受 取 手 形）	300,000

（不渡手形）…資産の増加　（受取手形）…資産の減少

●貸倒引当金の設定

(貸倒引当金繰入額)	300,000	(貸 倒 引 当 金)	300,000

300,000円×100%＝300,000円

償却債権取立益

前期以前に貸倒れとして処理した債権を当期に回収した場合は、**償却債権取立益（収益）**として処理します。

貸倒れにしていた
お金が回収できた！
¥5000
¥1000

取引例 前期に回収不能で貸倒処理していた完成工事未収入金250,000円を当期に現金で回収した。

(現 金)	250,000	(償却債権取立益)	250,000

収益の増加

例題 12-1 **売上債権の期末残高に対して3%貸倒引当金を計上する（差額補充法）。残高試算表の完成工事未収入金は520,000円、受取手形は370,000円、貸倒引当金は25,600円である。**

・解 答・ ・解 説・

(貸倒引当金繰入額)	1,100	(貸倒引当金)	1,100

（完成工事未収入金520,000円＋受取手形370,000円）×3%－貸倒引当金25,600円＝1,100で、設定金額の方が残高より高いため貸倒引当金繰入額として計上する。

3 退職給付引当金

退職給付引当金とは

退職給付規定がある企業では、退職のときに退職金が支払われます。企業が従業員に対して将来支払う退職金や企業年金を見積もって、負債として計上する引当金を**退職給付引当金**といいます。

従業員の退職金を
用意しとかないと
今から
計上しておきましょう

取引例1 退職給付引当金の当期繰入額は46,000円であった。

（退職給付引当金繰入額）	46,000	（退職給付引当金）	46,000

費用として処理（退職給付引当金繰入額）

負債として処理（退職給付引当金）

取引例2 退職金480,000円を現金で支払った。なお、退職給付引当金の残高は460,000円であった。

退職給付引当金を取り崩す

（退職給付引当金）	460,000	（現　　　金）	480,000
（退　職　金）	20,000		

不足する金額は退職金（費用）として処理

例題 12-2 次の仕訳を示しなさい。使用する勘定科目は下記の<勘定科目>から選びなさい。

退職給付引当金の当期繰入額は事務員について12,000円、現場作業員について38,000円である。

〈勘定科目〉 退職金　販売費及び一般管理費　未成工事支出金
完成工事原価　工事未払金　完成工事高

・解答・ ・解説・

(販売費及び一般管理費)	12,000	(退職給付引当金)	50,000
(未成工事支出金)	38,000		

事務員の退職給付引当金繰入額は販売費及び一般管理費で処理し、現場作業員の退職給付引当金繰入額は未成工事支出金として処理する。

4 完成工事補償引当金（かんせいこうじほしょうひきあてきん）

完成工事補償引当金とは

完成工事補償引当金とは、完成して引き渡しが完了してから一定期間、無償で補修をする契約をしている場合に、決算時に将来の費用を見積もって計上される引当金をいいます。完成工事補償引当金は工事に関する費用なので、未成工事支出金として処理されます。

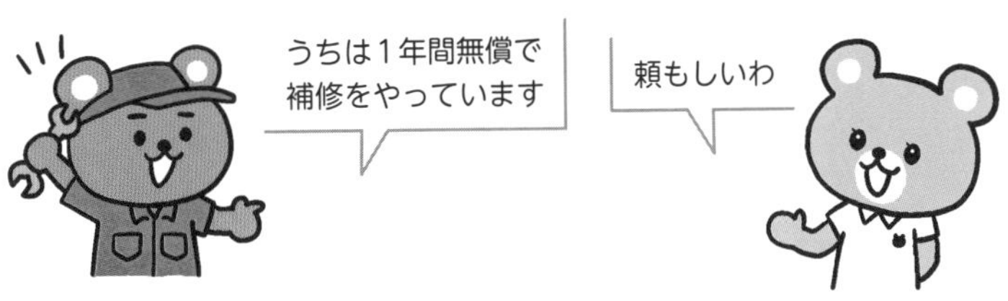

うちは1年間無償で
補修をやっています
頼もしいわ

取引例 当期の完成工事高に対して0.3％の完成工事補償引当金を設定する（差額補充法）。残高試算表の完成工事高は1,570,000円、完成工事補償引当金は3,660円である。

工事に関する費用なので未成工事支出金として処理

(未成工事支出金)	1,050	(完成工事補償引当金)	1,050

完成工事補償引当金　1,570,000円×0.3%－3,660円＝1,050円

5 賞与引当金

（しょうよひきあてきん）

賞与引当金とは

賞与引当金とは、翌期の賞与の支払いのうち当期の負担に属する金額を見積計上するときに設定される引当金をいいます。

取引例1-1 当期の決算において従業員賞与の当期負担分76,000円を見積計上した。

(賞与引当金繰入額)	76,000	(賞 与 引 当 金)	76,000

賞与引当金繰入額：費用として処理
賞与引当金：負債として処理

取引例1-2 従業員賞与160,000円を支給し、源泉所得税5％と社会保険料11％を差引き、現金で支払った。

賞与引当金：賞与引当金取り崩し

(賞 与 引 当 金)	76,000	(現　　　金)	134,400
(賞　　　与)	84,000	(預 り 金)	25,600

賞与：費用で処理
160,000円－76,000円＝84,000円

預り金：負債で処理
160,000円×(5%＋11%)＝25,600円

6 修繕引当金 参考

（しゅうぜんひきあてきん）

修繕引当金とは

修繕引当金とは、修繕する必要があるにもかかわらず、まだ修繕が行わ

れていない場合に、当期に行うべき修繕費用を見積もり、設定される引当金をいいます。

取引例1 次期に予定される機械装置の修繕に備えて、修繕引当金500,000円を設定した。

(修繕引当金繰入額)	500,000	(修 繕 引 当 金)	500,000

費用として処理　　負債として処理

取引例2 機械装置の修繕を行い、代金660,000円は来月末支払うことにした。なお、修繕引当金の残高は500,000円であった。

修繕引当金を取り崩す

(修 繕 引 当 金)	500,000	(未 払 金)	660,000
(修 繕 費)	160,000		

足りない金額は修繕費(費用)として処理

7 工事損失引当金(こうじそんしつひきあてきん) 参考

工事損失引当金とは

工事契約期間中に、工事原価が見積もりよりもかかってしまい、損失が生じることがあります。この損失が将来に発生すると見込まれる場合に、**工事損失引当金**で処理します。

工事費、
思ったより
かかっちゃったな…

取引例 工事損失引当金62,000円を計上する。

(完成工事原価)	62,000	(工事損失引当金)	62,000

費用として処理　　負債として処理

☑ 基礎力確認問題

1 重要度 A 難易度 問1 A 問2 C

解答＆解説➡P208

問1　次の各取引について仕訳を示しなさい。使用する勘定科目は下記の〈勘定科目群〉から選び勘定科目を書くこと。

(1)　前期の完成した工事にかかる完成工事未収入金120,000円が回収不能になった。貸倒引当金の残高は80,000円であった。

(2)　前期の完成した工事にかかる完成工事未収入金120,000円が回収不能になった。貸倒引当金の残高は150,000円であった。

(3)　当期の完成した工事にかかる完成工事未収入金120,000円が回収不能になった。貸倒引当金の残高は80,000円であった。

(4)　仮受金の期末残高52,000円は、過年度において貸倒損失として処理した完成工事未収入金の現金回収額であることが判明した。

(5)　過年度に完成させた建物の補修を行った。補修にかかる支出額415,000円を約束手形で支払った。なお、前期決算において完成工事補償引当金450,000円を計上している。

〈勘定科目群〉

貸倒損失　貸倒引当金　完成工事未収入金　償却債権取立益　雑益
支払手形　受取手形　貸倒引当金繰入額　仮受金　完成工事補償引当金

NO	勘定科目	金額	勘定科目	金額
(1)				
(2)				
(3)				
(4)				
(5)				

問2　次の決算整理前残高試算表にもとづいて、次の各取引について仕訳を示しなさい。使用する勘定科目は〈勘定科目群〉から選び勘定科目を書くこと。

決算整理前残高試算表

（単位：円）

完成工事未収入金	135,000	退職給付引当金	97,000
受取手形	100,000	貸倒引当金	5,400
		完成工事補償引当金	5,200
		完成工事高	1,800,000

①完成工事高に対して0.3%の完成工事補償引当金を計上する（差額補充法）。

②売上債権の残高に対して2%の貸倒引当金を計上する（差額補充法）。

③退職給付引当金については、前期末は97,000円で、当期末は101,000円であった。なお、当期中に管理部門から退職者が発生し、その退職金2,000円の支払いに関する退職給付引当金の処理がされていなかった。

〈勘定科目群〉

貸倒損失　貸倒引当金繰入額　貸倒引当金戻入　退職給付引当金　退職給付引当金繰入額　貸倒引当金　完成工事補償引当金　未成工事支出金　現金

NO	勘定科目	金額	勘定科目	金額
(1)				
(2)				
(3)				

2 重要度 A 難易度 C

解答＆解説➡P209

問1　次の⑴～⑸の各取引について仕訳を示し、⑹の空欄の金額を計算しなさい。

⑴　前期の決算で、滞留していた完成工事未収入金700,000円に対して50%の貸倒引当金を設定したが、当期において300,000円が当座預金に振り込まれ、残額は貸倒れとなった。

⑵　退職給付引当金については、期末自己都合要支給額を計上している。前期末の自己都合要支給額は246,000円（管理部門81,000円、施工部門165,000円）で、当期末は286,000円（管理部門99,000円、施工部門187,000円）であった。なお、当期中に施工部門から退職者が発生し、その退職金8,000円の支払いは退職給付引当金で処理されている。

⑶　前期末において滞留債権（完成工事未収入金）3,000,000円 に対し50%の引当金を計上していた。この債権については、当期において600,000円 は回収し処理したが、残りについては当期末に貸倒れが確定した。当期末の仕訳を示しなさい。

⑷　建設機械の補修を行い、その代金800,000円を小切手を振り出して支払った。この支出額800,000円のうち、500,000円は改良費である。なお、修繕引当金の金額が275,000円ある。

⑸　工事損失引当金235,000円を計上する。

⑹　前期末に貸倒引当金83,000円が設定されている。当期に、前期の完成工事高にかかる完成工事未収入金31,000円と当期の完成工事高にかかる完成工事未収入金15,000円が貸倒れになった。当期末の売上債権残高3,500,000円に対して2%の貸倒れが見積もられるとき、差額補充法で処理するならば、貸倒引当金繰入額は［　　　　］円である。

NO	勘　定　科　目	金　　額	勘　定　科　目	金　　額
(1)				
(2)				
(3)				
(4)				
(5)				

(6)　¥

解答＆解説

1 問1 参照➡P194

NO	勘定科目	金額	勘定科目	金額
(1)	貸倒引当金 貸倒損失	80000 40000	完成工事未収入金	120000
(2)	貸倒引当金	120000	完成工事未収入金	120000
(3)	貸倒損失	120000	完成工事未収入金	120000
(4)	仮受金	52000	償却債権取立益	52000
(5)	完成工事補償引当金	415000	支払手形	415000

(1)

(貸倒引当金)	80,000	(完成工事未収入金)	120,000
(貸倒損失)	40,000		

貸倒引当金80,000円を取り崩し、不足している部分を貸倒損失とする。

(2)

(貸倒引当金)	120,000	(完成工事未収入金)	120,000

貸倒引当金120,000円を取り崩す。

(3)

(貸倒損失)	120,000	(完成工事未収入金)	120,000

当期に発生した債権が当期に回収不能になった場合は全額貸倒損失とする。

(4)

(仮受金)	52,000	(償却債権取立益)	52,000

仮受金を減少させて償却債権取立益(収益)が発生する。

(5)

(完成工事補償引当金)	415,000	(支払手形)	415,000

補修にかかる支出額は完成工事補償引当金を取り崩す(営業外支払手形とする考え方もあるが、選択語群には支払手形しかないので支払手形を選択する)。

1 問2 参照➡P194

NO	勘定科目	金額	勘定科目	金額
(1)	未成工事支出金	200	完成工事補償引当金	200
(2)	貸倒引当金	700	貸倒引当金戻入	700
(3)	退職給付引当金繰入額 退職給付引当金	6000 2000	退職給付引当金 現金	6000 2000

① （未成工事支出金） 200 （完成工事補償引当金） 200

完成工事高1,800,000円×0.3%－5,200円＝200円

② （貸倒引当金） 700 （貸倒引当金戻入） 700

（完成工事未収入金135,000円＋受取手形100,000円）×2%－貸倒引当金5,400円＝－700円

③ （退職給付引当金繰入額） 6,000 （退職給付引当金） 6,000

当期末要支給額は、101,000円－（前期末要支給額97,000円－退職金2,000円）＝6,000円

（退職給付引当金） 2,000 （現　　金） 2,000

退職金支払時の未処理事項

2 参照➡P194

NO	勘定科目	金額	勘定科目	金額
(1)	貸倒引当金 貸倒損失 当座預金	350000 50000 300000	完成工事未収入金	700000
(2)	販売費及び一般管理費 未成工事支出金	18000 30000	退職給付引当金	48000
(3)	貸倒引当金 貸倒損失	1500000 900000	完成工事未収入金	2400000

NO	勘定科目	金額	勘定科目	金額
(4)	機械 修繕引当金 修繕費	500000 275000 25000	当座預金	800000
(5)	完成工事原価	235000	工事損失引当金	235000

(6)　¥ 18000

(1)　・前期末の貸倒引当金の設定

(貸倒引当金繰入額)	350,000	(貸倒引当金)	350,000

・一部入金と貸倒損失の金額が確定

(貸倒引当金)	350,000	(完成工事未収入金)	700,000
(貸倒損失)	50,000		
(当座預金)	300,000		

(2)

(販売費及び一般管理費)	18,000	(退職給付引当金)	48,000
(未成工事支出金)	30,000		

貸方　(退職給付引当金)　18,000　(退職給付引当金)　30,000　も可

販売費及び一般管理費　99,000円－81,000円＝18,000円
未成工事支出金　187,000円－(165,000円－8,000円)＝30,000円

(3)　・第1段階(前期末の50%の引当金の計上)

(貸倒引当金繰入)	1,500,000	(貸倒引当金)	1,500,000

・第2段階(600,000円の回収と処理)

(現金等)	600,000	(完成工事未収入金)	600,000

・第3段階(貸倒損失の金額の確定)

残りの完成工事未収入金(3,000,000円－600,000円)

(貸倒引当金)	1,500,000	(完成工事未収入金)	2,400,000
(貸倒損失)	900,000		

(4)

(機　　　械)	500,000	(当 座 預 金)	800,000
(修繕引当金)	275,000		
(修　繕　費)	25,000		

(5)

(完成工事原価)	235,000	(工事損失引当金)	235,000

完成工事原価勘定で処理

(6) 83,000円－31,000円＝52,000円
当期の貸倒れは貸倒損失なので貸倒引当金を取り崩さない。
3,500,000円×2%－52,000円＝18,000円

1 租税公課（そぜいこうか）

租税公課とは

固定資産税や自動車税、収入印紙（印紙税）などの税金は**租税公課**といい、費用として取り扱います。

- **固定資産税**……所有する建物や土地などの固定資産にかかる税金
- **自動車税**……所有する自動車にかかる税金
- **印紙税**……一定の文書に貼るべき収入印紙の印紙代

会社にも
さまざまな
税金があるんだね
実際にどんなものが
あるのでしょうか

取引例1 収入印紙200円を現金で支払い、購入した。

（租税公課）	200	（現金）	200

収入印紙＝印紙税

取引例2 土地の固定資産税300,000円の納税通知書を受け取り、1回目の税金75,000円を現金で支払った。

（租税公課）	300,000	（現金）	75,000
		（未払金）	225,000

将来支払うべき残りの負債

2 法人税

法人税とは

法人税とは、会社の利益に対する税金のことです。法人税のほかに、**住民税**と**事業税**があり、これらをまとめて簡便的に**法人税等**ということがあります。

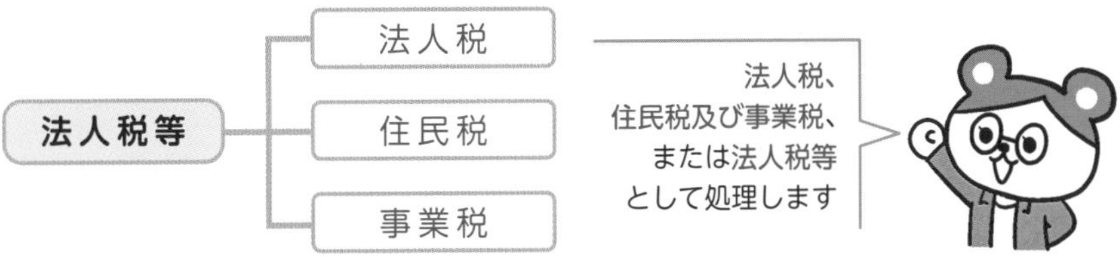
法人税等
法人税
住民税
事業税
法人税、
住民税及び事業税、
または法人税等
として処理します

法人税等の処理

中間納付（中間申告）

１年決算の会社では、期首から６カ月経過した日から２カ月以内に前年度の法人税額の２分の１を納付するか、期首から６カ月間の中間決算による利益にもとづいて法人税を納付します。これを**中間納付（中間申告）**といいます。

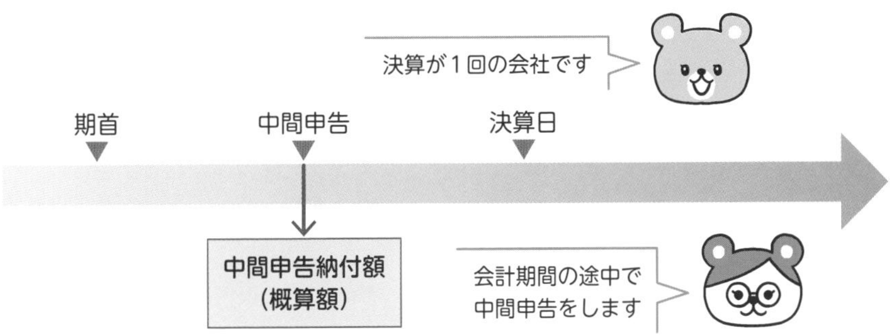
決算が１回の会社です
期首
中間申告
決算日
中間申告納付額
（概算額）
会計期間の途中で
中間申告をします

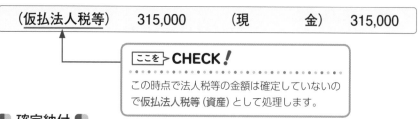

取引例 法人税等の中間納付額315,000円を現金で支払った。

(仮払法人税等)	315,000	(現　　金)	315,000

ここをCHECK!
この時点で法人税等の金額は確定していないので**仮払法人税等(資産)**として処理します。

確定納付

期末に1年間の納付すべき法人税を計算し、決算日から2カ月以内に確定申告を行い、中間の納付額を差し引いた金額を**未払法人税等(負債)**として処理します。

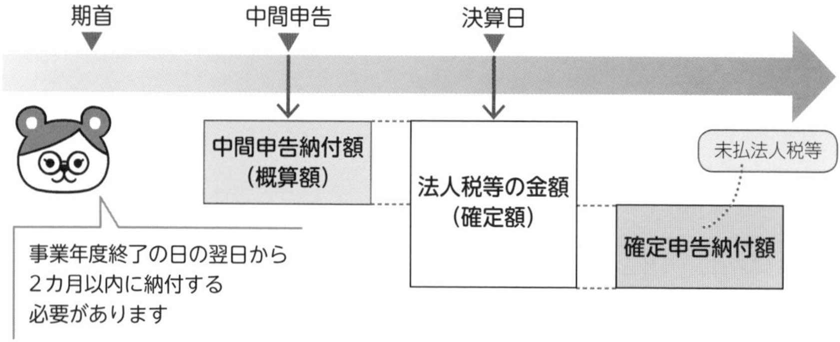

取引例1 決算時に当期の法人税、住民税及び事業税として655,000円を計上する。なお、中間納付額は315,000円である。

この時点で法人税等の金額が確定

(法人税、住民税及び事業税)	655,000	(仮払法人税等)	315,000
		(未払法人税等)	340,000

差額を未払法人税等(負債)として処理

取引例2 未払法人税等340,000円を現金で納付した。

支払ったので未払法人税等は減少

(未払法人税等)	340,000	(現　　金)	340,000

3 消費税

消費税とは

消費税とは、モノやサービスなどの商品が消費されるときにかかる税金のことです。

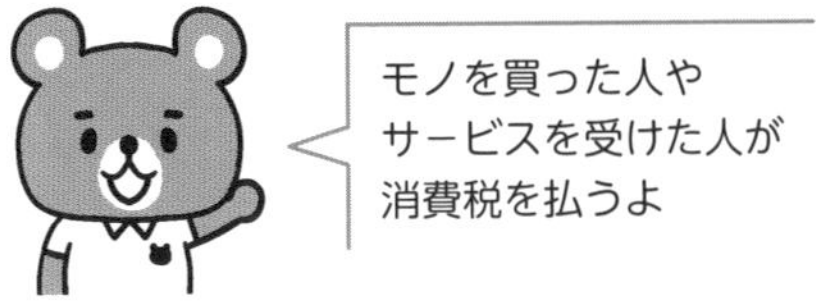
モノを買った人や
サービスを受けた人が
消費税を払うよ

消費税の処理（税抜方式と税込方式）

税抜方式とは、課税仕入や課税売上の金額に消費税を**含めずに**仮払消費税勘定や仮受消費税勘定を使用して処理する方法です。

税込方式とは、課税仕入や課税売上の金額に消費税を**含めて**処理する方法ですが、税抜方式を用いることの方が多く見られます。

消費税を支払ったときの処理

資産の譲渡、サービスの提供を受けたときに支払った消費税は、税抜方式においては**仮払消費税**として処理します。

取引例1 工事用資材275,000円（消費税込）を掛けで仕入れた。なお、消費税率は10％である。

●税抜方式

（材　　料）	250,000		
（仮払消費税）	25,000	（工事未払金）	275,000

仮払消費税 275,000円 × $\frac{10\%}{100\%+10\%}$ ＝25,000円

仕入れと税金を
別々に記入します

●税込方式 参考

（材　　料）	275,000	（工事未払金）	275,000

消費税を受け取ったときの処理

資産の譲渡、サービスの提供を受けたときに、受け取った消費税は税抜方式においては**仮受消費税**として処理します。

取引例2 工事が完成し、引き渡しが完了し、工事代金715,000円（消費税込）は掛けとした。なお、消費税率は10％である。

● 税抜方式

（完成工事未収入金）	715,000	（完 成 工 事 高）	650,000
		（仮 受 消 費 税）	65,000

仮受消費税715,000円×$\frac{10\%}{100\%+10\%}$
＝65,000円

● 税込方式 参考

（完成工事未収入金）	715,000	（完 成 工 事 高）	715,000

決算時の処理

決算時には仮受消費税と仮払消費税を相殺します。税抜方式において、仮受消費税が大きいときは**未払消費税（負債）**として処理し、仮払消費税が大きいときは**未収消費税（資産）**として処理します。

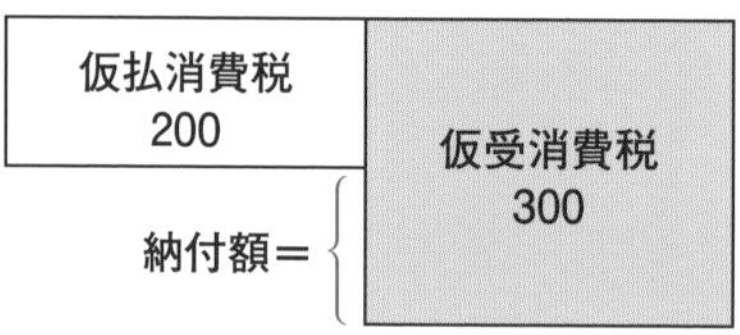
仮払消費税
200
仮受消費税
300
納付額＝

納付額は、
支払った消費税と
受け取った消費税
の差です

取引例3 取引例1と取引例2を決算時に相殺した。

● 税抜方式

（仮 受 消 費 税）	65,000	（仮 払 消 費 税）	25,000
		（未 払 消 費 税）	40,000

仮受消費税の方が大きいので
未払消費税（負債）で処理

●税込方式 参考

(租税公課)	40,000	(未払消費税)	40,000

税込方式では、仮受消費税と仮払消費税の差額を計上します。ここでは、仮受消費税の方が大きいので、勘定科目は未払消費税です。なお、相手科目は租税公課（費用）で処理します。

消費税を納付したときの処理

消費税を納付したときは、未払消費税（負債）を減少させます。

取引例4 取引例3の消費税を現金で納付した。

●税抜方式及び税込方式

(未払消費税)	40,000	(現　　金)	40,000

支払ったので未払消費税（負債）は減

仮払消費税が仮受消費税より大きい場合

課税仕入に関する消費税が課税売上に関する消費税より大きい場合には、払いすぎた消費税は還付されます。

取引例5 消費税の会計処理は税抜処理を採用している。期末における仮受消費税が158,000円、仮払消費税が176,000円であるときの仕訳を行いなさい。

(仮受消費税)	158,000	(仮払消費税)	176,000
(未収消費税)	18,000		

☑ 基礎力確認問題

1 重要度 A 難易度 A

解答＆解説➡P220

次の(1)～(7)の各取引について仕訳を示しなさい。使用する勘定科目は下記の〈勘定科目語群〉から選び勘定科目を書くこと。

(1) 仮払金のうち39,000円は法人税等の中間納付額である。

(2) 当期の法人税、住民税及び事業税として税引前当期純利益247,000円に対して30%を計上する。なお、中間納付額は39,000円であり、仮払法人税等として処理している。

(3) 工事用資材120,000円(税抜価格)を消費税10%を含めて掛けで購入した(税抜方式)。

(4) 工事が完成し、引き渡しが完了し、工事代金780,000円(税抜価格)を消費税10%も含めて掛けとした。

(5) 消費税の会計処理については、税抜方式を採用している。期末における仮受消費税は78,000円で仮払消費税は12,000円である。決算時の行うべき仕訳を示しなさい。

(6) 消費税の会計処理については税抜方式を採用している。期末における仮受消費税は73,000円で仮払消費税は110,000円である。決算時の行うべき仕訳を示しなさい。

(7) 消費税の会計処理については税抜方式を採用している。期末における仮受消費税は93,000円で仮払消費税は不明、未払消費税は39,000円である。決算時の行うべき仕訳を示しなさい。

〈勘定科目語群〉

仮払消費税　仮受消費税　消費税　租税公課　未払消費税　仮払金　仮払法人税等　未払金　未払法人税等　未収消費税　法人税、住民税及び事業税　材料　工事未払金　完成工事未収入金　完成工事高　未収入金

NO	勘定科目	金額	勘定科目	金額
(1)				
(2)				
(3)				
(4)				
(5)				
(6)				
(7)				

☑ 解答&解説

1 参照➡P212

参照➡P212

NO	勘定科目	金額	勘定科目	金額
(1)	仮払法人税等	39000	仮払金	39000
(2)	法人税、住民税及び事業税	74100	仮払法人税等 未払法人税等	39000 35100
(3)	材料 仮払消費税	120000 12000	工事未払金	132000
(4)	完成工事未収入金	858000	完成工事高 仮受消費税	780000 78000
(5)	仮受消費税	78000	仮払消費税 未払消費税	12000 66000
(6)	仮受消費税 未収消費税	73000 37000	仮払消費税	110000
(7)	仮受消費税	93000	仮払消費税 未払消費税	54000 39000

(1)

(仮払法人税等)	39,000	(仮　払　金)	39,000

(2)

(法人税、住民税及び事業税)	74,100	(仮払法人税等)	39,000
		(未払法人税等)	35,100

当期純利益247,000円×30%＝74,100円

(3)

(材　　料)	120,000	(工事未払金)	132,000
(仮払消費税)	12,000		

仮払消費税120,000円×10%＝12,000円

(4)

(完成工事未収入金)	858,000	(完成工事高)	780,000
		(仮受消費税)	78,000

仮受消費税780,000円×10%＝78,000円

(5)

(仮受消費税)	78,000	(仮払消費税)	12,000
		(未払消費税)	66,000

未払消費税の金額　仮受消費税78,000円－仮払消費税12,000円＝66,000円

(6)

(仮受消費税)	73,000	(仮払消費税)	110,000
(未収消費税)	37,000		

未収消費税の金額　仮払消費税110,000円－仮受消費税73,000円＝37,000円

(7)

(仮受消費税)	93,000	(仮払消費税)	54,000
		(未払消費税)	39,000

仮払消費税の金額　仮受消費税93,000円－未払消費税39,000円＝54,000円

1 純資産と株式

純資産とは

純資産とは、資産と負債の差額をいいます。

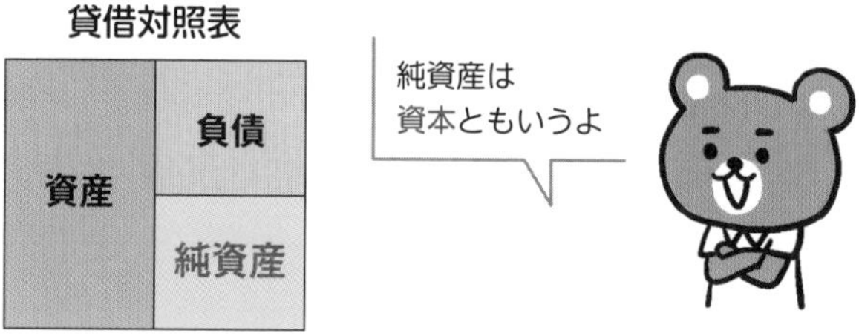
貸借対照表
資産
負債
純資産
純資産は
資本ともいうよ

株式会社

株式会社とは、**株式**を発行して資本調達し、これを元手とし企業活動を行う組織をいいます。

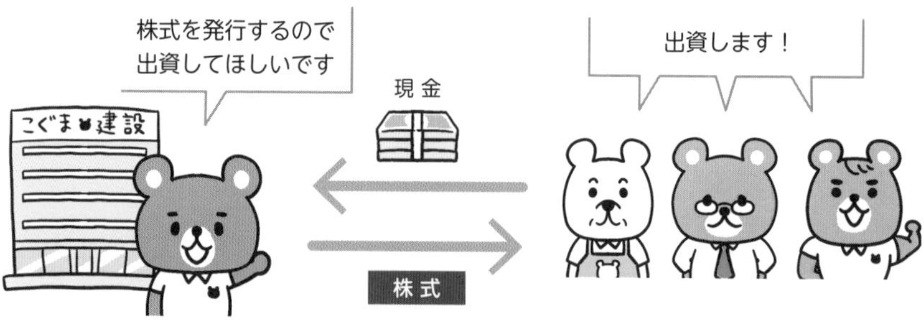
株式を発行するので
出資してほしいです
こぐま建設
現金
株式
出資します！

株主資本

株主資本は、**資本金**、**資本剰余金**、**利益剰余金**に区分されます。資本剰余金は**資本準備金**と**その他資本剰余金**に、利益剰余金は**利益準備金**、**任意積立金**、**繰越利益剰余金**に区分されます。

まとめると、次のとおりです。

資本金……会社の設立や株式の発行のときに、株主から会社に対して払い込みされた出資金額

資本剰余金……株主からの払込金額のうち、資本金としなかった金額

①**資本準備金**……資本金を増加する取引で資本金を増加しなかった部分の金額

②**その他資本剰余金**……資本剰余金のうち、資本準備金以外の金額

利益剰余金……利益の増減から生じた取引で生じた金額

①**利益準備金**……会社法で積み立てなければならない金額

②**任意積立金**……会社が任意で積み立てた金額

③**繰越利益剰余金**……獲得した利益の金額で、配当や処分が決定していない金額

2 株式(かぶしき)の発行(はっこう)(設立(せつりつ)・増資(ぞうし))

設立時と増資時の株式発行

株式の発行は、設立時と増資時に行います。株式の発行時には、資本金を増加させます。増加させる資本金の額は、会社法の規定により、**原則処理**と**容認処理**があり、指示がなければ原則処理ですが、試験では容認処理が多く出題されます。

原則処理

原則とは、発行株式の払込金額の全額を資本金とする処理です。

取引例1 会社設立に際し、300株を1株あたり70,000円で発行し、当座預金で同額の払い込みを受けた。

(当 座 預 金)	21,000,000	(資 本 金)	21,000,000

300株×70,000円＝21,000,000円

指示がないので原則処理(全額資本金)とする。

取引例2 増資を決議し、15株を1株あたり85,000円で発行し、当座預金で同額の払い込みを受けた。

（当座預金）	1,275,000	（資本金）	1,275,000

15株×85,000円＝1,275,000円

容認処理

発行した株式の払込金額のうち、**最低2分の1**の金額を資本金として処理することができると容認されています。この場合に、払込金額のうち資本金としなかった金額は資本準備金（または資本準備金の一部の株式払込剰余金）として処理します（純資産）。

取引例1 会社設立に際し、300株を1株あたり70,000円で発行し、当座預金で同額の払い込みを受けた。なお、資本金組入額は会社法規定の最低限度額とする。

（当座預金）	21,000,000	（資本金）	10,500,000
		（資本準備金）	10,500,000

会社法規定の最低限度額という指示があるので、

資本金と資本準備金の金額　300株×70,000円×$\frac{1}{2}$＝10,500,000円

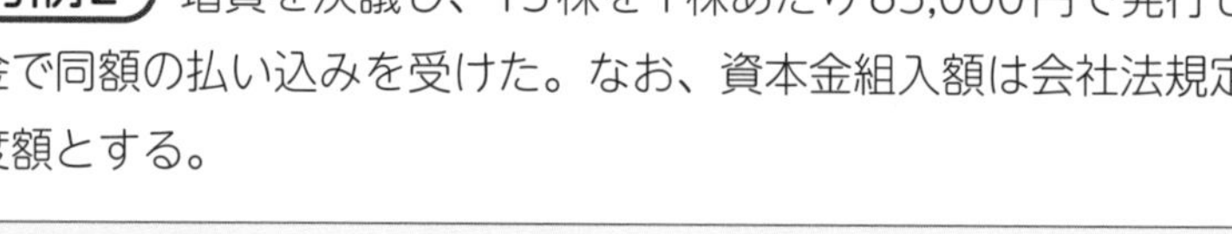
この表記があるときは、
払込金額に
2分の1をかけます
この表現があるときは
容認処理になります

取引例2 増資を決議し、15株を1株あたり85,000円で発行し、当座預金で同額の払い込みを受けた。なお、資本金組入額は会社法規定の最低限度額とする。

（当座預金）	1,275,000	（資本金）	637,500
		（資本準備金）	637,500

会社法規定の最低限度額という指示があるので、

15株×85,000円×$\frac{1}{2}$＝637,500円

授権株式

会社を設立するときの発行株式の総数は、**発行可能株式総数（授権株式数）の4分の1以上**である必要があります（会社法第37条）。

ここをCHECK!
ただし、設立しようとする株式会社が公開会社でない場合は、この限りではありません。

取引例 会社設立に当たり、授権株式数を1,000株とし、1株当たりの払込金額を35,000円とし、当座預金に払い込みを受けた。発行株式数は、会社法が定める必要最低限度とし、払込金額の全額を資本金に組み入れた場合の仕訳を示しなさい。

（当座預金）	8,750,000	（資本金）	8,750,000

1,000株×35,000円×$\frac{1}{4}$＝8,750,000円

問題文に「会社法が定める必要最低限度」とあるとき、
発行株式数は授権株式数の4分の1となります

新株式申込証拠金

株式の**申込証拠金**を申込者から受け取った場合、**新株式申込証拠金**（純資産）として処理します。申込証拠金を受け取った時点では株式の割当が決定していないので、**別段預金**（資産）として処理します。

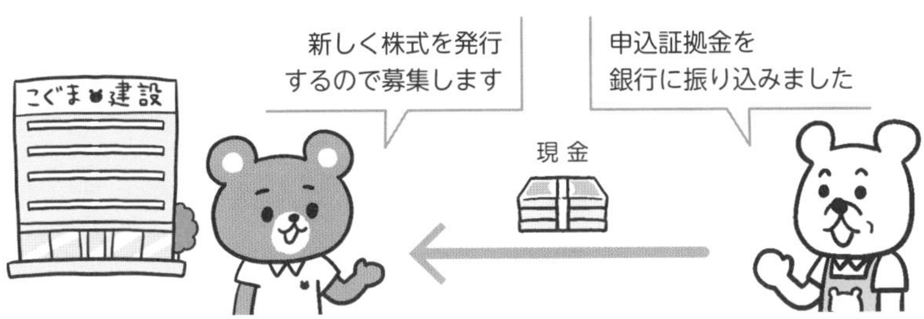

こぐま建設
新しく株式を発行するので募集します
現金
申込証拠金を銀行に振り込みました

取引例1 申込時

1株の払込金額5,000円で1,000株発行することとしたが、申込期日に1,100株分の金額が取扱銀行に振り込まれた。

（別段預金）	5,500,000	（新株式申込証拠金）	5,500,000

5,000円×1,100株＝5,500,000円

払込期日には別段預金を**当座預金**に振り替え、新株式申込証拠金を**資本金**などに振り替えます。

取引例2 払込時

払込期日となり、取引例1の金額のうち1,000株分を当座預金とし、申込金額のうち100株分については、申込者に払込金額を返還した（なお、払込金額は全額資本金とした）。

（当座預金）	5,000,000	（別段預金）	5,000,000
（新株式申込証拠金）	5,500,000	（資本金）	5,000,000
		（別段預金）	500,000

3 無償増資（むしょうぞうし）

無償増資とは

無償増資とは、準備金あるいは剰余金を資本金に入れ替えることをいいます。この場合は、資本金の金額は増加しますが、純資産の額は変わりません。

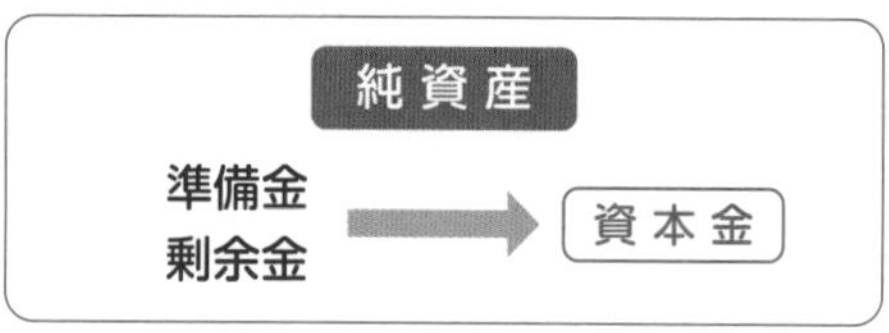

取引例　株主総会の決議により、資本準備金60,000,000円を資本金に組み入れることとした。

（資本準備金）60,000,000	（資　本　金）60,000,000

4 合(がっ)併(ぺい)

合併とは

2つ以上の会社が1つの会社になることをいいます。合併には、合併する会社も合併される会社も消滅して新しく会社を設立する**新設合併**(しんせつがっぺい)と、合併する会社が合併される会社を吸収する**吸収合併**(きゅうしゅうがっぺい)とがあります。ここでの合併する方の会社を**合併会社**(がっぺいがいしゃ)、合併される会社を**被合併会社**(ひがっぺいがいしゃ)といいます。

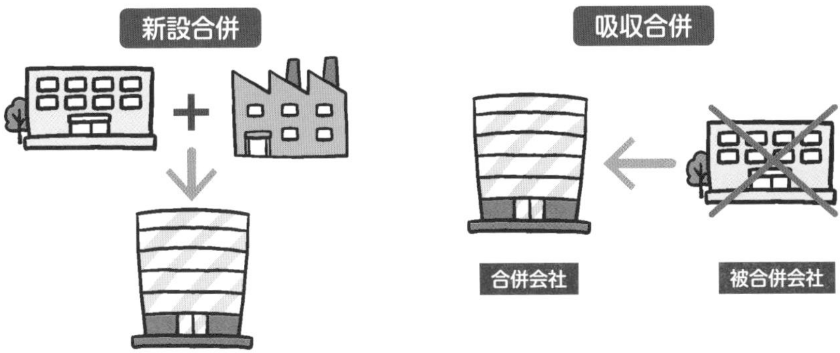

吸収合併の処理

吸収合併した場合、合併会社は被合併会社の資産、負債を**時価**(じか)で引き継いだものとして処理します。また、対価として株式を発行しているので**資本金（純資産）などの増加**として処理します。**諸資産**(しょしさん)と**諸負債**(しょふさい)と**資本金**の差額は**のれん（無形固定資産）**として処理します。

取引例　P社はS社を吸収合併し、S社の株主に株式80株、1株あたりの時価2,100円を発行し、全額資本金とした。なお、合併により受け入れたS社の諸資産の時価は375,000円、諸負債の時価は225,000円であった。

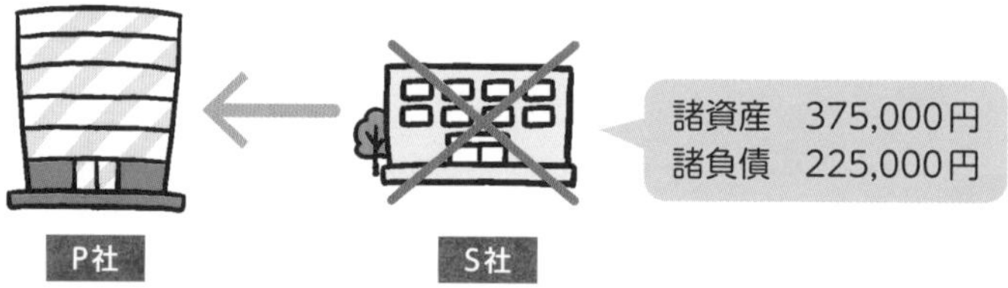
諸資産　375,000円
諸負債　225,000円
P社
S社

（諸　資　産）	375,000	（諸　負　債）	225,000
（の　れ　ん）	18,000	（資　本　金）	168,000

80株×2,100円＝168,000円

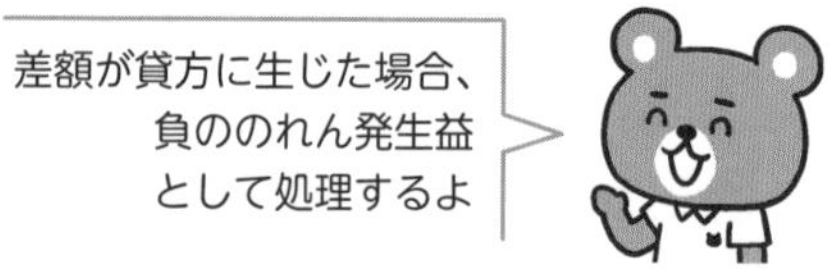
差額が貸方に生じた場合、
負ののれん発生益
として処理するよ

5 減資（げんし）

減資とは

資本金を減らすことを**減資**といいます。減資には株式の買入消却、資本金から準備金への振り替えなどがあります。

取引例1　株式の買入消却の場合

ひぐま商事（資本金52,500,000円、発行済株式数75,000株）は自己株式5,000株を１株あたり650円で買い入れ、小切手を振り出した。

●自己株式の金額

（自　己　株　式）	3,250,000	（当　座　預　金）	3,250,000

5,000株×650円＝3,250,000円

●自己株式の消却（①）

（その他資本剰余金）	3,250,000	（自　己　株　式）	3,250,000

●資本金の減少（②）

（資　　本　　金）	3,500,000	（その他資本剰余金）	3,500,000

発行時の１株あたりの金額は、52,500,000円÷75,000株＝700円なので、5,000株を買い入れたことで700円×5,000株＝3,500,000円の資本金が減少する。

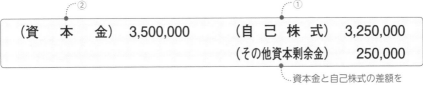

●その他剰余金の金額（①・②）

（資　　本　　金）②	3,500,000	（自　己　株　式）①	3,250,000
		（その他資本剰余金）	250,000

資本金と自己株式の差額をその他資本剰余金として計上

取引例２ 資本金から準備金への振り替え

ひぐま商事は資本金8,000,000円を資本準備金に振り替えた。

（資　　本　　金）	8,000,000	（資 本 準 備 金）	8,000,000

6 剰余金（じょうよきん）

剰余金の処分・配当

株主総会で剰余金の使い道を決定します。これを**剰余金の処分**といいます。使い道として**配当**として使うか、利益準備金に積み立てたり、別途積立金に積み立てたりします。

❶剰余金の配当

株主総会の決議により、株主への剰余金の配当を行います。

❷資本準備金及び利益準備金の積立

剰余金の分配をする場合は、配当金の額に10分の1を乗じた金額①、または資本金の額に4分の1を乗じた金額から資本準備金と利益準備金を減じた額②を比較し、**いずれか小さい方**の金額を資本準備金と利益準備金に積み立てます。資本準備金はその他資本準備金が、利益準備金はその他利益剰余金が、配当金に占める割合で積立額を決定します。

資本準備金または利益準備金の積立

① 株主配当金 × $\frac{1}{10}$

② 資本金 × $\frac{1}{4}$ −（資本準備金＋利益準備金）

→ いずれか小さい方

取引例 株主総会でその他資本剰余金2,200,000円、その他利益剰余金2,500,000円を財源として剰余金の配当4,700,000円が決議され、利益準備金及び資本準備金を積み立てた。なお、資本金の残高は18,000,000円、資本準備金の残高は2,500,000円、利益準備金の残高は1,300,000円である。

●配当の仕訳

（その他資本剰余金）	2,200,000	（未払配当金）	2,200,000
（その他利益剰余金）	2,500,000	（未払配当金）	2,500,000

配当金は、支払い前は未払配当金として処理

●利益準備金及び資本準備金の積立

（その他資本剰余金）	220,000	（資本準備金）	220,000
（その他利益剰余金）	250,000	（利益準備金）	250,000

・配当金の10分の1の金額①

$$4{,}700{,}000円 \times \frac{1}{10} = 470{,}000円$$

・資本金の４分の１から資本準備金と利益準備金を控除②

$$18{,}000{,}000円 \times \frac{1}{4} - (2{,}500{,}000円 + 1{,}300{,}000円) = 700{,}000円$$

・①と②の比較

470,000円＜700,000円　→準備金の積立合計金額は470,000円

・資本準備金の積立

$$470{,}000円 \times \frac{2{,}200{,}000円}{4{,}700{,}000円} = 220{,}000円$$

・利益準備金の積立

$$470{,}000円 \times \frac{2{,}500{,}000円}{4{,}700{,}000円} = 250{,}000円$$

例題 14-1 **次の仕訳を行いなさい。なお、勘定科目は下記の〈勘定科目語群〉から選択しなさい。**

株主総会で次の利益処分を決議した（株主配当金8,000,000円、利益準備金800,000円、別途積立金3,600,000円）。

〈勘定科目語群〉
利益準備金　繰越利益剰余金　任意積立金　未払配当金　資本金
当期純利益　その他資本剰余金　資本準備金

・解答・　・解説・

（繰越利益剰余金）	12,400,000	（未払配当金）	8,000,000
		（利益準備金）	800,000
		（別途積立金）	3,600,000

利益準備金の記載があるので繰越利益剰余金が財源になる。

☑ 基礎力確認問題

1　重要度 B　難易度 A〜C

解答＆解説➡P232

次の⑴〜⑺の各取引について仕訳を示しなさい。使用する勘定科目は下記の〈勘定科目語群〉から選び勘定科目を書くこと。

⑴　難易度A

期末において資本金180,000円、資本準備金25,000円、利益準備金10,000円であり、その他利益剰余金を財源として株主配当金を70,000円支払うこととした。利益準備金繰入額を計算し、仕訳を示しなさい。

⑵　難易度B

会社設立にあたり、授権株式数を1,200株とし、1株当たりの払込金額を45,000円とし、当座預金に全額払い込みを受けた。発行株式数は会社法が定める必要最低限度とし、払込金額の全額を資本金に組み入れた場合の仕訳を示しなさい。

⑶　難易度C

資本金25,000,000円、資本準備金2,500,000円、利益準備金1,600,000円を有している倉敷建設株式会社は、その他資本剰余金から5,000,000円、その他利益剰余金から7,500,000円を剰余金の配当として支出し、利益準備金と資本準備金を積み立てた。

⑷　難易度A

1株の払込金額8,000円で3,000株発行することとし、申込期日に全額が取扱銀行に振り込まれた。

⑸　難易度B

⑷について払込期日となり、24,000,000円を当座預金に振り替え、申込証拠金24,000,000円のうち会社法で定める最低限度額を資本金とした。

⑹　難易度C

資本金4,600,000円、資本準備金410,000円、利益準備金380,000円を有している倉敷建設株式会社は、剰余金の配当として1,100,000円支出し、その他資本剰余金から35%、その他利益剰余金から65%を支出し、利益準備金と資本準備金を積み立てた。

(7) 難易度A

株主総会の決議により、資本準備金500,000円を資本金に組み入れた。

〈勘定科目語群〉

未払配当金　資本金　資本準備金　利益準備金　その他資本剰余金　新株式申込証拠金　別段預金　当座預金　その他利益剰余金

NO	勘定科目	金額	勘定科目	金額
(1)				
(2)				
(3)				
(4)				
(5)				
(6)				
(7)				

解答&解説

1 参照➡P225

NO	勘定科目	金額	勘定科目	金額
(1)	その他利益剰余金	77000	未払配当金 利益準備金	70000 7000
(2)	当座預金	13500000	資本金	13500000
(3)	その他資本剰余金	5500000	未払配当金 資本準備金	5000000 500000
	その他利益剰余金	8250000	未払配当金 利益準備金	7500000 750000
(4)	別段預金	24000000	新株式申込証拠金	24000000
(5)	当座預金	24000000	別段預金	24000000
	新株式申込証拠金	24000000	資本金 資本準備金	12000000 12000000
(6)	その他資本剰余金	423500	未払配当金 資本準備金	385000 38500
	その他利益剰余金	786500	未払配当金 利益準備金	715000 71500
(7)	資本準備金	500000	資本金	500000

(1)

(その他利益剰余金)	77,000	(未払配当金)	70,000
		(利益準備金)	7,000

利益準備金繰入額　70,000円 $\times \frac{1}{10}$ = 7,000円

(2)

(当座預金)	13,500,000	(資本金)	13,500,000

1,200株 $\times$ 45,000円 $\times \frac{1}{4}$
= 13,500,000円

(3) ・配当の仕訳

(その他資本剰余金)	5,000,000	(未払配当金)	5,000,000
(その他利益剰余金)	7,500,000	(未払配当金)	7,500,000

・準備金積立の仕訳

(その他資本剰余金)	500,000	(資本準備金)	500,000
(その他利益剰余金)	750,000	(利益準備金)	750,000

・上記より

(その他資本剰余金)	5,500,000	(未払配当金)	5,000,000
		(資本準備金)	500,000

(その他利益剰余金)	8,250,000	(未払配当金)	7,500,000
		(利益準備金)	750,000

資本準備金または利益準備金の積立

$25{,}000{,}000円 \times \frac{1}{4} - 2{,}500{,}000円 - 1{,}600{,}000円 = 2{,}150{,}000円$①

$(5{,}000{,}000円 + 7{,}500{,}000円) \times \frac{1}{10} = 1{,}250{,}000円$②

①2,150,000円>②1,250,000円　→準備金の積立額は1,250,000円

資本準備金の積立金額

$1{,}250{,}000円 \times \frac{5{,}000{,}000円}{5{,}000{,}000円 + 7{,}500{,}000円} = \underline{500{,}000}円$

利益準備金の積立金額

$1{,}250{,}000円 \times \frac{7{,}500{,}000円}{5{,}000{,}000円 + 7{,}500{,}000円} = \underline{750{,}000}円$

(4)

(別段預金)	24,000,000	(新株式申込証拠金)	24,000,000

$8{,}000円 \times 3{,}000株 = \underline{24{,}000{,}000}円$

(5)

(当座預金)	24,000,000	(別段預金)	24,000,000

(新株式申込証拠金)	24,000,000	(資本金)	12,000,000
		(資本準備金)	12,000,000

資本金と資本準備金の金額　$24{,}000{,}000円 \times \frac{1}{2} = \underline{12{,}000{,}000}円$

(6) ・配当の仕訳

(その他資本剰余金)	385,000	(未払配当金)	385,000
(その他利益剰余金)	715,000	(未払配当金)	715,000

1,100,000円×35%＝385,000円

1,100,000円×65%＝715,000円

・準備金積立の仕訳

(その他資本剰余金)	38,500	(資本準備金)	38,500
(その他利益剰余金)	71,500	(利益準備金)	71,500

・上記より

(その他資本剰余金)	423,500	(未払配当金)	385,000
		(資本準備金)	38,500

(その他利益剰余金)	786,500	(未払配当金)	715,000
		(利益準備金)	71,500

4,600,000円×$\frac{1}{4}$－410,000円－380,000円＝360,000円①

1,100,000円×$\frac{1}{10}$＝110,000円②

①360,000円＞②110,000円　→準備金の積立額は110,000円

資本準備金の積立110,000円×35%＝38,500円

利益準備金の積立110,000円×65%＝71,500円

(7)

(資本準備金)	500,000	(資本金)	500,000

1 材料費の分類

材料費における形態別分類

材料費は、**直接材料費**と**間接材料費**の大きく2つに分けることができます。直接材料費は**特定の工事にどれだけ消費されたかが把握できる材料費**のことをいい、逆に間接材料費は**特定の工事にどれだけ消費されたかが把握できない材料費**のことをいいます。

具体的にどのようなものがあるかは、次の表のとおりです。

直接材料費

素材費	木材や鉄筋などの建物の基本的な構造に使われる材料の消費高
買入部品費	タイルや窓ガラスなどの外部業者から購入して工事に取り付けられるものの消費高

間接材料費

燃料費	軽油など工事のために使用された物品の消費高
現場消耗品費	作業帽や軍手などの工事のために使用される消耗品の消費高
消耗工具器具備品費	ハンマーやドライバーなどの耐用年数が1年未満または取得原価が10万円未満で固定資産として扱われない工具、器具、備品の消費高

この建物に使われている
窓ガラスは直接材料費か
ハンマーはほかの工事でも使用
できて、どのくらい使われたかが
わからないから間接材料費ですね

材料費における機能別分類

材料費は、材料が備えている機能や消費される目的によっても分類することができ、**本工事材料費**と**仮設材料費**に分けられます。

本工事材料費	工事の主体となる物品の消費高（本体に使われる木材など）
仮設材料費	工事の補助のために消費される物品の消費高（足場など）

2 材料費の購入原価と取引

材料の購入原価の決定

材料の**購入原価**は、**購入代価**に引取運賃、保険料などの**付随費用**を加算して決められます。購入代価とは、材料自体の代金をいいます。付随費用とは、材料の購入から消費までの間にかかった費用をいいます。

材料の購入原価 ＝ 購入代価 ＋ 付随費用

取引例 単価7,500円の材料550本を掛けで購入し、その運送代は8,000円は現金で支払った。

材料の購入原価7,500円×550本＋運送代8,000円＝4,133,000円

（材　　料）	4,133,000	（工事未払金）	4,125,000
		（現　　金）	8,000

返品・値引き・割戻しの処理

返品

返品とは品違い、品質不良などの理由により、購入した材料を返すことをいいます。返品を受けたとき

は、材料を買ったときの金額から返品を行った分の材料の金額のみ取り消します。

取引例 返品の処理

以前掛けで購入した材料870,000円のうち、29,000円返品した。

(工事未払金)	29,000	(材　　料)	29,000

工事未払金の取り消し　　材料返品分の取り消し

値引き

値引きとは、品質不良、破損などの理由により材料の代金をまけてもらうことをいいます。値引きは数量の減少ではなく、価格の減少になります。

値引きを受けたときは、材料を買ったときの金額から値引きを行った分の材料の金額のみ取り消します。

キズがついていたから、
値引きしてもらおう

取引例 値引きの処理

以前掛けで購入した材料870,000円のうち、2,300円の値引きを受けた。

(工事未払金)	2,300	(材　　料)	2,300

工事未払金の取り消し　　材料値引き分の取り消し

割戻し

割戻しとは、一定期間に多額または大量の取引をした場合のリベートとして代金を一部返してもらうことをいいます。割戻しも値引き同様、数量の減少ではなく価格の減少になります。

割戻しを受けたときは、材料を買ったときの金額から割戻しを行った分の材料の金額のみ取り消します。

いつもよく
買っているから
安くしてもらえたよ

取引例 割戻しの処理

以前掛けで購入した材料870,000円のうち、1%の割戻しを受けた。

(工事未払金)	8,700	(材　　料)	8,700

工事未払金の取り消し

材料割戻し分
(870,000円×1%=8,700円)の取り消し

割引き(わりび)

割引きとは、支払期限前に早めに決済することによって、支払代金(もしくは受取代金)の一定割合の金額を減らすことをいいます。この割引きは代金を支払う側は**仕入割引**(しいれわりびき)(収益)、代金を受け取る側は**売上割引**(うりあげわりびき)(費用)として処理します。

収益及び費用として処理するため、**割引きは値引き、返品、割戻しと異なり、材料の購入原価から控除しません。**

取引例1-1 材料を売買したときの処理

こぐま建設は、しろくま材木店より鉄骨160,000円を掛けで購入した。なお、支払期限は来月末日である。

● こぐま建設(代金を支払う側)の処理

(材　　料)	160,000	(工事未払金)	160,000

● しろくま材木店(代金を受け取る側)の処理

(売　掛　金)	160,000	(売　　上)	160,000

しろくま材木店にとって
工事に関わる取引ではないため、
売掛金勘定と売上勘定を使います

取引例1-2　割引きを受けたときの処理

こぐま建設は、取引例1-1の掛け代金を期日前に現金で支払い、しろくま材木店より1.5%の割引きを受けた。

●こぐま建設（代金を支払う側）の処理

期日前に支払ったので工事未払金が減少

（工事未払金）	160,000	（現　　　金）	157,600
		（仕入割引）	2,400

割引き分を収益として処理
160,000円×1.5%＝2,400円

●しろくま材木店（代金を受け取る側）の処理

期日前に受け取ったので受け取る金額が減少

（現　　　金）	157,600	（売　掛　金）	160,000
（売上割引）	2,400		

割引き分を費用として処理

取引例2　割引きを行ったときの処理

ひぐま商事は完成工事未収入金7,800,000円について決済日より早く現金で受け取り、85,000円の割引きを受けた。

期日前に受け取ったので受け取る金額が減少

（現　　　金）	7,715,000	（完成工事未収入金）	7,800,000
（売上割引）	85,000		

割引き分を費用として処理

材料の消費額の決定

材料の消費（しょうひ）とは、購入した材料を工事に使用することです。材料を消費するときに**材料勘定の貸方**に記入し、**材料費勘定を借方**に記入します。

消費した材料の単価を**消費単価**、合計を**消費額**といいます。

材料費（材料の消費額） ＝ 材料の消費単価 × 材料の消費数量

取引例 材料の消費の処理

材料240本、単価7,515円を工事現場で使用した。

240本×7,515円＝1,803,600円

（材　料　費）	1,803,600	（材　　料）	1,803,600

材料費（費用）として処理　　材料（資産）の減少として処理

例題 15-1 当月の材料の購入原価と消費額を計算しなさい。

〈資料〉

1. 月初・月末の各勘定残高の内容（単位：円）

	月　初	月　末
材料	68,100	71,800

2. 当月材料購買関係の資料（単位：円）

イ. 総仕入高 185,000　　ロ. 値引き・返品高 4,750

ハ. 仕入割引高 5,000

•解答• **•解説•**

・購入原価の計算

総仕入高185,000円－値引き・返品高4,750円＝**180,250円**

・材料消費額の計算

総仕入高185,000円－値引き・返品高4,750円＋月初68,100円－月末71,800円＝**176,550円**

（仕入割引高5,000円は控除しない。）

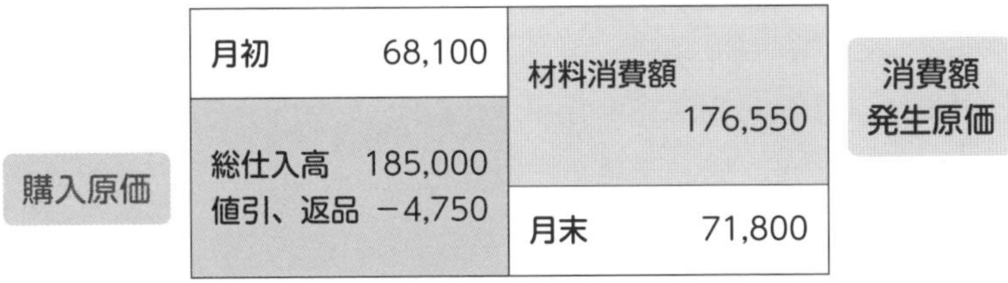

材料の消費数量

材料の実際の数量は、材料の**受入**（購入）や**払出**（消費）によって変わるため、記録する必要があります。

材料を使用したときの消費数量の計算方法は、**継続記録法**と**棚卸計算法**があります。原則として継続記録法で計算しますが、適用が困難なときもしくは必要のないときは、棚卸計算法により計算することができます。

継続記録法

継続記録法とは、材料の受入や払出をするときに、その数量を都度記録し、常に**帳簿有高**（帳面に材料がどれだけ残っているか）を把握する方法です。

継続記録法の短所は、計算が煩雑で手間がかかる点であり、長所は材料の紛失や損傷などの減少（**棚卸減耗**）が把握できる点です。

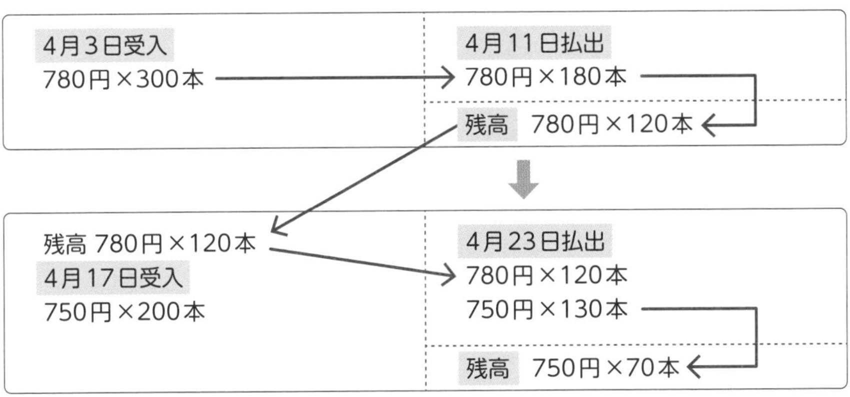

棚卸計算法

棚卸計算法(たなおろしけいさんほう)とは、払出記録を行わず、**実地棚卸**(じっちたなおろし)によって材料の消費量を把握する方法です。

棚卸計算法は計算が簡単で手間がかからない点が長所ですが、棚卸減耗が把握できない点が短所です。

ここを CHECK!
実地棚卸とは、実際の材料の残りを調査することです。

継続記録法の適用が困難なもの、必要がないものについては棚卸計算法で計算することができます。具体的には次の算式で計算します。

当月消費量 ＝ 月初有高 ＋ 当月購入数量 － 月末実地棚卸数量

材料の消費単価の計算

同じ材料であっても、購入したときの金額がそのときの時期や相場などにより異なることがあります。材料を使ったときにどの価格のものを使ったのかを計算する必要があります。消費単価の計算方法には、**先入先出法**(さきいれさきだしほう)、**総平均法**(そうへいきんほう)、**移動平均法**(いどうへいきんほう)があります。

先入先出法

先入先出法とは、**先に受入をした材料から、順次払出が行われたと仮定して、材料の消費単価を計算する方法**をいいます。

取引例 先入先出法の処理

材料の消費単価の計算を先入先出法で行う場合、当月の受払いにもとづいて20XX年8月の材料の消費額を計算しなさい。

日付	摘要	単価（円）	数量（本）
8月　1日	前月繰越	675	150
8月　3日	購入	650	50
8月　5日	工事に消費		100
8月16日	購入	665	200
8月25日	工事に消費		250
8月31日	月末在庫		50

●先入先出法の計算

8月1日〜8月5日　（単位：円）

前月繰越	675×150本＝101,250	8月5日	675×100本＝67,500
8月3日	650×50本＝32,500	残	675×50本＝33,750 650×50本＝32,500

8月6日〜8月31日　（単位：円）

残	675×50本＝33,750 650×50本＝32,500	8月25日	675×50本＝33,750 650×50本＝32,500 665×150本＝99,750
8月16日	665×200本＝133,000	残	665×50本＝33,250

67,500円＋33,750円＋32,500円＋99,750円＝233,500円

総平均法

総平均法とは、**一定期間の平均単価を計算し、計算した平均単価をもって消費単価とする方法**をいいます。

取引例　総平均法の処理

材料Xの払出単価の計算を総平均法で行う場合、当月の受払いに関する資料にもとづいて20XX年8月の材料の消費額を計算しなさい。

日付	摘要	単価(円)	数量(本)
8月　1日	前月繰越	670	150
8月　3日	購入	650	50
8月　5日	工事に消費		100
8月16日	購入	665	200
8月25日	工事に消費		250
8月31日	月末在庫		50

●材料消費額の計算

前月繰越額と当月購入額の合計金額を、前月繰越本数と当月購入本数の合計で割る。総平均法では、消費単価は一定期間同一単価になる。

$$\frac{\text{前月繰越}670\text{円}\times150\text{本}+8\text{月}3\text{日}650\text{円}\times50\text{本}+8\text{月}16\text{日}665\text{円}\times200\text{本}}{150\text{本}+50\text{本}+200\text{本}}$$
＝665円

材料消費額665円×(100本＋250本)＝**232,750円**

● 移動平均法

移動平均法とは、**単価の異なる材料受入を行ったつど、平均単価を計算して、平均単価をもって払出単価とする方法**です。

取引例　移動平均法の処理

材料Xの消費単価の計算を移動平均法で行う場合、当月の受払いにもとづいて20XX年8月の材料の消費額を計算しなさい。

日付	摘要	単価(円)	数量(本)
8月　1日	前月繰越	610	150
8月　3日	購入	650	50
8月　5日	工事に消費		100
8月16日	購入	665	200
8月25日	工事に消費		250
8月31日	月末在庫		50

●移動平均法の計算

・8月1日〜8月5日　(単位：円)

前月繰越	610×150本＝91,500	8月5日	620×100本＝62,000
8月3日	650×50本＝32,500	残	620×100本＝62,000

$$\frac{91{,}500円+32{,}500円}{150本+50本}=620円$$

・8月6日〜8月31日　(単位：円)

残	620×100本＝62,000	8月25日	650×250本＝162,500
8月16日	665×200本＝133,000	残	650×50本＝32,500

$$\frac{62{,}000円+133{,}000円}{100本+200本}=650円$$

62,000円＋162,500円＝**224,500円**

仮設材料の処理

仮設材料は、建築物の本体などになる材料（本工事材料）とは違い、同一材料を複数の工事に使用することがあります。仮設材料の処理方法には、**すくい出し方式**があります。

すくい出し方式

仮設材料が工事用に使われたとき、取得原価を工事原価として処理を行います。工事が完了した時点で、使用されずに倉庫に戻された材料に評価額がある場合に、その評価額を材料の工事原価から減額することによって工事原価を計算する方法を**すくい出し方式**といいます。

取引例　仮設材料の把握については、すくい出し方式を採用しているが、現場から撤去されて倉庫に戻された評価額12,500円の仮設材料について未処理である。

(材料貯蔵品)	12,500	(未成工事支出金)	12,500

倉庫に戻された仮設材料の評価額

例題 15-2 **仮設材料の消費分の把握については、すくい出し方式を採用している。空欄の金額を計算し、仮設材料が倉庫に戻されたときの仕訳を示しなさい。**

仮設材料の工事への投入額は1,380,000円であり、工事原価として処理をしている。

工事が完了した時点で、倉庫に戻された材料の評価額は210,000円である。この場合に仮設材料のうち工事原価に計上された金額は［　　　　］円である。

・解答・ ・解説・

1,170,000（円）

1,380,000円－210,000円＝1,170,000円

(材料貯蔵品)	210,000	(未成工事支出金)	210,000

3 期末月末材料の評価

（きまつげつまつざいりょうのひょうか）

棚卸減耗費（棚卸減耗損）

（たなおろしげんもうひ／たなおろしげんもうそん）

棚卸減耗費（棚卸減耗損）とは、出入記録を行う材料について、継続記録法を採用した場合の、帳簿棚卸高と実地棚卸高の差額であり、費用として処理します。

■棚卸減耗費の計算

棚卸減耗費 ＝ 1単位あたりの原価 × （帳簿棚卸数量－実地棚卸数量）

材料評価損

材料の期末時価が原価を下回った場合には、時価に評価替えしなければなりません。この下落額を**材料評価損**（費用）として処理します。

■材料評価損の計算

材料評価損 ＝（1単位あたりの原価－1単位あたりの時価）× 実地棚卸数量

取引例 材料の期末棚卸高は次のとおりである。この場合における棚卸減耗費と材料評価損を計算しなさい。

帳簿棚卸高　数量　450個　単価130円
実地棚卸高　数量　445個　単価123円

棚卸減耗費（450個－445個）×130円＝650円
材料評価損（130円－123円）×445個＝3,115円

●仕訳

（棚卸減耗費）	650	（材　料）	650
（材料評価損）	3,115	（材　料）	3,115

●貸借対照表に記載される材料の金額

450個×130円－棚卸減耗費650円－材料評価損3,115円＝54,735円

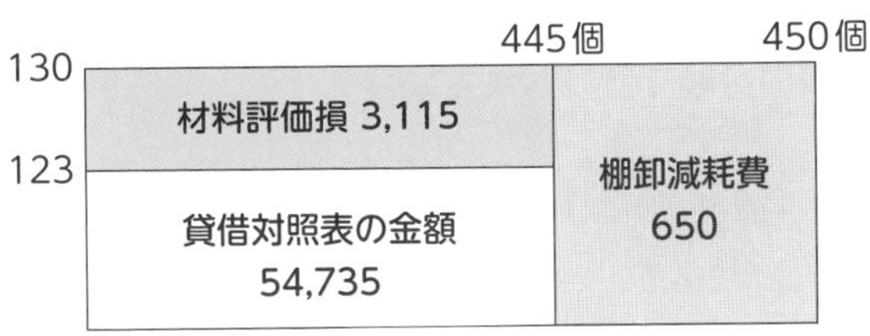

本試験対策編
材料費

☑ 基礎力確認問題

1　重要度 A　難易度 A

解答＆解説➡P255

問1　次の(1)～(6)の各取引について仕訳を示しなさい。使用する勘定科目は下記の〈勘定科目語群〉から選び勘定科目を書くこと。

(1)　甲建設は乙材木店から資材120,000円を掛けで購入した。なお、購入の際に生じた運送料3,600円は現金で支払った。

(2)　(1)の掛けで購入した材料について、品違いにより12,000円返品をした。

(3)　(1)で購入した材料について、材料の損傷により5,000円の値引きを受けた。

(4)　(1)で購入した材料について、6,000円の割戻しを受け、現金で受け取った。

(5)　丙鉄骨から掛けで購入した材料450,000円の代金について、支払期日前に現金で支払い、3%の割引を受けた。

(6)　完成した工事代金のうち、支払期日が到来していない5,480,000円について、1.5%の割引を行い、発注者から当座預金に入金を受けた(第20回第1問)。

〈勘定科目語群〉

現金　当座預金　材料　工事未払金　仕入割引　売上割引　完成工事未収入金　仕入値引　仕入返品　仕入割戻

問2　次の空欄の金額を計算しなさい。

(1)　A材料の期首残高は318,000円であり、当期の取引は仕入高3,617,000円、仕入割引45,000円、仕入値引65,000円、仕入割戻93,500円である。期末残高388,500円であれば、当期の工事原価となるA材料の消費による材料費は、［　　　　］円である。

(2)　当月の発生工事原価の材料費が787,000円、月初未成工事支出金の材料費が188,000円、月末未成工事支出金の材料費が216,000円である場合、当月完成工事原価の材料費は［　　　　］円である。

問1

NO	勘定科目	金額	勘定科目	金額
(1)				
(2)				
(3)				
(4)				
(5)				
(6)				

問2

(1)　¥ ______　　(2)　¥ ______

2　重要度 A　難易度 A

解答＆解説 P256

20XX年8月の材料の受払いの状況は、次ページの〈資料〉のとおりである。これにもとづき、下記の設問に解答しなさい。なお、払出単価の計算過程で端数が生じた場合、小数点第1位未満を四捨五入すること。

問1　材料の払出単価の計算を先入先出法で行う場合、(A)〜(E)の金額を計算しなさい。

問2　材料の払出単価の計算を移動平均法で行う場合、(A)〜(E)の金額を計算しなさい。

問3　材料の払出単価の計算を総平均法で行う場合、当月の払出金額の合計金額を計算しなさい。

〈資料〉

材料元帳

20XX年8月　　（数量：kg　単価及び金額：円）

月	日	摘要	受入			払出			残高		
			数量	単価	金額	数量	単価	金額	数量	単価	金額
8	1	前月繰越	300	160	48,000		0		300	160	48,000
		仕入れ	200	165	33,000						
	8	甲工事に払出し				300		(A)	200		
	13	仕入れ	600	156	93,600						
	15	乙工事に払出し				200		(B)	600		
	16	丙工事に払出し				300		(C)	300		
	21	仕入れ	750	161	120,750				1,050		
	29	乙工事に払出し				780		(D)	270		
	31	次月繰越				270		(E)			

問1

(A) ¥　　　　(B) ¥

(C) ¥　　　　(D) ¥

(E) ¥

問2

(A) ¥　　　　(B) ¥

(C) ¥　　　　(D) ¥

(E) ¥

問3

¥ | | | | | | | | |

3 重要度 B 難易度 A

解答＆解説➡P258

問1　次の取引の仕訳を示しなさい。

仮設材料の消費分の把握については、すくい出し方式を採用している。工事が完了して倉庫に戻された仮設材料の評価額は580,000円である。

問2　101工事と102工事は共に当月に完成している。当月の完成工事原価に計上される仮設材料費の金額は［　　　］円である。

工事番号	101	102
当月仮設資材投入額	145,000円	162,000円
仮設工事完了時評価額	38,000円	27,000円

問1

NO	勘定科目	金額	勘定科目	金額
(1)				

問2

(1)　¥ | | | | | | | | |

4 重要度 B 難易度 A

解答＆解説➡P258

問1　材料の期末棚卸高は次のとおりである。この場合における棚卸減耗費と材料評価損の仕訳を示し、貸借対照表の金額を計算しなさい（使用する勘定科目は下記の〈勘定科目群〉から選ぶこと）。

帳簿棚卸高　数量　780個　単価180円
実地棚卸高　数量　765個　単価171円

〈勘定科目語群〉
材料　材料評価損　材料費　経費　販売費及び一般管理費

問2　下記の空欄にあてはまる数字を答えなさい。

甲材料の期首残高は293,000円であり、当期の取引は仕入高3,185,000円、仕入割引85,000円、仕入値引62,000円、仕入割戻35,100円である。当期の材料消費額が3,116,500円、期末の期末実地残高が247,100円であれば、材料の減耗損は［　　　　］円である。なお、材料評価損は発生していない。

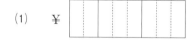

問1

NO	勘定科目	金額	勘定科目	金額
(1)				

問2

(1)　¥［　　　　］

解答＆解説

1 問1　参照➡P238

NO	勘定科目	金額	勘定科目	金額
(1)	材料	123600	工事未払金 現金	120000 3600
(2)	工事未払金	12000	材料	12000
(3)	工事未払金	5000	材料	5000
(4)	現金	6000	材料	6000
(5)	工事未払金	450000	現金 仕入割引	436500 13500
(6)	当座預金 売上割引	539780 8220	完成工事未収入金	548000

(1)

(材　　料)	123,600	(工事未払金)	120,000
		(現　　金)	3,600

材料の金額は付随費用を加算した金額である。

(2) 材料返品

(工事未払金)	12,000	(材　　料)	12,000

(3) 材料の値引き

(工事未払金)	5,000	(材　　料)	5,000

(4) 材料の割戻し

(現　　金)	6,000	(材　　料)	6,000

現金で受け取っている。

(5) 工事未払金の割引

(工事未払金)	450,000	(現　　金)	436,500
		(仕入割引)	13,500

仕入割引450,000円×3%＝13,500円

(6)

（当 座 預 金）	5,397,800	（完成工事未収入金）	5,480,000
（売 上 割 引）	82,200		

売上割引の金額は、5,480,000円×1.5%＝82,200円

1 問2 参照➡P238

(1) ¥ 3388000 (2) ¥ 759000

(1) 期首残高318,000円＋仕入高3,617,000円－仕入値引65,000円－仕入割戻93,500円－期末残高388,500円＝消費額3,388,000円
割引きを控除しない。

（単位：円）

期首残高は	318,000		3,388,000
仕入高	3,617,000		
仕入値引	−65,000		
仕入割戻	−93,500	期末残高	388,500

(2) 発生工事原価の材料費787,000円＋月初未成工事支出金の材料費188,000円－月末未成工事支出金材料費216,000円＝当月完成工事原価の材料費759,000円

2 問1 参照➡P244

(A) ¥ 48000 (B) ¥ 33000

(C) ¥ 46800 (D) ¥ 124080

(E) ¥ 43470

先入先出法

（数量：kg 単価及び金額：円）

300×160＝48,000	300×160＝48,000（A）
200×165＝33,000	200×165＝33,000

200×165＝33,000	200×165＝33,000（B）
	300×156＝46,800（C）
600×156＝93,600	300×156＝46,800

300×156＝46,800	300×156＝46,800 480×161＝77,280 46,800＋77,280＝124,080（D）
750×161＝120,750	270×161＝43,470（E）

2 問2 参照➡P246

(A) ¥ 48600

(B) ¥ 31500

(C) ¥ 47250

(D) ¥ 124800

(E) ¥ 43200

移動平均法

（数量：kg 単価及び金額：円）

300×160＝48,000	300×※162＝48,600（A）
200×165＝33,000	200×※162＝32,400

$$※\ \frac{48,000+33,000}{300+200}=162$$

200×162＝32,400	200×☆157,5＝31,500（B）
	300×☆157,5＝47,250（C）
600×156＝93,600	300×157,5＝47,250

$$☆\ \frac{32,400+93,600}{200+600}=157.5$$

300×157,5＝47,250	780×◎160＝124,800（D）
750×161＝120,750	270×◎160＝43,200（E）

$$◎\ \frac{47,250+120,750}{300+750}=160$$

2 問3 参照➡P245

¥ 252168

総平均法　(数量：kg 単価及び金額：円)

$$\frac{48{,}000+33{,}000+93{,}600+120{,}750}{300+200+600+750}=159.648\rightarrow 159.6$$

159.6×(300+200+300+780)＝252,168

3 問1 参照➡P247

NO	勘定科目	金額	勘定科目	金額
(1)	材料貯蔵品	580000	未成工事支出金	580000

3 問2 参照➡P247

(1)　¥ 242000

145,000円＋162,000円－38,000円－27,000円＝242,000円

4 問1 参照➡P248

NO	勘定科目	金額	勘定科目	金額
(1)	経費	2700	材料	2700
	材料評価損	6885	材料	6885

棚卸減耗費(780個－765個)×180円＝2,700円
材料評価損(180円－171円)×765個＝6,885円

仕訳

（経　　費）	2,700	（材　　料）	2,700

棚卸減耗費が勘定科目語群にないので経費を選択する。
材料の消費ではなく材料の減耗なので、経費勘定で処理する。

（材料評価損）	6,885	（材　　料）	6,885

貸借対照表に記載される材料の金額
780個×180円－棚卸減耗費2,700円－材料評価損6,885円＝130,815円
または765個×171円＝130,815円

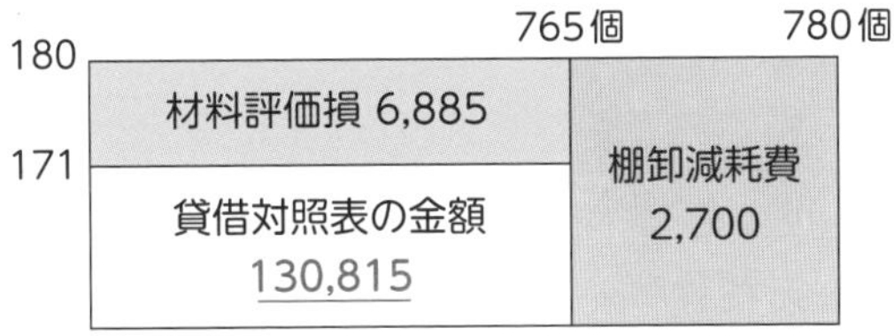

4 **問2**　参照➡P248

(1)　¥ 17300

(1) 期首残高293,000円＋仕入高3,185,000円－仕入値引62,000円－仕入割戻35,100円－期末残高247,100円－減耗損 ＿＿＿ ＝消費額3,116,500円
よって、減耗損＝17,300円
まとめると下記のとおりである（割引を控除しない）。

期首残高は	293,000円	消費額	3,116,500円
仕入高	3,185,000円		
仕入値引	−62,000円	減耗損	（17,300）円
仕入割戻	−35,100円	実地期末残高	247,100円

労務費・外注費・経費

1 労務費（賃金）

労務費（賃金）の計算

労務費は、工事のために労働力を消費することで発生する費用（消費賃金）と学びました（47ページ参照）。消費賃金は、**直接労務費**と**間接労務費**の2つに分けることができます。

直接労務費とは、特定の工事ごとにどれだけ消費されたかが明らかに把握できる労務費をいい、間接労務費とは特定の工事ごとにどれだけ消費されたか把握できない労務費をいいます。

直接労務費
建物を組み立てます！
材料を
運んでます！
間接労務費
直接労務費は
未成工事支出金に振り替え、
間接労務費は
工事間接費に振り替えます

なお、**消費賃率**とは1時間あたりに生じた賃金をいい、**予定賃率**とは1時間あたりに生じると予定される賃金をいいます。それぞれに作業時間をかけることで、実際賃金消費額もしくは予定賃金消費額をもとめることができます。算式にまとめると、次のとおりです。

実際賃金消費額（予定賃金消費額） ＝ 作業時間 × 消費賃率（予定賃率）

取引例1 こぐま建設では外壁工事について、常雇作業員のくま川とくま山が工事を行っている。当月の作業時間は次のとおりである。消費賃率

(1時間あたり1,700円)を使用し、当月の賃金消費額を計算する。

がんばったな
くま川

(単位：時間)

工事作業員	くま川	くま山
従事時間	17	29

今月もはたらいたぞ！
くま山

当月の賃金消費額を計算すると、
予定賃率1,700円×(17+29)=**78,200円**である。

定時間外作業割増賃金（ていじかんがいさぎょうわりましちんぎん）

時間外出勤、残業などで、規定で定められた時間外で作業が生じた場合には、**定時間外作業割増賃金(時間外手当)**が生じます。

取引例2 取引例1と同様に、常雇作業員のくま川とくま山の当月の作業時間は次のとおりである。予定賃率(1時間あたり1,700円)を使用し、残業手当は35,000円とする。当月の賃金消費額を計算する。

(単位：時間)

工事作業員	くま川	くま山
従事時間	18	33

今月は
どれくらいかな
くま山

当月の賃金消費額を計算すると、
予定賃率1,700円×(18+33)+35,000円=**121,700円**

取引例3 当月の作業時間は次のとおりであり、労務費については予定賃率1時間あたり2,100円を設定して、原価算入している。なお、残業時間については30%増として、当月の賃金消費額を計算する。

（単位：時間）

工事作業員	くま川	くま山
従事時間	37	41
うち残業時間	5	6

●くま川の労務費

37時間×2,100円＋5時間×2,100円×30％＝80,850円

●くま山の労務費

41時間×2,100円＋6時間×2,100円×30％＝89,880円

→80,850円＋89,880円＝**170,730円**

賃率差異

予定消費額と実際消費額とを比較したとき、実際にかかった賃金の方が高いと会社にとっては不利な状態です。逆に、予定していた賃金の方が高ければ会社にとって有利な状態です。この会社にとって不利な状態のことを**不利差異（借方差異）**、有利な状態のことを**有利差異（貸方差異）**といいます。

予定していたより
賃金が高かったなあ

予定していたより
賃金が低く済んだ！

予定消費額 ＜ 実際消費額
➡ 不利差異（借方差異）

予定消費額 ＞ 実際消費額
➡ 有利差異（貸方差異）

取引例4 当月の予定消費賃率は1時間あたり1,260円であり、当月の実際作業時間は236時間である。当月の労務費の支払賃金は293,000円であり、前月末の未払賃金が3,800円、当月末の未払賃金が4,700円で

ある。賃率差異を計算し、賃金差異計上時の仕訳を行いなさい。

●賃率差異

予定額　1,260円×実際作業時間236時間＝297,360円

実際額　293,000円＋4,700円－3,800円＝293,900円

予定額　297,360円－実際額293,900円＝3,460円

→実際が少ないので有利差異（貸方差異）

仕訳を行うと、

（賃　金）	3,460	（賃率差異）	3,460

貸方差異なので賃率差異は貸方

賃　金　（単位：円）

支払額	293,000	前月未払	3,800
当月未払	4,700	当月消費	297,360
賃率差異	3,460		

未成工事支出金　（単位：円）

賃　金	297,360		

未成工事支出金へは予定額を振り替える

❷ 外注費（がいちゅうひ）

外注費の処理

外注費は工事の進捗度によって未成工事支出金または外注費として処理することを学びました（51ページ参照）。もう一度、仕訳の例を見てみましょう。

取引例1 こぐま建設は、塗装工事については外部に委託している（下請契約480,000円）。塗装業者から6月5日に工事の出来高が50％であると連絡を受けた。

● 6月5日時点

(外　注　費)	240,000	(工事未払金)	240,000

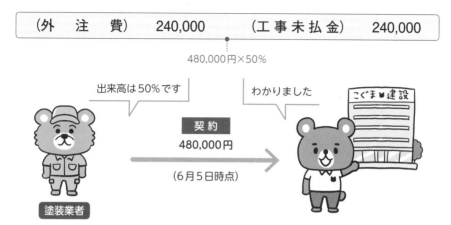

480,000円×50%

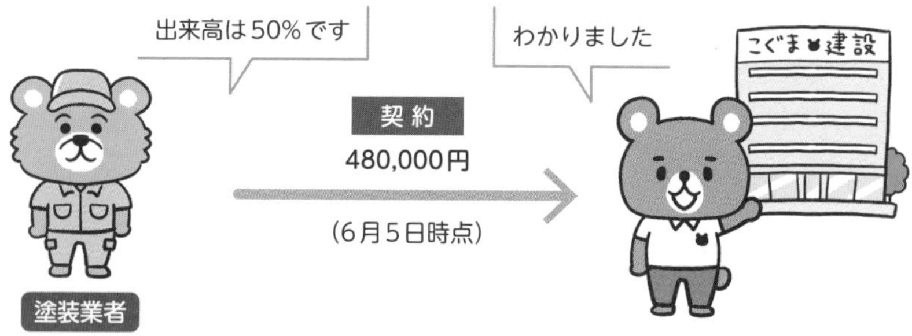

取引例2 塗装業者から6月18日に完成した連絡を受け、180,000円を現金で支払い、残額は掛けとした。

● 6月18日時点

(外　注　費)	240,000	(現　　　金)	180,000
		(工事未払金)	60,000

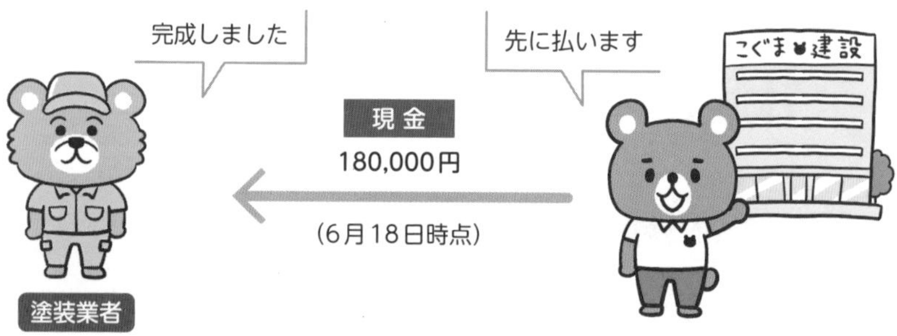

取引例3 工事未払金の残額300,000円を現金で支払った。

(工事未払金)	300,000	(現　　　金)	300,000

例題 16-1 次の〈資料〉にもとづいて、外注費の①当月発生原価と②当月完成工事原価を計算しなさい。(単位：円)

〈資料〉

月初未払外注費40,500円　月末未払外注費42,300円

外注費の支出867,000円　月初未成工事支出金32,400円

月末未成工事支出金33,500円

・解答・　・解説・

①発生工事原価

外注費の支出867,000円＋月末未払外注費42,300円－月初未払外注費40,500円＝868,800円

②当月完成工事原価

発生工事原価868,800円＋月初未成工事支出金32,400円－月末未成工事支出金33,500円＝867,700円

3 経費(けいひ)

経費の分類

材料費と労務費、外注費以外で、工事のためにかかった費用を経費ということを学びました(53ページ)。経費には、特定の工事ごとにどれだけ消費されたかが把握できる**直接経費**と、特定の工事ごとにどれだけ消費されたか把握できない**間接経費**があります。さらに経費は、消費額の計算方法の違いにより、4つに分けることができます。

直接経費	支払経費(しはらいけいひ)
間接経費	測定経費(そくていけいひ)、月割経費(つきわりけいひ)、発生経費(はっせいけいひ)

支払経費

支払経費とは、支払額にもとづいて消費額を計算できる経費をいい、**修繕費**、**通信費**、地代家賃、交際費、消耗品費などがあります。支払経費の消費額は、当月の支払額に未払額や前払額を加減算して計算します。

支払経費の消費額 ＝ 支払額 ＋ 当月未払額 － 前月未払額 － 当月前払額 ＋ 前月前払額

支払経費の管理には、次のような**経費支払票**を使います。

経　費　支　払　票

20XX年X月X日

X月分　　　　　　　　　　　　　　　　　　　　　　　　　（単位：円）

費　目	当　月 支払額	前　月		当　月		当　月 消費高
		未払高	前払高	未払高	前払高	

取引例 地代家賃、交際費、消耗品費の当月の消費額を計算する。

・未払交際費　　月初10,700円　　月末 8,800円
・前払地代家賃　月初22,300円　　月末24,300円
・未払消耗品費　月初　－　　　　月末11,000円
・工事費用の支出に関する資料
　地代家賃168,500円　交際費390,000円　消耗品費28,000円

● **地代家賃**

工事費用の支出168,500円＋月初22,300円－月末24,300円＝**166,500円**

● **交際費**

工事費用の支出390,000円－月初10,700円＋月末8,800円＝**388,100円**

● **消耗品費**

工事費用の支出28,000円＋月末11,000円＝**39,000円**

測定経費

測定経費とは、測定器による測定量にもとづいて消費額を計算する経費をいい、**水道料金**、**ガス代**などがあります。

測定経費の消費額は以下の算式でもとめられます。

測定経費の消費額 ＝ 単価 × 当月分の消費量 ＋ 基本料金

管理には、**経費測定票**を使います（以下はガス代の場合）。

経　費　測　定　票

20XX年X月X日

前回検針日	今回検針日	今回の消費量	単価	金額

取引例 当月の電力料の請求額は852,000円であった。なお、このうち基本料金が300,000円である。電力会社は20日に検針を行っている。検針の結果は以下のとおりであったとき、当月の消費額を計算する。

前月20日	前月末	当月20日	当月末
265,000kw	297,000kw	277,000kw	318,000kw

852,000円－300,000円＝552,000円

$$\frac{552{,}000\text{円}}{277{,}000\text{kw}-265{,}000\text{kw}}=46\text{円}/\text{kw}$$

46円／kw×（当月末318,000kw－前月末297,000kw）＝966,000円

966,000円＋基本料金300,000円＝<u>1,266,000円</u>

月割経費

月割経費とは、一定期間に発生した費用を月割計算することで算出する経費をいい、**減価償却費**、**保険料**などがあります。

月割経費の消費額は以下の算式でもとめられます。管理には、**経費月割表**を使います（次の取引例1、2参照）。

月割経費の消費額 ＝ **定期間の支払額** ÷ **その期間の月数**

取引例1 工事用の器具備品の取得原価600,000円、残存価額ゼロ、耐用年数10年の定額法により減価償却費をしている。月割経費の消費額を計算する。

経費月割票

減価償却費

（単位：円）

金額	月割額											
	1月	2月	3月	4月	5月	6月	7月	8月	9月	10月	11月	12月
60,000	5,000	5,000	5,000	5,000	5,000	5,000	5,000	5,000	5,000	5,000	5,000	5,000

600,000円÷10年÷12カ月＝**5,000円**

取引例2 4月1日に1年分の保険料144,000円を現金で支払っている。月割経費の消費額を計算する。

経費月割票

保険料

（単位：円）

金額	月割額											
	1月	2月	3月	4月	5月	6月	7月	8月	9月	10月	11月	12月
144,000	12,000	12,000	12,000	12,000	12,000	12,000	12,000	12,000	12,000	12,000	12,000	12,000

144,000円÷12カ月＝**12,000円**

発生経費

発生経費とは、発生したが直接支払いが伴わない経費をいい、**棚卸減耗費**（たなおろしげんもうひ）などがあります。

取引例 材料の帳簿残高が12,000円、実地残高が11,000円である。経費の消費額を計算する。

12,000円－11,000円＝**1,000円**

人件費の処理

建設業では、**従業員給料手当**、**退職金**、**法定福利費**、**福利厚生費**は経費に分類され、**人件費**として処理されます。

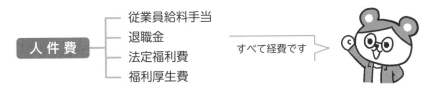

人件費
- 従業員給料手当
- 退職金
- 法定福利費
- 福利厚生費

取引例1 当月にかかった以下の経費のうち、人件費を計算する。
賃金678,000円　保険料12,000円　従業員給料手当1,830,000円
交際費120,000円　福利厚生費173,000円　法定福利費132,000円
退職金800,000円　地代家賃220,000円

人件費は従業員給料手当、福利厚生費、法定福利費、退職金だから、
1,830,000円＋173,000円＋132,000円＋800,000円＝**2,935,000円**

取引例2 下記の工事原価明細表における経費の発生工事原価を計算しなさい。
〈当月の工事費用の支出〉

法定福利費617,000円	賃金1,560,000円	
保険料35,000円	交際費21,000円	
工事未払金交際費	月初4,500円	月末4,600円
前払費用保険料	月初6,600円	月末6,200円

計算すると、
法定福利費617,000円＋保険料35,000円＋交際費21,000円＝673,000円
673,000円＋月末未払4,600円－月初未払4,500円－月末前払6,200円＋月初前払6,600円＝**673,500円**

ここをCHECK!
工事原価明細表とは、発生工事原価と完成工事原価を比較するために、工事原価の内訳を記した表のことです。

☑ 基礎力確認問題

1 重要度 A 難易度 A

解答＆解説➡P276

次の問1～問3に答えなさい。語句を記入する場合には下記の〈勘定科目語群〉から選択すること。

〈勘定科目語群〉
未成工事支出金　賃金　賃率差異　経費　販売費及び一般管理費
未払賃金　預り金　当月消費　現金

問1　当月の①賃金支払、②前月未払賃金の仕訳、③当月未払賃金の仕訳を行い、空欄の金額を計算しなさい。

興南建設株式会社の賃金支払期間は前月21日から当月20日までであり、当月25日に支給される。当月の賃金支給総額は2,410,000円であり、所得税240,500円、社会保険料136,210円を控除して、現金にて支給された。前月賃金未払高が748,000円で、当月賃金未払高が725,000円であったとすれば、当月の労務費は［　　　］円である。

問2　以下の取引にもとづき、①～③に答えなさい。

当月の予定消費賃率は1時間あたり1,310円であり、当月の実際作業時間は256時間である。また、当月の労務費の支払賃金は336,000円であり、前月末の未払賃金が116,000円、当月末の未払賃金が118,000円である。①当月の賃金実際消費額②賃率差異を計算し、③賃率差異計上時の仕訳を行い、空欄の金額を計算しなさい。

賃　金　(単位：円)

支払額	［　　　］	前月未払	［　　　］
当月未払	［　　　］	当月消費	［　　　］
		賃率差異	［　　　］

未成工事支出金　(単位：円)

賃金	［　　　］		

問3　次の〈資料〉にもとづいて労務費の①当月発生原価と②当月完成工事原価を計算しなさい。（単位：円）

〈資料〉
月初未成工事支出金76,290円　月末未成工事支出金75,930円
月初未払賃金21,500円　月末未払賃金22,100円
支払賃金816,500円

問1

	NO	勘定科目	金額	勘定科目	金額
①	(1)				

②	(1)				

③	(1)				

¥

問2

① ¥

② ¥　　借方Aまたは貸方Bを選択　（　　）

	NO	勘定科目	金額	勘定科目	金額
③	(1)				

賃　金　(単位：円)

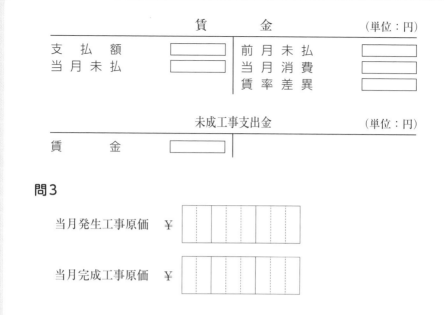

支払額		前月未払	
当月未払		当月消費	
		賃率差異	

未成工事支出金　(単位：円)

賃金			

問3

当月発生工事原価　¥

当月完成工事原価　¥

2　重要度 B　難易度 C

解答&解説➡P278

次の①～⑤の金額を計算しなさい。

空調専門工事であるB工事の当月の従事時間は次のとおりである(単位：時間)。101と103は当月中に完成、引き渡し済みだが、102は月末時点で未完成である。

工事番号	101	102	103
従事時間	15	33	41
うち残業時間	2	8	11

労務費の計算は、予定賃率(1時間あたり2,500円)を設定して原価算入している。なお、残業時間については、予定賃率の25%増しとしている。当月の労務費の実際支払賃金は237,000円、前月未払賃金は85,000円、当月未払賃金は86,000円である。

①当月労務費の予定消費額を計算しなさい。
②当月労務費の実際消費額を計算しなさい。

③賃率差異を計算しなさい。
④完成工事原価を計算しなさい。
⑤未成工事支出金を計算しなさい。

① ¥ 　　② ¥

③ ¥ 　　借方Aまたは貸方Bを選択（　　）

④ ¥ 　　⑤ ¥

3 重要度 A 難易度 A～C

解答＆解説➡P279

次の⑴～⑺までの経費の原価計算期間内の消費額を計算し、⑻①～③までの数値を計算しなさい。

⑴ 難易度A

工事用の器具備品取得原価750,000円、耐用年数10年、残存価額ゼロで減価償却費を計上する。

⑵ 難易度A

工事用材料の帳簿棚卸高は1,850円であり、実地棚卸高は1,730円であった。

⑶ 難易度B

工事用建物の電力量の請求額は15,600円であった。なお、基本料金は3,600円で、指針日は20日であった。

前月20日	前月末	当月20日	当月末
2,560千kw	2,630千kw	2,880千kw	3,080千kw

⑷ 難易度A

現場作業員の1年分の保険料384,000円を期首に前払いしている。

⑸ 難易度B

当月の建設機械の修繕費の支払額は87,000円、前月の未払修繕費は

5,000円であり、当月の未払修繕費は6,000円である。

⑹　難易度B

当月の工事用車両の駐車場の支払額は25,000円、前月前払額は5,000円、当月の前払額は6,000円である。

⑺　難易度B

工事費用の支出は次のとおりである。この場合の経費のうち、人件費の金額を計算しなさい。

労務管理費68,500円　保険料12,000円　法定福利費23,500円

交際費23,000円　福利厚生費25,600円　従業員給料手当183,000円

退職金380,000円

⑻　難易度C

20XX年7月の経費に関する取引の状況は、次の〈資料〉のとおりである。この〈資料〉にもとづき、①〜③の空欄の値を求めなさい。

〈資料〉

経　費　支　払　票

20XX年8月31日

7月分　(単位：円)

費　目	当　月 支払額	前　月 未払高	前　月 前払高	当　月 未払高	当　月 前払高	当　月 消費高
燃料費	117,110	(①)	—	(②)	—	(③)

	7／21〜7／31	8／1〜8／20	8／21〜8／31
建設機械電力量	39ワット	78ワット	47ワット
工事建物電力量	132ワット	229ワット	168ワット

※消費単価は常に一定である。　※計算期間は毎月21日から翌月20日である。

(1) ¥

(2) ¥

(3) ¥

(4) ¥

(5) ¥

(6) ¥

(7) ¥

(8) ① ¥

(8) ② ¥

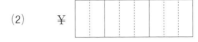

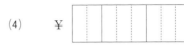

(8) ③ ¥

解答&解説

1 問1 参照➡P260

NO		勘定科目	金額	勘定科目	金額
①	(1)	賃金	2410000	預り金 現金	376710 2033290
②	(1)	未払賃金	748000	賃金	748000
③	(1)	賃金	725000	未払賃金	725000

¥ 2387000

①賃金支払

所得税240,500円＋社会保険料136,210円

(賃　　金)	2,410,000	(預　り　金)	376,710
		(現　　金)	2,033,290

②前月未払賃金の月初

(未払賃金)	748,000	(賃　　金)	748,000

③当月未払賃金

(賃　　金)	725,000	(未払賃金)	725,000

①＋③－②＝2,387,000円

1 問2 参照➡P260

① ¥ 338000

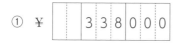

② ¥ 2640 借方Aまたは貸方Bを選択 （ A ）

	NO	勘定科目	金額	勘定科目	金額
③	(1)	賃率差異	2640	賃金	2640

当月支払賃金336,000円－前月末未払賃金116,000円＋当月末未払賃金118,000円＝338,000円
仕訳を行うと、

(賃率差異)	2,640	(賃金)	2,640

借方差異なので賃率差異は借方

賃金 (単位：円)

支払額	336,000	前月末払	116,000
当月末払	118,000	当月消費	335,360
		賃率差異	2,640

未成工事支出金 (単位：円)

賃金	335,360		

1 問3 参照➡P260

当月発生工事原価 ¥ 817100

当月完成工事原価 ¥ 817460

①発生工事原価
賃金816,500円＋月末未払賃金22,100円－月初未払賃金21,500円＝817,100円
②当月完成工事原価
発生工事原価817,100円＋月初未成工事支出金76,290円－月末未成工事支出金75,930円＝817,460円

2 参照➡P260

① ¥ 235625　② ¥ 238000

③ ¥ 2375 借方Aまたは貸方Bを選択 （ A ）

④ ¥ 148125　⑤ ¥ 87500

①当月労務費の予定消費額
定時分（15＋33＋41）×2,500円＝222,500円
残業分（2＋8＋11）×2,500円×25％＝13,125円
222,500円＋13,125円＝235,625円

②当月労務費の実際消費額
支払賃金237,000円＋当月未払賃金86,000円－前月未払賃金85,000円＝238,000円

③賃率差異
実際238,000円－予定235,625円＝2,375円
実際が大きいので借方差異（不利差異）→A

④完成工事原価
完成しているのは101と103であるので、
（15＋41）×2,500円＝140,000円
（2＋11）×2,500円×25％＝8,125円
140,000円＋8,125円＝148,125円

⑤未成工事支出金
未完成は102であるので、
33×2,500円＝82,500円
8×2,500円×25％＝5,000円
82,500円＋5,000円＝87,500円

3 参照➡P265

(1) ¥ 6250

(2) ¥ 120

(3) ¥ 20475

(4) ¥ 32000

(5) ¥ 88000

(6) ¥ 24000

(7) ¥ 612100

(8) ① ¥ 41895

(8) ② ¥ 52675

(8) ③ ¥ 127890

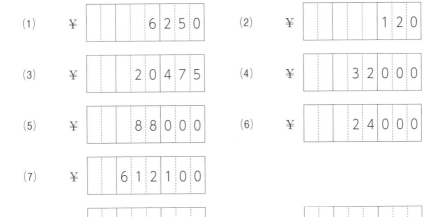

(1) 750,000円÷10年÷12カ月＝6,250円
(2) 1,850円－1,730円＝120円
(3) (15,600円－3,600円)÷(2,880千kw－2,560千kw)＝37.5円／千kw
37.5円／千kw×(3,080千kw－2,630千kw)＋3,600円＝20,475円
(4) 384,000円÷12カ月＝32,000円
(5) 支払額87,000円＋当月未払6,000円－前月未払5,000円＝88,000円
(6) 支払額25,000円－当月前払額6,000円＋前月前払額5,000円＝24,000円
(7) 法定福利費23,500円＋福利厚生費25,600円＋従業員給料手当183,000円＋退職金380,000円＝612,100円
(8)・単価の計算
117,110円÷(39ワット＋132ワット＋78ワット＋229ワット)＝245円／ワット
・前月未払高
245円／ワット×(39ワット＋132ワット)＝①41,895円
・当月未払高
245円／ワット×(47ワット＋168ワット)＝②52,675円
当月消費高
・245円／ワット×(78ワット＋229ワット＋47ワット＋168ワット)＝③127,890円

1 工事間接費の配賦

工事間接費の配賦とは

工事間接費は、特定の工事にいくらかかったか直接的に識別することができない原価のことです（56ページ参照）。そこで、一定の基準（**配賦基準**）にもとづいて、工事間接費を各工事台帳に振り分けます。これを**工事間接費の配賦**といいます。

どの工事に
いくらかかったか
わからないから
配賦しよう
工事関接費を各工事に
振り分けることは
賦課といいます

工事間接費の配賦方法

工事間接費を各工事に配賦するには、まず工事間接費の**配賦率**を次の算式でもとめます。

$$\text{工事間接費の配賦率} = \frac{\text{当月の工事間接費の実際発生額}}{\text{当月の配賦基準}}$$

ワンポイント Q&A　配賦基準って？

工事間接費はどの工事にいくらかかったかがわかりません。しかし、労働力や機械装置、消耗品がどれだけ利用されたかで工事間接費が発生するので、何かの基準の利用割合に応じて各工事に配賦されます。その利用基準を配賦基準といい、利用割合を配賦率といいます。配賦基準は、作業時間や材料消費額などがあります。

配賦率がわかったら、工事間接費の配賦額を次の算式でもとめます。

$$\text{工事間接費の配賦額} = \text{配賦率} \times \text{配賦基準数値}$$

取引例 以下の資料にもとづいて、各設問に答えなさい。
①直接作業時間にもとづいて、工事間接費の配賦率を答えなさい。
②各工事の工事間接費の配賦額を答えなさい。
※工事間接費の実際発生額1,216,800円

工事番号	302号室	303号室
直接作業時間	2,450時間	1,150時間

①工事間接費の配賦率

$$\frac{1{,}216{,}800\text{円}}{2{,}450\text{時間}+1{,}150\text{時間}}=338\text{円}\ (1\text{時間あたりの金額})$$

②各工事の工事間接費の配賦額
302号室工事　338円×2,450時間＝828,100円
303号室工事　338円×1,150時間＝388,700円

工事間接費の予定配賦とは

実際にかかった工事間接費を配賦することを**実際配賦**といいますが、実際発生額が集計される月末まで待たないといけないので計算が遅れることがあります。そこで、事前に定めた**予定配賦率**をもって、工事間接費を各工事に配賦する手続きがあります。これを**予定配賦**といいます。

工事間接費の予定配賦の方法

工事間接費の予定配賦するには、まず予定配賦率をもとめます。予定配賦率は、年間における工事間接費の予定発生額を**基準操業度**で割ることで算定します（基準操業度とは、年間の予定配賦基準値のことをいいます）。

予定配賦率は、次の算式でもとめることができます。

$$\text{工事間接費の予定配賦率}=\frac{\text{工事間接費の予定発生額}}{\text{基準操業度}}$$

予定配賦率をもとめたら、各工事の実際操業度（配賦基準）をかけて予定配賦額を算出します。算式にまとめると、次のとおりです。

工事間接費の予定配賦額 ＝ 予定配賦率 × 各工事の実際操業度

むずかしい
です…
実際の試験では
計算問題が中心です。
解くのに重要な知識になるので
しっかり覚えましょう

工事間接費の配賦差異

工事間接費の予定配賦額を計算した際、工事間接費の実際配賦額との間に差異が生じることがあります。このときに実際配賦額が予定配賦額よりも大きければ**借方差異（不利差異）**として処理をし、実際配賦額が予定配賦額よりも小さければ**貸方差異（有利差異）**として処理します。

工事間接費の配賦差異 ＝ 工事間接費予定配賦額 − 工事間接費実際配賦額

例題 17-1 次の資料にもとづいて、各設問に答えなさい。

・工事間接費は直接作業時間にもとづいて各工事に予定配賦している。
・当月の工事間接費の予算額は657,800円である。
・当月の予定直接作業時間は520時間である。
・当月の工事間接費の実際発生額は521,300円である。
・当月の実際直接作業時間は以下のとおりである。

工事番号	A工事	B工事
直接作業時間	250時間	165時間

①当月の工事間接費の予定配賦率を計算しなさい。
②当月の工事間接費の予定配賦額を計算しなさい。
③当月の工事間接費の工事間接費配賦差異を計算しなさい。
④次の空欄の数値を埋めなさい。

※なお、配賦基準は作業時間とする。

工事間接費

実際発生額 ¥（　　　　）	予定配賦額 ¥（　　　　）
工事間接費配賦差異 ¥（　　　）	

工事間接費配賦差異

	¥（　　　　）

⑤工事間接費の実際発生額が526,300円の場合、次の空欄の数値を埋めなさい（なお、ほかの条件は変わらないものとする）。

工事間接費

実際発生額 ¥（　　　　）	予定配賦額 ¥（　　　　）
	工事間接費配賦差異 ¥（　　　）

工事間接費配賦差異

¥（　　　　）	

・解答・　・解説・

①予算額657,800円÷予定直接作業時間520時間＝**1,265円／時間**

②

A工事は、1,265円／時間×250時間＝316,250円

B工事は、1,265円／時間×165時間＝208,725円

よって、316,250円＋208,725円＝**524,975円**

③予定配賦額524,975円－実際発生額521,300円＝

3,675円→貸方差異（有利差異）

④

工事間接費

実際発生額 ¥（521,300）	予定配賦額 ¥（524,975）
工事間接費配賦差異 ¥（ 3,675 ）	

工事間接費配賦差異

	¥（ 3,675 ）

⑤予定配賦額（A工事316,250円＋B工事208,725円）－実際配賦額526,300円＝**－1,325円→借方差異（不利差異）**

工事間接費

借方	貸方
実際発生額 ¥（ 526,300 ）	予定配賦額 ¥（ 524,975 ）
	工事間接費配賦差異 ¥（ 1,325 ）

工事間接費配賦差異

借方	貸方
¥（ 1,325 ）	

基準操業度の種類（参考）

基準操業度とは、配賦率算定の基礎となる操業度をいいます。

基準操業度には次のものがあります。

●最大操業度

最高の能率で操業がまったく中断されることのない状態において達成される操業水準で、理論上計算できる操業度をいいます。

●実現可能操業度

理論的生産能力から、機械の故障、修繕等の不可避的な作業休止による生産量の減少分を差し引いた実現可能な操業度をいいます。

●正常操業度

季節や景気変動などの影響による変動を平均化して、長期的なバランスを考慮した操業度をいいます。

●短期予定操業度

向こう１年間の重要予測にもとづいた操業度をいいます。

例題 17-2 以下の〈資料〉を参考に、次の問に答えなさい。

問１　各工事の予定配賦額と工事間接費の配賦差異を計算しなさい。

問２　解答欄①～④の金額を答えなさい。

〈資料〉

(1) 現場で使用する機械Ａに関する発生原価については、工事間接費として予定配賦している。

(2) 予定配賦率

①工事間接費予算額　638,370円
②機械Aの当会計期間の予定稼働時間　622時間
③機械Aの最大稼働年間利用可能時間　738時間
④機械関係コストは、実現可能最大操業度を基準操業度として配賦している。

(3) 当月の工事別機械運転時間

(単位：時間)

工事番号	3101工事	3102工事	3103工事	合計
運転時間	11	16	29	56

(4) 工事間接費の当月実際発生額　48,800円

問2 解答欄

(単位：円)

工事間接費	
諸　　口　（ ① ）	未成工事支出金（ ② ）
	配賦差異　（ ③ ）

配賦差異	
工事間接費（ ④ ）	

・解答・　・解説・

問1

工事間接費予定配賦率

予算額638,370円÷738時間＝865円／時間

実現可能最大操業度なので、同じ意味である最大稼働年間利用可能時間である738時間を選択する。

各工事の予定配賦額

3101工事　865円×11時間＝**9,515円**

3102工事　865円×16時間＝**13,840円**

3103工事　865円×29時間＝**25,085円**

工事間接費の配賦差異

(9,515円＋13,840円＋25,085円)－当月実際発生額48,800円＝

－360円→**借方差異(不利差異)**

問2

工事間接費			配賦差異	(単位：円)
諸　　口　(①48,800)	未成工事支出金 (②48,440)		工事間接費 (④ 360)	
	配賦差異 (③ 360)			

①48,800円は実際額を記入する。
②は予定配賦額を記入する。 865円×56時間＝48,440円
③④は問1の配賦差異の金額を記入する。

2 費目別計算・工事直接費・工事間接費の仕訳

(ひもくべつけいさん・こうじちょくせつひ・こうじかんせつひのしわけ)

費目別仕訳法と代表科目仕訳法

(ひもくべつしわけほう・だいひょうかもくしわけほう)

工事原価を材料費、労務費、外注費、経費勘定科目で仕訳する方法を**費目別仕訳法**といいます。逆に、費目別の科目を設けず、各費用を未成工事支出金勘定で仕訳する方法を**代表科目仕訳法**といいます。

取引例 建築資材550,000円を掛けで購入した。

●費目別仕訳法の場合

(材　　料)	550,000	(工事未払金)	550,000

●代表科目仕訳法の場合

(未成工事支出金)	550,000	(工事未払金)	550,000

工事直接費と工事間接費

費目別に区分したそれぞれの費用の消費額が判明すると、**工事直接費**(現場個別費)は**未成工事支出金勘定**へ、**工事間接費**(現場共通費)は**工事間接費勘定**へ振り替えます。

取引例 材料費のうち直接費は360,000円、労務費のうち直接費は

650,000円、外注費のうち直接費は325,000円、経費の直接費は465,000円である。

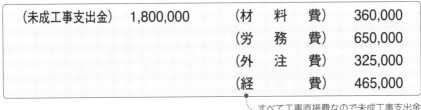

(未成工事支出金)	1,800,000	(材　料　費)	360,000
		(労　務　費)	650,000
		(外　注　費)	325,000
		(経　　　費)	465,000

すべて工事直接費なので未成工事支出金に振り替える

費目別仕訳法

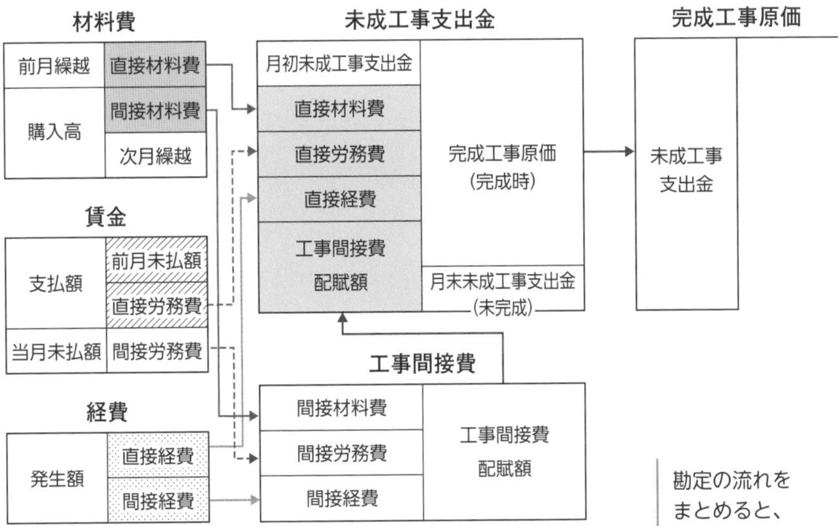

代表科目仕訳法

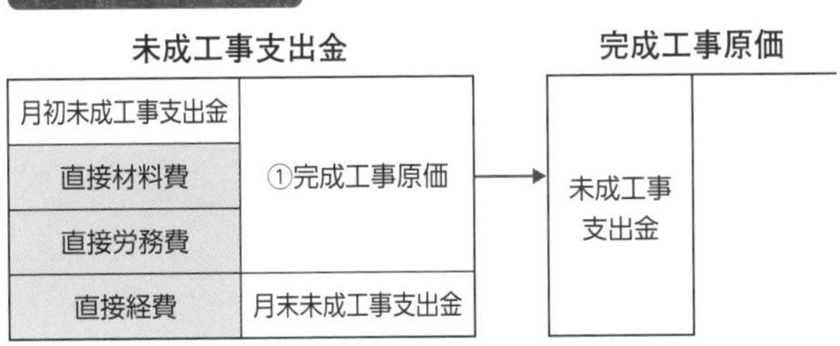

□ 発生工事原価　□ 当月消費の材料費　□ 当月消費の賃金　□ 当月消費の経費

※外注費も経費と同じ流れで振り替える。

基礎力確認問題

1 重要度 B 難易度 C

解答＆解説➡P291

次の〈資料〉(1)～(4)にもとづいて下記の問いに答えなさい。
工事間接費については直接原価基準による予定配賦法を採用している(なお、端数が生じた場合は小数点3位以下を四捨五入すること)。

〈資料〉(1) 当会計期間の工事間接費の予算額は25,019,500円である。
(2) 当会計期間の直接原価の総発生見積額は次のとおりである。

(単位：円)

材料費	労務費	外注費	経費
81,380,000	52,620,000	62,300,000	31,150,000

(3) 当月の直接原価の発生額は次のとおりである。

(単位：円)

	材料費	労務費	外注費	直接経費
511工事	756,000	215,600	73,800	189,300
512工事	718,700	359,300	562,300	477,100
513工事	883,300	231,800	329,800	168,700
その他の工事	5,775,000	3,998,500	3,157,800	1,578,000
計	8,133,000	4,805,200	4,123,700	2,413,100

(4) 当月の工事間接費の実際発生額は2,132,960円である。

問1　工事間接費の予定配賦率を計算しなさい。
問2　当月511工事の予定配賦額を計算しなさい。
問3　当月の工事間接費の配賦差異を計算しなさい。借方の場合A、貸方の場合Bを選択しなさい。

問1 ［　　　　］　　問2 ¥［　　　　］

問3 ¥［　　　　］ (□A　□B)

2 重要度 A 難易度 D

解答＆解説➡P291

次の〈資料〉にもとづいて解答用紙に示す各勘定口座及び空欄に記号または金額を記入しなさい（解答が不要な空欄には未記入のこと）。

〈資料〉

(1) 前月からの繰越額の内容

現場共通費配賦差異　B部門　3,675円（借方残高）

(2) 当月の発生工事原価

工事直接費　(単位：円)

工事番号	材料費	労務費	外注費	経　費
No. 801	898,550	126,550	135,100	81,000
No. 802	785,850	135,180	112,600	75,320
No. 803	1,587,500	165,500	151,730	101,600

(3) 現場共通費の予定配賦

・B部門費の配賦基準は材料費である。予定配賦率は毎月7%であり、毎月経常的に発生する。

・現場共通費はすべて経費に属するものである。

・予定配賦計算の過程で端数が生じた場合は、円未満を四捨五入すること。

〈選択語群〉

A. 未成工事支出金　B. 工事間接費　C. 現場共通費配賦差異
D. 次月繰越　E. 前月繰越　F. A部門費　G. B部門費

工事間接費　(単位：円)

諸　□	233,188	(　　)	(　　)
(　　)	(　　)	(　　)	(　　)

現場共通費配賦差異

(　　)	(　　)	(　　)	(　　)
(　　)	(　　)	(　　)	(　　)

3 重要度 A 難易度 C

解答＆解説➡P292

現場技術者に対する従業員給料手当等の人件費（工事間接費）に関する次の〈資料〉にもとづいて、下記の問いに解答しなさい。

〈資料〉

(1) 当会計期間（2XX1年4月1日～2XX2年3月31日）の人件費予算額

① 従業員給料手当　59,871,170円
② 労務管理費　2,640,000円
③ 法定福利費　3,716,700円
④ 福利厚生費　3,985,700円
⑤ 労務費　21,300,000円
⑥ 退職金　7,876,000円

(2) 当会計期間の現場管理延べ予定作業時間　32,900時間

(3) 当月（2XX2年3月）の工事現場別実際作業時間

X工事	322時間
Y工事	356時間
その他の工事	2,180時間

(4) 当月の人件費実際発生額総額　6,556,100円

問1　当会計期間の人件費に関する予定配賦率を計算しなさい（なお、端数が生じた場合は、円未満を四捨五入すること）。

問2　当月のY工事への予定配賦額を計算しなさい。

問3　当月の人件費に関する配賦差異を計算しなさい。なお、配賦差異については、借方差異の場合は「A」、貸方差異の場合は「B」を解答用紙の所定の欄に記入しなさい。

問1　¥ ________　　問2　¥ ________

問3　¥ ________　　記号（AまたはB）____

解答&解説

1 参照➡P280

問1 | 0.11 |

問2 ¥ | 135817 |

問3 ¥ | 9290 | （~~A~~ ☑B）

問1

工事間接費の予定配賦率

$$\frac{25{,}019{,}500}{81{,}380{,}000+52{,}620{,}000+62{,}300{,}000+31{,}150{,}000}=\underline{0.11}$$

端数処理は四捨五入の指示があるが割り切れる。

問2

当月の511工事の予定配賦額

$(756{,}000+215{,}600+73{,}800+189{,}300)\times 0.11=\underline{135{,}817}$

問3

当月の工事間接費の配賦差異

予定配賦額（8,133,000円＋4,805,200円＋4,123,700円＋2,413,100円）×0.11－実際発生額2,132,960円＝<u>9,290</u>円→貸方差異（有利差異）<u>B</u>

2 参照➡P280

工事間接費 （単位：円）

諸口	233,188	（A）	（229,033）
（ ）	（ ）	（C）	（4,155）

現場共通費配賦差異

（E）	（3,675）	（D）	（7,830）
（B）	（4,155）	（ ）	（ ）

諸口は実際発生額である。

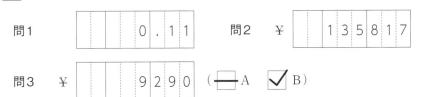

E前月繰越<u>3,675</u>円

Aの未成工事支出金は予定額である。
材料費（898,550円＋785,850円＋1,587,500円）×7％＝229,033円

Cは差額であるので233,188円－229,033円＝4,155円
実際発生額が大きい借方差異なので、現場共通費配賦差異の借方Bに記入する。

D前月繰越借方差異残高3,675円＋当月工事間接費借方差異4,155円＝次月繰越残高7,830円

3 参照➡P280

問1　¥ 2293　　問2　¥ 816308

問3　¥ 2706　　記号（AまたはB）A

問1
予定配賦率の計算
（①従業員給料手当59,871,170円＋③法定福利費3,716,700円＋④福利厚生費3,985,700円＋⑥退職金7,876,000円）÷32,900時間
＝2293.3円→2,293円／時間

問2
Y工事への予定配賦額の計算
2,293円／時間×356時間＝816,308円

問3
当月の人件費に関する配賦差異を計算
2,293円／時間×（322時間＋356時間＋2,180時間）－人件費実際発生額総額6,556,100円＝－2,706円→借方差異（不利差異）

1 部門別計算とは

工事間接費の部門別計算

工事の規模が大きくなると、さまざまな仕事を分業化して行います。工事に直接関わる部門を**施工部門**といい、これをサポートする部門を**補助部門**といいます。複数の部門がある場合、工事間接費を部門ごとに計算することを**部門別計算**といいます。

部門の分類

施工部門	建築施工部門、土木施工部門、電気工事施工部門、管工事施工部門、造園施工部門など
補助部門	車両部門、機械部門、管理部門など

部門別計算の目的

①正確な工事原価の計算

工事間接費はひとつの配賦基準によって配賦することがあります。部門別の集計で、適切な配賦基準で工事原価の計算が正確に行えます。

②原価管理

部門別に原価を把握するので、原価の発生原因や責任の所在が明らかになり、原価管理に適しています。

部門個別費と部門共通費の分類・集計

工事間接費は、どの部門で発生したかが直接認識される**部門個別費**と、どの部門で直接発生したかが明らかではない**部門共通費**に分類されます。部門個別費は直接発生した部門に賦課し、部門共通費は適当な配賦基準を選択して配賦します。配賦の計算には、**部門費振替表**が使われます。

例題 18-1 次の資料にもとづいて、空欄の金額を答えなさい。

1. 部門個別費の実際発生額は以下の部門費振替表のとおりである。

（単位：千円）

摘　要	合　計	建築部門	土木部門	動力部門	修繕部門
部門個別費	817,000	250,000	330,000	115,000	122,000
運輸部門費	84,000				
福利厚生費	24,000				
部門費計		281,680	376,080	130,360	136,880

2. 部門共通費の実際発生額は以下のとおりである。

①運輸部門費　84,000　②福利厚生費　24,000

部門共通費は、以下に示す適切な基準で配賦すること。

部　門	建築部門	土木部門	動力部門	修繕部門
車両台数	2台	3台	1台	1台
従業員数	16人	21人	7人	6人

・解 答・ **・解 説・**

部門個別費の実際発生額は以下のとおりである。

（単位：千円）

摘　要	合　計	建築部門	土木部門	動力部門	修繕部門
部門個別費	817,000	250,000	330,000	115,000	122,000
運輸部門費	84,000	24,000	36,000	12,000	12,000
福利厚生費	24,000	7,680	10,080	3,360	2,880
部門費計	925,000	281,680	376,080	130,360	136,880

①運輸部門の配賦基準は車両台数が適切である。

建築部門 $84{,}000\times\dfrac{2台}{2台+3台+1台+1台}=24{,}000$

土木部門 $84{,}000\times\dfrac{3台}{2台+3台+1台+1台}=36{,}000$

動力部門 $84{,}000\times\dfrac{1台}{2台+3台+1台+1台}=12{,}000$

修繕部門 $84{,}000\times\dfrac{1台}{2台+3台+1台+1台}=12{,}000$

②福利厚生費の配賦　福利厚生費の配賦基準は従業員数である。

建築部門 $24{,}000\times\dfrac{16人}{16人+21人+7人+6人}=7{,}680$

土木部門 $24{,}000\times\dfrac{21人}{16人+21人+7人+6人}=10{,}080$

動力部門 $24{,}000\times\dfrac{7人}{16人+21人+7人+6人}=3{,}360$

修繕部門 $24{,}000\times\dfrac{6人}{16人+21人+7人+6人}=2{,}880$

（部門費計）

建築部門計 281,680＋土木部門計 376,080＋動力部門計 130,360＋修繕部門計 136,880＝925,000

運輸部門費と福利厚生費配賦の仕訳を行うと、

（建築部門）	31,680	（運輸部門費）	84,000
（土木部門）	46,080	（福利厚生費）	24,000
（動力部門）	15,360		
（修繕部門）	14,880		

建築部門　24,000円＋7,680円＝31,680円
土木部門　36,000円＋10,080円＝46,080円
動力部門　12,000円＋3,360円＝15,360円
修繕部門　12,000円＋2,880円＝14,880円

補助部門費を施工部門へ配賦（2次集計）

補助部門は直接工事を行わないので、補助部門費を施工部門に配賦します。そして、サービス提供の割合に応じて各工事に配賦します。

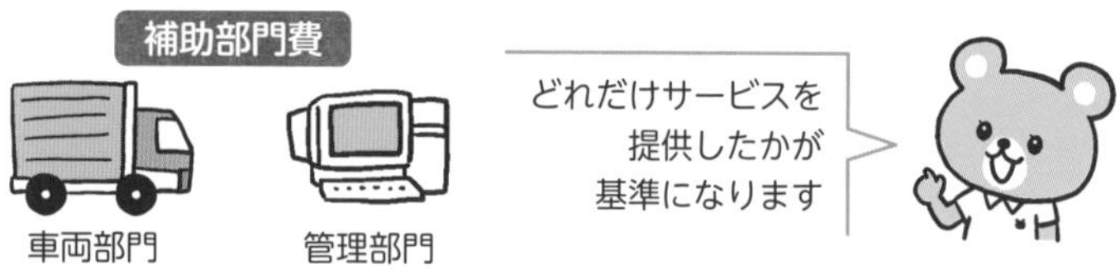

配賦方法

補助部門費の施工部門への配賦方法は、補助部門のサービス提供をどの程度考慮するかで、**直接配賦法**、**相互配賦法**、**階梯式配賦法**という3つの方法に分かれます。

直接配賦法

直接配賦法とは、補助部門間のサービス提供を無視して、補助部門費を施工部門にのみ配賦する方法をいいます。

例題 18-2 次の〈資料〉にもとづき、解答欄の部門費振替表を完成しなさい。

〈資料〉

(1) 補助部門費の配賦方法

請負工事について、第1工事部と第2工事部、第3工事部で施工している。また、共通して補助的なサービスを提供している保全部門、動力部門及び管理部門が独立して各々の原価管理を実施し、発生した補助部門費についてはサービス提供度合にもとづいて、直接配賦法により施工部門に配賦している。

(2) 補助部門費を配賦する前の各部門の原価発生額は次のとおりである。

(単位：円)

第1工事部	第2工事部	第3工事部	保全部門	動力部門	管理部門
1,146,000	888,750	633,750	78,750	24,000	33,750

(3) 各補助部門の各工事部へのサービス提供度合は次のとおりである。

(単位：%)

	第1工事部	第2工事部	第3工事部	合　計
保全部門	32	46	22	100
動力部門	50	38	12	100
管理部門	48	36	16	100

解答欄

部門費振替表

(単位：円)

摘　要	合　計	第1工事部	第2工事部	第3工事部	保全部門	動力部門	管理部門
部門費合計	2,805,000	1,146,000	888,750	633,750	78,750	24,000	33,750
保全部門費					—	—	—
動力部門費					—	—	—
管理部門費					—	—	—
合　　計					—	—	—

・解答・　**・解説・**

部門費振替表

（単位：円）

摘　要	合　計	第1工事部	第2工事部	第3工事部	保全部門	動力部門	管理部門
部門費合計	2,805,000	1,146,000	888,750	633,750	78,750	24,000	33,750
保全部門費	78,750	25,200	36,225	17,325	—	—	—
動力部門費	24,000	12,000	9,120	2,880	—	—	—
管理部門費	33,750	16,200	12,150	5,400	—	—	—
合　計	2,805,000	1,199,400	946,245	659,355	—	—	—

・保全部門費の計算

第１工事部の配賦　78,750×32％＝25,200
第２工事部の配賦　78,750×46％＝36,225
第３工事部の配賦　78,750×22％＝17,325

・動力部門費の計算

第１工事部の配賦　24,000×50％＝12,000
第２工事部の配賦　24,000×38％＝9,120
第３工事部の配賦　24,000×12％＝2,880

・管理部門費の計算

第１工事部の配賦　33,750×48％＝16,200
第２工事部の配賦　33,750×36％＝12,150
第３工事部の配賦　33,750×16％＝5,400

相互配賦法

相互配賦法とは、補助部門間のサービス提供の度合から、補助部門費を配賦する方法です。相互配賦法では、１次配賦と２次配賦の計２回に分けて計算を行います。１次配賦では、自部門以外へのサービス提供の割合で、補助部門費を施工部門とほかの部門に配賦します。２次配賦では、ほかの補助部門から配賦された補助部門費を施工部門に直接配賦します。２次配賦のときには、補助部門間のやりとりを無視します。

例題 18-3 次の問いに答えなさい。

当社は、工事を第1部門と第2部門とで施工している。このほか、両部門に共通して補助的なサービスを提供している車両部門、機械部門及び管理部門があり、これらの補助部門は独立して各部門の原価管理を実施している。次の〈資料〉にもとづいて、相互配賦法により補助部門費を施工部門に配賦し、解答欄の「部門費振替表」を完成しなさい。なお、解答の記入において端数が生じた場合には、円未満を四捨五入すること。

〈資料〉

(1) 各補助部門の他部門へのサービス提供度合

(単位：%)

	第1部門	第2部門	車両部門	機械部門	管理部門
車両部門	45	41	—	2	12
機械部門	36	24	18	—	22
管理部門	38	42	5	15	—

解答欄

部門費振替表

(単位：円)

摘　要	合　計	第1部門	第2部門	車両部門	機械部門	管理部門
部門費合計	2,310,000	850,000	750,000	310,000	250,000	150,000
(第1次配賦)						
車両部門	310,000			—		
機械部門	250,000				—	
管理部門	150,000					—
(第2次配賦)						
車両部門						
機械部門						
管理部門						
合　計						
配賦金額						

本試験対策編

部門別計算

・解答・ **・解説・**

部門費振替表

(単位：円)

摘　要	合　計	第1部門	第2部門	車両部門	機械部門	管理部門
部門費合計	2,310,000	850,000	750,000	310,000	250,000	150,000
(第1次配賦)						
車両部門	310,000	139,500	127,100	—	6,200	37,200
機械部門	250,000	90,000	60,000	45,000	—	55,000
管理部門	150,000	57,000	63,000	7,500	22,500	—
				52,500	28,700	92,200
(第2次配賦)						
車両部門	52,500	27,471	25,029			
機械部門	28,700	17,220	11,480			
管理部門	92,200	43,795	48,405			
合　計	2,310,000	1,224,986	1,085,014			
配賦金額		374,986	335,014			

●第1次配賦

・車両部門費

第1部門　$310{,}000 \times \dfrac{45\%}{45\%+41\%+2\%+12\%} = 139{,}500$

第2部門　$310{,}000 \times \dfrac{41\%}{45\%+41\%+2\%+12\%} = 127{,}100$

機械部門　$310{,}000 \times \dfrac{2\%}{45\%+41\%+2\%+12\%} = 6{,}200$

管理部門　$310{,}000 \times \dfrac{12\%}{45\%+41\%+2\%+12\%} = 37{,}200$

・機械部門

第1部門　$250{,}000 \times \dfrac{36\%}{36\%+24\%+18\%+22\%} = 90{,}000$

第２部門　$250{,}000 \times \dfrac{24\%}{36\%+24\%+18\%+22\%} = 60{,}000$

車両部門　$250{,}000 \times \dfrac{18\%}{36\%+24\%+18\%+22\%} = 45{,}000$

管理部門　$250{,}000 \times \dfrac{22\%}{36\%+24\%+18\%+22\%} = 55{,}000$

・管理部門

第１部門　$150{,}000 \times \dfrac{38\%}{36\%+42\%+5\%+15\%} = 57{,}000$

第２部門　$150{,}000 \times \dfrac{42\%}{36\%+42\%+5\%+15\%} = 63{,}000$

車両部門　$150{,}000 \times \dfrac{5\%}{38\%+42\%+5\%+15\%} = 7{,}500$

機械部門　$150{,}000 \times \dfrac{15\%}{38\%+42\%+5\%+15\%} = 22{,}500$

●第２次配賦

第２次配賦の金額は第１次配賦の合計金額を配賦する。車両部門費は52,500円、機械部門は28,700円、管理部門は92,200円を配賦する。

・車両部門費

第１部門　$52{,}500 \times \dfrac{45\%}{45\%+41\%} = 27{,}471$（円未満四捨五入）

第２部門　$52{,}500 \times \dfrac{41\%}{45\%+41\%} = 25{,}029$（円未満四捨五入）

・機械部門費

第１部門　$28{,}700 \times \dfrac{36\%}{36\%+24\%} = 17{,}220$

第２部門　$28{,}700 \times \dfrac{24\%}{36\%+24\%} = 11{,}480$

・管理部門費

第１部門　$92,200\times\dfrac{38\%}{38\%+42\%}=43,795$

第２部門　$92,200\times\dfrac{42\%}{38\%+42\%}=48,405$

●合計

・第１部門配賦金額合計

139,500＋90,000＋57,000＋27,471＋17,220＋43,795＝374,986

・第１部門合計

850,000＋374,986＝1,224,986

・第２部門配賦金額合計

127,100＋60,000＋63,000＋25,029＋11,480＋48,405＝335,014

・第２部門合計

750,000＋335,014＝1,085,014

第１部門合計1,224,986＋第２部門合計1,085,014＝2,310,000

階梯式配賦法（かいていしきはいふほう）

　階梯式配賦法とは、補助部門の他部門へのサービス提供の割合から、補助部門に順位をつける方法です。順位の高い補助部門から順位の低い補助部門のサービス提供は考慮しますが、順位の低い補助部門から順位の高い補助部門のサービス提供は無視して計算します。

　実際の計算方法について、他部門へのサービス提供の割合が下記の場合で見てみましょう。

各補助部門の他部門へのサービス提供度合

（単位：％）

	第１工事部	第２工事部	動力部門	管理部門	運搬部門
管理部門	20	50	20	—	10
運搬部門	40	50	10	—	—
動力部門	48	45	—	—	—

〈資料〉

第１工事部218,000円　第２工事部337,000円

管理部門180,000円　運搬部門150,000円　動力部門120,000円

❶順位のつけ方

他の補助部門へのサービス提供数が多い補助部門を優先順位とします。サービス提供数が同一の場合、第１次集計の金額が大きい金額の補助部門が優先順位とします。もしくは、補助部門相互間の配賦額が多い補助部門を優先順位とします。

１位：管理部門　２箇所にサービス提供

	第１工事部	第２工事部	動力部門３位	管理部門１位	運搬部門２位
管理部門１位	20	50	20	―	10
運搬部門２位	40	50	10	―	―
動力部門３位	48	45	―	―	―

２位：運搬部門　１箇所にサービス提供　３位：動力部門　補助部門にサービス提供していない

❷配置場所

❶で優先順位をつけた補助部門は、１位から部門費振替表の右側から左側へ配置し、上から下へ配置します。

部門費振替表

(単位：円)

１位から、右から左へ配置

摘要	合計	第1工事部	第2工事部	動力部門3位	運搬部門2位	管理部門1位
部門費合計		218,000	337,000	120,000	150,000	180,000
管理部門 1位	180,000	36,000	90,000	36,000	18,000	―
運搬部門 2位	168,000	67,200	84,000	16,800	168,000	―
動力部門 3位	172,800	89,187	83,613	172,800	―	―

１位から、上から下へ配置

・管理部門の配賦

第1工事部　$180,000円 \times \frac{20\%}{20\%+50\%+20\%+10\%} = 36,000円$

第2工事部　$180,000円 \times \frac{50\%}{20\%+50\%+20\%+10\%} = 90,000円$

動力部門　$180,000円 \times \frac{20\%}{20\%+50\%+20\%+10\%} = 36,000円$

運搬部門　$180,000円 \times \frac{10\%}{20\%+50\%+20\%+10\%} = 18,000円$

・運搬部門の配賦

第1工事部　$168,000円 \times \frac{40\%}{40\%+50\%+10\%} = 67,200円$

第2工事部　$168,000円 \times \frac{50\%}{40\%+50\%+10\%} = 84,000円$

動力部門　$168,000円 \times \frac{10\%}{40\%+50\%+10\%} = 16,800円$

・運搬部門（円未満は四捨五入）

第1工事部　$172,800円 \times \frac{48\%}{48\%+45\%} \fallingdotseq 89,187.0円 \rightarrow 89,187円$

第2工事部　$172,800円 \times \frac{45\%}{48\%+45\%} \fallingdotseq 83,612.9円 \rightarrow 83,613円$

❸計算手順

❶で順位をつけ、❷で配置してから計算を行います。計算の手順は1位から他部門のサービス提供割合にもとづいて配賦します。1位の補助部門は1位の金額を配賦しますが、2位の補助部門は2位の補助部門の金額と1位で配賦された金額を加算した金額をサービス提供割合にもとづいて配賦し、3位以下も当該順位の金額に各補助部門で配賦された金額を加算した金額をサービス提供料にもとづいて各補助部門に配賦します。

摘　要	合　計	第1工事部	第2工事部	動力部門3位	運搬部門2位	管理部門1位
部門費合計		218,000	337,000	120,000	150,000	180,000
管理部門 1位	180,000	36,000	90,000	36,000	18,000	—
運搬部門 2位	168,000	67,200	84,000	16,800	168,000	—
動力部門 3位	172,800	89,187	83,613	172,800	—	—

・管理部門　本体である180,000円を配賦する。
・運搬部門　本体である150,000円に、1位で配賦された18,000円を加算した168,000円を配賦する。
・動力部門　本体である120,000円に、1位で配賦された36,000円と2位で配賦された16,800円を加算した172,800円を配賦する。

例題 18-4 **次の問に答えなさい。**

当社は工事を第1部門と第2部門とで施工している。このほか、両部門に共通して補助的なサービスを提供している車両部門、機械部門及び組立部門がある。次の〈資料〉にもとづいて、階梯式配賦法により補助部門費を施工部門に配賦し、解答用紙の部門費振替表を完成しなさい。なお、解答の記入において端数が生じた場合には、円未満を四捨五入すること。

〈資料〉
(1) 部門費配分表に集計された各部門費の合計金額
第1部門315,000円　　第2部門856,000円
車両部門352,000円　　機械部門313,000円　　組立部門305,000円

(2) 各補助部門の他部門へのサービス提供度合

(単位：%)

	第1部門	第2部門	車両部門	機械部門	組立部門
車両部門	43	35	—	6	16
機械部門	45	48	—	—	7
組立部門	32	68	—	—	—

解答欄

部門費振替表

(単位：円)

適　　要	合　計	第1部門	第2部門	(　　　)	(　　　)	(　　　)
部門費合計	2,141,000	315,000	856,000			
(　　　)						—
(　　　)						—
(　　　)					—	—
合　計	2,141,000			—	—	—

・解答・　・解説・

部門費振替表

(単位：円)

適　　要	合　計	第1部門	第2部門	組立部門	機械部門	車両部門
部門費合計	2,141,000	315,000	856,000	305,000	313,000	352,000
車両部門	352,000	151,360	123,200	56,320	21,120	—
機械部門	334,120	150,354	160,378	23,388	334,120	—
組立部門	384,708	123,107	261,601	384,708	—	—
合　計	2,141,000	739,821	1401,179	—	—	—

❶順位をつける

サービス提供数は、車両2、機械1、組立0なので、1位は車両部門、2位は機械部門、3位は組立部門になる。

❷優先順位順に配置する

1位の部門を右から左へ、上から下へ配置する。

❸1位である車両部門352,000円の配賦金額の計算

・第1部門へ配賦

$$352{,}000円\times\frac{43\%}{43\%+35\%+16\%+6\%}=151{,}360円$$

・第2部門へ配賦

$$352{,}000円\times\frac{35\%}{43\%+35\%+16\%+6\%}=123{,}200円$$

・組立部門へ配賦

$$352{,}000円\times\frac{16\%}{43\%+35\%+16\%+6\%}=56{,}320円$$

・機械部門へ配賦

$$352{,}000円\times\frac{6\%}{43\%+35\%+16\%+6\%}=21{,}120円$$

❹2位である機械部門の配賦計算

・配賦された金額の加算

機械部門費の金額313,000円＋車両部門より21,120円＝334,120円

・第1部門へ配賦

$$334{,}120円\times\frac{45\%}{45\%+48\%+7\%}=150{,}354円$$

・第2部門へ配賦

$$334{,}120円\times\frac{48\%}{45\%+48\%+7\%}=160{,}377.6円\rightarrow160{,}378円（四捨五入）$$

・組立部門へ配賦

$$334{,}120円\times\frac{7\%}{45\%+48\%+7\%}=23{,}388.4円\rightarrow23{,}388円（四捨五入）$$

❺3位である組立部門の配賦計算

・配賦された金額の加算

組立部門の金額305,000円＋車両部門より56,320円＋機械部門より

23,388円＝384,708円

・第１部門へ配賦

$$384{,}708\text{円} \times \frac{32\%}{32\% + 68\%} = 123{,}106.56\text{円} \rightarrow 123{,}107\text{円（四捨五入）}$$

・第２部門へ配賦

$$384{,}708\text{円} \times \frac{68\%}{32\% + 68\%} = 261{,}601.44\text{円} \rightarrow 261{,}601\text{円（四捨五入）}$$

❻第１部門及び第２部門の合計

・第１部門の合計

315,000円＋151,360円＋150,354円＋123,107円＝739,821円

・第２部門の合計

856,000円＋123,200円＋160,378円＋261,601円＝1,401,179円

❷ 部門別計算（ぶもんべつけいさん）の予定配賦（よていはいふ）

● 部門別計算の予定配賦とは

部門別計算を実際配賦で行うと計算が遅れることなどを考慮して、予定配賦することがあります。

部門別予定配賦率の算定

各部門費予算額を適切な配賦基準数値（基準操業度）で割って、部門別予定配賦率を計算します。算式は下記のとおりです。

$$\text{部門別予定配賦率} = \frac{\text{各部門費予定額}}{\text{予定配賦基準数値（基準操業度）}}$$

予定配賦率を計算したら、次の算式で予定配賦額をもとめます。

予定配賦額 ＝ 部門別予定配賦率 × 実際配賦基準数値（実際操業度）

部門費配賦差異

実際発生額と予定配賦額の差額を部門費配賦差異として処理します。

取引例 次の資料にもとづき施工部門費配賦差異を計算しなさい。

1. 部門別予定配賦率

X施工部門　動力部門　1,310円／時間

Y施工部門　動力部門　1,320円／時間

2. 各工事への実際作業時間

X施工部門　動力部門　32時間

Y施工部門　動力部門　39時間

3. 工事間接費の実際発生額

X施工部門　36,800円

Y施工部門　46,600円

動力部門　12,500円

4. 動力部門の予定配賦額

動力部門はX施工部門に35%、Y施工部門に65%配賦する。

X施工部門　12,500円×35%=4,375円

Y施工部門　12,500円×65%=8,125円

・予定配賦額の計算（動力部門）

X施工部門　1,310円／時間×32時間＝41,920円

Y施工部門　1,320円／時間×39時間＝51,480円

（未成工事支出金）	93,400	（X 施 工 部 門）	41,920
		（Y 施 工 部 門）	51,480

・工事間接費の実際発生額の集計

（工 事 間 接 費）	95,900	（材料費、労務費、経費）	95,900

・補助部門（動力部門）の実際額を配賦

工事間接費実際発生額の動力部門の12,500円より

（X 施 工 部 門）	4,375	（動 力 部 門）	12,500
（Y 施 工 部 門）	8,125		

・工事間接費の実際額の配賦

（X 施 工 部 門）	36,800	（工 事 間 接 費）	95,900
（Y 施 工 部 門）	46,600		
（動 力 部 門）	12,500		

・X施工部門及びY施工部門の配賦差異

（X 施 工 部 門）	745	（施工部門費配賦差異）	745
（工事部門配賦差異）	3,245	（Y 施 工 部 門）	3,245

・実際発生額

X施工部門　36,800円＋12,500円×35％＝41,175円

Y施工部門　46,600円＋12,500円×65％＝54,725円

・予定配賦額

X施工部門41,920円－実際発生額41,175円＝貸方差異745

Y施工部門51,480円－実際発生額54,725円＝借方差異3,245

例題 18-5 次の資料により各勘定の空欄の金額を答えなさい。

〈資料〉

当社は施工部門として土木部門、空調部門を設け、補助部門として動力部門、管理部門を設けている。

①土木部門の予定配賦率は4,170円／時間、空調部門の予定配賦率は4,780円／時間であり、実際作業時間として土木部門は318時間、空調部門は359時間である。

②工事間接費の実際発生額は土木部門1,275,100円、空調部門1,639,000円、動力部門63,500円、管理部門81,600円であった。

③動力部門は土木部門に75%、空調部門に25%、管理部門は土木部門に32%、空調部門に68%をそれぞれ配賦する。

解答欄

（単位：円）

動力部門

諸口	63,500	土木部門	（ ① ）
		空調部門	（ ② ）
	63,500		63,500

管理部門

諸口	81,600	土木部門	（ ③ ）
		空調部門	（ ④ ）
	81,600		81,600

土木部門

諸口	1,275,100	未成工事支出金	（ ⑧ ）
動力部門	（ ⑤ ）	配賦差異	（ ⑨ ）
管理部門	（ ⑥ ）		
	（ ⑦ ）		（ ⑦ ）

空調部門

諸口	1,639,000	未成工事支出金	（ ⑬ ）
動力部門	（ ⑩ ）		
管理部門	（ ⑪ ）		
配賦差異	（ ⑫ ）		
	（ ⑭ ）		（ ⑭ ）

未成工事支出金

土木部門	（ ⑮ ）		
空調部門	（ ⑯ ）		

施工部門費配賦差異

前月繰越	123,500	空調部門	（ ⑲ ）
土木部門	（ ⑰ ）	次月繰越	（ ⑳ ）
	（ ⑱ ）		（ ⑱ ）

•解答• **•解説•**

（単位：円）

動力部門

諸口	63,500	土木部門	（① 47,625）
		空調部門	（② 15,875）
	63,500		63,500

管理部門

諸口	81,600	土木部門	（③ 26,112）
		空調部門	（④ 55,488）
	81,600		81,600

土木部門

諸口	1,275,100	未成工事支出金	（⑧ 1,326,060）
動力部門	（⑤ 47,625）	配賦差異	（⑨ 22,777）
管理部門	（⑥ 26,112）		
	（⑦ 1,348,837）		（⑦ 1,348,837）

空調部門

諸口	1,639,000	未成工事支出金	（⑬ 1,716,020）
動力部門	（⑩ 15,875）		
管理部門	（⑪ 55,488）		
配賦差異	（⑫ 5,657）		
	（⑭ 1,716,020）		（⑭ 1,716,020）

未成工事支出金

土木部門	（⑮ 1,326,060）		
空調部門	（⑯ 1,716,020）		

施工部門費配賦差異

前月繰越	123,500	空調部門	（⑲ 5,657）
土木部門	（⑰ 22,777）	次月繰越	（⑳ 140,620）
	（⑱ 146,277）		（⑱ 146,277）

①⑤の金額　63,500円×75%＝47,625円
②⑩の金額　63,500円×25%＝15,875円
③⑥の金額　81,600円×32%＝26,112円
④⑪の金額　81,600円×68%＝55,488円

・土木部門は⑤と⑥、空調部門は⑩と⑪が算定されることにより、それぞれの実際額が算定できる。

⑧⑮土木部門未成工事支出金4,170円／時間×318時間＝1,326,060円
⑬⑯空調部門未成工事支出金4,780円／時間×359時間＝1,716,020円

・未成工事支出金勘定の借方には土木部門と空調部門の予定配賦額を記入する。
・土木部門の貸方及び空調部門の貸方の未成工事支出金には予定配賦額を記入する。

⑨⑫⑰⑲の配賦差異　借方と貸方の差額で算定できる。
⑳施工部門費配賦差異次月繰越　前月繰越123,500円＋土木部門22,777円－空調部門5,657円＝140,620円
⑱前月繰越123,500円＋土木部門22,777円＝146,277円

☑ 基礎力確認問題

1 重要度 A 難易度 A

解答＆解説➡P320

問1　次の文章の文中に入る適切な語句を選択しなさい。

補助部門費を配賦する計算方法は直接配賦法と相互配賦法、階梯式配賦法があります。

直接配賦法とは補助部門間のサービス提供割合を（①□無視して □考慮して）補助部門を施工部門にだけ配賦（②□する □しない）方法をいいます。

相互配賦法とは、補助部門間のサービス提供割合を（③□無視して □考慮して）計算を行います。相互配賦法の1次配賦では施工部門と補助部門間のサービス提供割合を（③□無視して □考慮して）計算をします。1次配賦した金額のうち（④□補助部門に配賦された □すべての部門に配賦された）金額を抜き出して（⑤□すべての部門に □施工部門だけ）に配賦します。

階梯式配賦法では、まず補助部門での提供数により順位をつけます。補助部門のサービス提供数が（⑥□多い方 □少ない方）が上位順位になります。優先順位が上位の補助部門から、部門費振替表の（⑦□右から左 □左から右）（⑧□上から下 □下から上）に配置します。

次に計算を行います。最初に優先順位1位の補助部門はサービス提供割合にしたがって配賦計算します。次に第2位の補助部門を計算します。ここでの計算すべき金額は第2位の補助部門だけではなく配賦された1位の補助部門の金額を（⑨□加算 □減算）した金額をサービス提供割合にしたがって配賦計算します。3位以下の金額は3位の補助部門の金額だけではなく配賦された自部門より優先順位にある補助部門を（⑩□加算 □減算）した金額をサービス提供割合にしたがって配賦計算します。

問2　階梯式配賦法により計算している場合の①②の空欄の金額を計算しなさい。

部門費振替表

(単位：円)

摘　要	合　計	第1部門	第2部門	甲部門	乙部門	丙部門
部門費合計	省　略			130,000	165,000	230,000
丙部門				22,000	2,600	
乙部門				9,500	①	
甲部門				②		

①＿＿＿＿＿円　②＿＿＿＿＿円

2　重要度 A　難易度 C

解答＆解説➡P320

福島建築工業株式会社は、近県で鉄筋工事を請け負う建設業者である。第1部門と第2部門で工事を実施している。

また、両部門に共通して補助的なサービスを提供している運輸部門、修繕部門及び管理部門を独立させて、部門ごとの原価管理を実施している。次の〈資料〉にもとづいて、下の設問に解答しなさい。

なお、計算の過程で端数が生じた場合は、各補助部門費の配賦すべき金額の計算の結果の段階で円未満を四捨五入すること。

〈資料〉

1．部門費配分表に集計された各部門費の合計金額

(単位：円)

第1部門	第2部門	運輸部門	修繕部門	管理部門
930,000	855,000	185,000	324,000	390,000

2．各補助部門の他部門へのサービス提供割合

(単位：%)

	第1部門	第2部門	運輸部門	修繕部門	管理部門
運輸部門	45	30	—	25	—
修繕部門	45	45	7	—	3
管理部門	44	36	10	10	—

問　次の３つの方法によって補助部門費の配賦を行う場合、各補助部門から配賦される（　）内の金額または語句を答えなさい。

〈語群〉 ア．運輸　イ．修繕　ウ．管理

①直接配賦法

部門費振替表　（単位：円）

摘　要	合　計	施工部門		補助部門		
		第1部門	第2部門	運輸部門	修繕部門	管理部門
	2,684,000	930,000	855,000	185,000	324,000	390,000
運輸部門		（　）	（　）			
修繕部門		（　）	（　）			
管理部門		（　）	（　）			
合　計	（　）	（　）	（　）			

②相互配賦法

部門費振替表　（単位：円）

摘　要	合　計	施工部門		補助部門		
		第1部門	第2部門	運輸部門	修繕部門	管理部門
	2,684,000	930,000	855,000	185,000	324,000	390,000
第1次配賦						
運輸部門	185,000	（　）	（　）	—	（　）	—
修繕部門	324,000	（　）	（　）	（　）	—	（　）
管理部門	390,000	（　）	（　）	（　）	（　）	—
				（　）	（　）	（　）
第2次配賦						
運輸部門	（　）	（　）	（　）	—	—	—
修繕部門	（　）	（　）	（　）	—	—	—
管理部門	（　）	（　）	（　）	—	—	—
合　計	（　）	（　）	（　）	—	—	—
配賦金額		（　）	（　）	—	—	—

③階梯式配賦法

部門費振替表

(単位：円)

摘要	合計	施工部門		補助部門		
		第1部門	第2部門	(　　)部門	(　　)部門	(　　)部門
	(　　)	930,000	855,000	(　　)	(　　)	(　　)
(　　)部門	(　　)	(　　)	(　　)	(　　)	(　　)	
(　　)部門	(　　)	(　　)	(　　)	(　　)	(　　)	
(　　)部門	(　　)	(　　)	(　　)	(　　)		
合計	(　　)	(　　)	(　　)			

3 重要度 B 難易度 D

解答＆解説➡P324

座間鉄骨株式会社は建築用鉄骨の製造を行っている。製造部門は第１部門と第２部門からなり、補助部門は保管部門、運輸部門及び管理部門から構成されている。下記の〈資料〉にもとづき、階梯式配賦法による補助部門費配賦表の①から⑭の値をもとめなさい。なお、計算過程で端数が生じた場合は、円未満を四捨五入すること。

〈資料〉

1. 各補助部門の他部門への配賦割合

(単位：%)

	第1部門	第2部門	保管部門	運輸部門	管理部門
保管部門	56	24	―	―	―
運輸部門	50	30	20	―	―
管理部門	36	27	18	9	―

2. 階梯式配賦法による補助部門費配賦表

補助部門費配賦表

(単位：円)

摘　要	合　計	第1部門	第2部門	保管部門	運輸部門	管理部門
合　計	③	473,000	334,000	①	②	90,000
管理部門	90,000	⑥	⑦	⑧	⑨	—
運輸部門	⑫	175,000	⑩	⑪	⑫	—
保管部門	⑬	210,000	⑭	⑬	—	—
合　計	③	④	⑤	—	—	—

4 重要度 A 難易度 B

解答＆解説 ➡P325

四谷建設株式会社では、工事を第1部門と第2部門とで施工している。このほか、両部門に共通して補助的なサービスを提供している車両部門、機械部門及び材料管理部門があり、これらの補助部門は独立して各部門の原価管理を実施している。次の〈資料〉にもとづいて、相互配賦法により補助部門費を施工部門に配賦し、解答用紙の「部門費振替表」を完成しなさい。なお、解答の記入において端数が生じた場合には、円未満を四捨五入すること(第13回試験第3問)。

〈資料〉

(1)「部門費配分表」に集計された各部門費の合計金額

第1部門 756,928円　　第2部門 687,545円

車両部門 225,190円　　機械部門 335,186円

材料管理部門 156,372円

(2) 各補助部門の他部門へのサービス提供度合　　(単位：%)

	第1部門	第2部門	車両部門	機械部門	材料管理部門
車両部門	47	43	—	6	4
機械部門	35	38	15	—	12
材料管理部門	38	47	4	11	—

部門費振替表

（単位：円）

摘　要	合　計	第1部門	第2部門	車両部門	機械部門	材料管理部門
部門費合計	2,161,221	756,928	687,545	225,190	335,186	156,372
（第1次配賦）						
車両部門	（　　）	（　　）	（　　）	—	（　　）	（　　）
機械部門	（　　）	（　　）	（　　）	（　　）	—	（　　）
材料管理部門	（　　）	（　　）	（　　）	（　　）	（　　）	—
				（　　）	（　　）	（　　）
（第2次配賦）						
車両部門	（　　）	（　　）	（　　）	—	—	—
機械部門	（　　）	（　　）	（　　）	—	—	—
材料管理部門	（　　）	（　　）	（　　）	—	—	—
合　計	（　　）	（　　）	（　　）	—	—	—
配賦金額		（　　）	（　　）	—	—	—

5　重要度 A　難易度 C

解答＆解説➡P327

銚子建設株式会社では、工事を第1部門と第2部門とで施工している。また、このほか、両部門に共通して補助的なサービスを提供している車両部門、機械部門及び材料管理部門があり、これらの補助部門は独立して各部門の原価管理を実施している。次の〈資料〉にもとづいて、階梯式配賦法により補助部門費を施工部門に配賦し、解答用紙の「部門費振替表」を完成しなさい。なお、補助部門費に関する配賦は第1順位を材料管理部門、第2順位を機械部門、第3順位を車両部門とする。また、解答の記入において端数が生じた場合には、円未満を四捨五入すること（第7回試験第3問）。

〈資料〉

(1)「部門費配分表」に集計された各部門費の合計金額

第1部門2,256,378円　　第2部門1,877,923円

車両部門223,115円　　機械部門335,698円

材料管理部門400,556円

(2) 各補助部門の他部門へのサービス提供度合

(単位：%)

	第1部門	第2部門	車両部門	機械部門	材料管理部門
車両部門	45	48	—	5	2
機械部門	42	46	4	—	6
材料管理部門	39	45	12	4	—

部門費振替表

(単位：円)

摘　要	合　計	第1部門	第2部門	車両部門	機械部門	材料管理部門
部門費合計	5,093,670	2,256,378	1,877,923	223,115	335,698	400,556
材料管理部門	(　　)	(　　)	(　　)	(　　)	(　　)	
機械部門	(　　)	(　　)	(　　)	(　　)	(　　)	
車両部門	(　　)	(　　)	(　　)	(　　)		
合　計	5,093,670	(　　)	(　　)			

解答&解説

1 問1　参照➡P296

①無視して　②する　③考慮して　④補助部門に配賦された
⑤施工部門だけ　⑥多い方　⑦右から左　⑧上から下　⑨加算　⑩加算

1 問2　参照➡P302

①167,600
乙部門165,000円＋配賦された金額2,600円＝167,600円
②161,500
甲部門130,000円＋配賦された金額22,000円＋9,500円＝161,500円

2　参照➡P296

①直接配賦法

部門費振替表

(単位：円)

摘　要	合　計	施工部門		補助部門		
		第1部門	第2部門	運輸部門	修繕部門	管理部門
	2,684,000	930,000	855,000	185,000	324, 000	390,000
運輸部門		(　111,000)	(　74,000)			
修繕部門		(　162,000)	(　162,000)			
管理部門		(　214,500)	(　175,500)			
合　計	(2,684,000)	(1,417,500)	(1,266,500)			

・第1部門への配賦

運輸部門費

$$185{,}000\text{円} \times \frac{45\%}{45\% + 30\%} = \underline{111{,}000}\text{円}$$

修繕部門費

$$324{,}000\text{円} \times \frac{45\%}{45\% + 45\%} = \underline{162{,}000}\text{円}$$

管理部門費

$$390{,}000\text{円} \times \frac{44\%}{44\% + 36\%} = \underline{214{,}500}\text{円}$$

・第2部門への配賦

運輸部門費

$$185{,}000円 \times \frac{30\%}{45\%+30\%} = \underline{74{,}000}円$$

修繕部門費

$$324{,}000円 \times \frac{45\%}{45\%+45\%} = \underline{162{,}000}円$$

管理部門費

$$390{,}000円 \times \frac{36\%}{44\%+36\%} = \underline{175{,}500}円$$

②相互配賦法

部門費振替表

(単位：円)

摘要	合計	施工部門		補助部門		
		第1部門	第2部門	運輸部門	修繕部門	管理部門
	2,684,000	930,000	855,000	185,000	324,000	390,000
第1次配賦						
運輸部門	185,000	(83,250)	(55,500)	—	(46,250)	—
修繕部門	324,000	(145,800)	(145,800)	(22,680)	—	(9,720)
管理部門	390,000	(171,600)	(140,400)	(39,000)	(39,000)	—
				(61,680)	(85,250)	(9,720)
第2次配賦						
運輸部門	(61,680)	(37,008)	(24,672)	—	—	—
修繕部門	(85,250)	(42,625)	(42,625)	—	—	—
管理部門	(9,720)	(5,346)	(4,374)	—	—	—
合計	(2,684,000)	(1,415,629)	(1,268,371)	—	—	—
配賦金額		(485,629)	(413,371)	—	—	—

・第1次配賦

運輸部門

第1部門　$$185{,}000円 \times \frac{45\%}{45\%+30\%+25\%} = \underline{83{,}250}円$$

第2部門　$$185{,}000円 \times \frac{30\%}{45\%+30\%+25\%} = \underline{55{,}500}円$$

修繕部門　$$185{,}000円 \times \frac{25\%}{45\%+30\%+25\%} = \underline{46{,}250}円$$

修繕部門

第1部門　$324,000円 \times \frac{45\%}{45\%+45\%+7\%+3\%} = \underline{145,800}円$

第2部門　$324,000円 \times \frac{45\%}{45\%+45\%+7\%+3\%} = \underline{145,800}円$

運搬部門　$324,000円 \times \frac{7\%}{45\%+45\%+7\%+3\%} = \underline{22,680}円$

管理部門　$324,000円 \times \frac{3\%}{45\%+45\%+7\%+3\%} = \underline{9,720}円$

管理部門

第1部門　$390,000円 \times \frac{44\%}{44\%+36\%+10\%+10\%} = \underline{171,600}円$

第2部門　$390,000円 \times \frac{36\%}{44\%+36\%+10\%+10\%} = \underline{140,400}円$

運輸部門　$390,000円 \times \frac{10\%}{44\%+36\%+10\%+10\%} = \underline{39,000}円$

管理部門　$390,000円 \times \frac{10\%}{44\%+36\%+10\%+10\%} = \underline{39,000}円$

・第2次配賦

運輸部門

第1部門　$61,680円 \times \frac{45\%}{45\%+30\%} = \underline{37,008}円$

第2部門　$61,680円 \times \frac{30\%}{45\%+30\%} = \underline{24,672}円$

修繕部門

第1部門　$85,250円 \times \frac{45\%}{45\%+45\%} = \underline{42,625}円$

第2部門　$85,250円 \times \frac{45\%}{45\%+45\%} = \underline{42,625}円$

管理部門

第1部門　$9,720円 \times \frac{44\%}{44\%+36\%} = \underline{5,346}円$

第1部門　$9,720円 \times \frac{36\%}{44\%+36\%} = \underline{4,374}円$

③階梯式配賦法

部門費振替表

(単位：円)

摘　要	合　計	施工部門		補助部門		
		第1部門	第2部門	(ア運輸)部門	(イ修繕)部門	(ウ管理)部門
	(2,684,000)	930,000	855,000	(185,000)	(324,000)	(390,000)
(ウ管理)部門	(390,000)	(171,600)	(140,400)	(39,000)	(39,000)	
(イ修繕)部門	(363,000)	(168,402)	(168,402)	(26,196)	(363,000)	
(ア運輸)部門	(250,196)	(150,118)	(100,078)	(250,196)		
合　計	(2,684,000)	(1,420,120)	(1,263,880)			

・順位を決定

補助部門のサービス提供数は修繕部門と管理部門が2箇所であり、運輸部門が1箇所である。管理部門の方が修繕部門より金額が大きい(390,000円＞324,000円)。

したがって順位をつけると1位管理部門、2位修繕部門、3位運輸部門になる。1位から、右から左へ上から下へ配置する。

・管理部門の配賦

第1部門　$390,000円 \times \frac{44\%}{44\%+36\%+10\%+10\%} = \underline{171,600}円$

第2部門　$390,000円 \times \frac{36\%}{44\%+36\%+10\%+10\%} = \underline{140,400}円$

修繕部門費　$390,000円 \times \frac{10\%}{44\%+36\%+10\%+10\%} = \underline{39,000}円$

管理部門費　$390,000円 \times \frac{10\%}{44\%+36\%+10\%+10\%} = \underline{39,000}円$

・修繕部門の配賦

第1部門　$363,000円 \times \frac{45\%}{45\%+45\%+7\%} \fallingdotseq \underline{168,402}円$

第2部門　$363,000円 \times \frac{45\%}{45\%+45\%+7\%} \fallingdotseq \underline{168,402}円$

運輸部門費　$363,000円 \times \frac{7\%}{45\%+45\%+7\%} \fallingdotseq \underline{26,196}円$

・運輸部門の配賦

第1部門　250,196円 $\times \dfrac{45\%}{45\%+30\%} \fallingdotseq$ 150,118円

第2部門　250,196円 $\times \dfrac{30\%}{45\%+30\%} \fallingdotseq$ 100,078円

3　参照➡P302

補助部門費配賦表

（単位：円）

摘　要	合　計	第1部門	第2部門	保管部門	運輸部門	管理部門
合　計	③1,450,000	473,000	334,000	① 212,000	② 341,000	90,000
管理部門	90,000	⑥ 36,000	⑦ 27,000	⑧ 18,000	⑨ 9,000	—
運輸部門	⑫ 350,000	175,000	⑩ 105,000	⑪ 70,000	⑫ 350,000	—
保管部門	⑬ 300,000	210,000	⑭ 90,000	⑬ 300,000	—	—
合　計	③1,450,000	④ 894,000	⑤ 556,000	—	—	—

・管理部門

⑥ $90{,}000 \times \dfrac{36\%}{36\%+27\%+18\%+9\%} = 36{,}000$

⑦ $90{,}000 \times \dfrac{27\%}{36\%+27\%+18\%+9\%} = 27{,}000$

⑧ $90{,}000 \times \dfrac{18\%}{36\%+27\%+18\%+9\%} = 18{,}000$

⑨ $90{,}000 \times \dfrac{9\%}{36\%+27\%+18\%+9\%} = 9{,}000$

・運輸部門

⑫運輸部門合計 $\boxed{} \times \dfrac{50\%}{50\%+30\%+20\%} \left(= \dfrac{1}{2}\right) =$ 第1部門175,000

運輸部門合計 $\boxed{}$ ＝175,000円×2

運輸部門合計＝350,000

⑩ $350{,}000 \times \dfrac{30\%}{50\%+30\%+20\%} = 105{,}000$

⑪ $350{,}000 \times \dfrac{20\%}{50\%+30\%+20\%} = 70{,}000$

②350,000－⑨9,000＝341,000

・保管部門

⑬保管部門合計 □ $\times \frac{56\%}{56\%+24\%}$ $\left(=\frac{56\%}{80\%}\right)$ ＝第１部門210,000

保管部門合計 □ ＝210,000円 $\times \frac{80\%}{56\%}$

保管部門合計＝300,000

⑭300,000 $\times \frac{24\%}{56\%+24\%}$ ＝90,000

①　⑬保管部門合計300,000円－⑪運輸部門から保管部門に配賦した金額70,000円－⑧管理部門から保管部門に配賦した金額18,000円＝212,000円

③　④894,000＋⑤556,000＝1,450,000

473,000＋334,000＋212,000＋341,000＋90,000＝1,450,000

4 参照➲P298

部門費振替表

（単位：円）

摘　要	合　計	第1部門	第2部門	車両部門	機械部門	材料管理部門
部門費合計	2,161,221	756,928	687,545	225,190	335,186	156,372
（第1次配賦）						
車両部門	（225,190）	（105,839）	（96,832）	—	（13,511）	（9,008）
機械部門	（335,186）	（117,315）	（127,371）	（50,278）	—	（40,222）
材料管理部門	（156,372）	（59,421）	（73,495）	（6,255）	（17,201）	—
				（56,533）	（30,712）	（49,230）
（第2次配賦）						
車両部門	（56,533）	（29,523）	（27,010）	—	—	—
機械部門	（30,712）	（14,725）	（15,987）	—	—	—
材料管理部門	（49,230）	（22,009）	（27,221）	—	—	—
合　計	（2,161,221）	（1,105,760）	（1,055,461）	—	—	—
配賦金額		（348,832）	（367,916）	—	—	—

・車両部門の１次配賦

第１部門　225,190円×47%≒105,839円

第２部門　225,190円×43%≒96,832円

機械部門　225,190円×6%≒13,511円

材料管理部門　225,190円×4%≒9,008円

・機械部門の１次配賦

第１部門　335,186円×35％≒117,315円

第２部門　335,186円×38％≒127,371円

車両部門　335,186円×15％≒50,278円

材料管理部門　335,186円×12％≒40,222円

・材料管理部門の１次配賦

第１部門　156,372円×38％≒59,421円

第２部門　156,372円×47％≒73,495円

車両部門　156,372円×4％≒6,255円

機械部門　156,372円×11％≒17,201円

・２次配賦すべき金額

車両部門　50,278円＋6,255円＝56,533円

機械部門　13,511円＋17,201円＝30,712円

材料管理部門　9,008円＋40,222円＝49,230円

・車両部門の２次配賦

第１部門　$56,533円\times\frac{47\%}{47\%+43\%}$≒29,523円

第２部門　$56,533円\times\frac{43\%}{47\%+43\%}$≒27,010円

・機械部門の２次配賦

第１部門　$30,712円\times\frac{35\%}{35\%+38\%}$≒14,725円

第２部門　$30,712円\times\frac{38\%}{35\%+38\%}$≒15,987円

・材料管理部門の２次配賦

第１部門　$49,230円\times\frac{38\%}{38\%+47\%}$≒22,009円

第２部門　$49,230円\times\frac{47\%}{38\%+47\%}$≒27,221円

・第１部門の合計金額

756,928円＋105,839円＋117,315円＋59,421円＋29,523円＋14,725円＋22,009円＝1,105,760円

・第２部門の合計金額

687,545円＋96,832円＋127,371円＋73,495円＋27,010円＋15,987円＋27,221円＝1,055,461円

・第１部門の配賦金額

105,839円＋117,315円＋59,421円＋29,523円＋14,725円＋22,009円＝348,832円

・第２部門の配賦金額

96,832円＋127,371円＋73,495円＋27,010円＋15,987円＋27,221円＝367,916円

第１部門の合計金額　1,105,760円

第２部門の合計金額　1,055,461円

第１部門と第２部門の合計金額　2,161,221円

5 参照➡P302

部門費振替表

（単位：円）

摘　要	合　計	第1部門	第2部門	車両部門	機械部門	材料管理部門
部門費合計	5,093,670	2,256,378	1,877,923	223,115	335,698	400,556
材料管理部門	(400,556)	(156,217)	(180,250)	(48,067)	(16,022)	
機械部門	(351,720)	(160,568)	(175,860)	(15,292)	(351,720)	
車両部門	(286,474)	(138,616)	(147,858)	(286,474)		
合　計	5,093,670	(2,711,779)	(2,381,891)			

補助部門の配賦

・材料管理部門の配賦

第１部門

$$\text{材料管理部門}400{,}556\text{円}\times\frac{39\%}{39\%+45\%+12\%+4\%}\fallingdotseq 156{,}217\text{円}$$

第２部門

$$\text{材料管理部門}400{,}556\text{円}\times\frac{45\%}{39\%+45\%+12\%+4\%}\fallingdotseq 180{,}250\text{円}$$

車両部門

$$\text{材料管理部門}400{,}556\text{円}\times\frac{12\%}{39\%+45\%+12\%+4\%}\fallingdotseq 48{,}067\text{円}$$

機械部門

$$\text{材料管理部門}400{,}556\text{円}\times\frac{4\%}{39\%+45\%+12\%+4\%}\fallingdotseq 16{,}022\text{円}$$

・機械部門の配賦

配賦金額335,698円＋16,022円＝351,720円

第１部門

$$機械部門351{,}720円\times\frac{42\%}{42\%+46\%+4\%}\fallingdotseq\underline{160{,}568}円$$

第２部門

$$機械部門351{,}720円\times\frac{46\%}{42\%+46\%+4\%}=\underline{175{,}860}円$$

$$機械部門351{,}720円\times\frac{4\%}{42\%+46\%+4\%}\fallingdotseq\underline{15{,}292}円$$

・車両部門の配賦

配賦金額223,115円＋48,067円＋15,292円＝<u>286,474</u>円

第１部門

$$車両部門286{,}474円\times\frac{45\%}{45\%+48\%}\fallingdotseq\underline{138{,}616}円$$

第２部門

$$車両部門286{,}474円\times\frac{48\%}{45\%+48\%}\fallingdotseq\underline{147{,}858}円$$

・合計

第１部門の合計

2,256,378円＋156,217円＋160,568円＋138,616円＝<u>2,711,779</u>円

第２部門の合計

1,877,923円＋180,250円＋175,860円＋147,858円＝<u>2,381,891</u>円

完成工事原価と工事収益の認識

1 完成工事原価（かんせいこうじげんか）

完成工事原価の取引

未成工事支出金のうち、完成したものは完成工事原価に振り替えます。未完成のものは未成工事支出金としてそのまま繰り越します。

未成工事支出金
- 完成済 → 完成工事原価
- 未完成 → 未成工事支出金

取引例1 716工事、717工事、718工事のうち、716工事と717工事が完成したので完成工事原価に振り替える。未成工事支出金の内訳は、以下の工事別原価計算表のとおりである。

工事別原価計算表

(単位：円)

	716工事	717工事	718工事	合　計
進捗状況	完成	完成	未完成	
月初未成工事支出金	165,800	—	—	165,800
当月発生工事原価				
材　料　費	71,500	839,000	331,000	1,241,500
労　務　費	135,000	648,500	218,000	1,001,500
外　注　費	55,700	323,800	101,800	481,300
経　　費				
直接経費	115,200	236,000	218,700	569,900
工事間接費	74,100	86,500	156,100	316,700
合　　計	617,300	2,133,800	1,025,600	3,776,700

（完成工事原価）	2,751,100	（未成工事支出金）	2,751,100

716工事と717工事の合計617,300円＋2,133,800円＝2,751,100円

未成工事支出金の次月繰越は3,776,700円－2,751,100円＝1,025,600円である。完成工事原価と勘定の関係は次のとおりになる。

工事別原価計算表

（単位：円）

	716工事	717工事	718工事	合　計
進捗状況	完成	完成	未完成	
月初未成工事支出金	165,800	—	—	165,800
当月発生工事原価				
材　料　費	71,500	839,000	331,000	1,241,500
労　務　費	135,000	648,500	218,000	1,001,500
外　注　費	55,700	323,800	101,800	481,300
経　　費				
直接経費	115,200	236,000	218,700	
工事間接費	74,100	86,500	156,100	
合　　計	617,300	2,133,800	1,025,600	

617,300＋2,133,800＝2,751,100

未成工事支出金

（単位：円）

前月繰越	165,800	完成工事原価	2,751,100
材料費	1,241,500	次月繰越	1,025,600
労務費	1,001,500		
外注費	481,300		
直接経費	569,900		
工事間接費	316,700		
	3,776,700		3,776,700

前月繰越165,800円＋発生工事原価3,610,900円＝3,776,700円

完成工事原価2,751,100円＋次月繰越1,025,600円＝3,776,700円

完成工事原価報告書

完成工事原価報告書とは、完成工事原価をまとめた報告書です。

完成した工事原価だけをまとめた報告書なのか

取引例2

取引例1の条件で、完成工事原価報告書をまとめる。なお、前月繰越165,800円の内訳は、材料費111,000円、労務費24,000円、経費30,800円である。

完成工事原価報告書　（単位：円）
自　20XX年　8月1日
至　20XX年　8月31日

Ⅰ	材料費	1,021,500
Ⅱ	労務費	807,500
Ⅲ	外注費	379,500
Ⅳ	経　費	542,600
	完成工事原価	[redacted]

完成工事原価

材料費　111,000円＋71,500円＋839,000円＝1,021,500円

労務費　24,000円＋135,000円＋648,500円＝807,500円

外注費　55,700円＋323,800円＝379,500円

経　費　30,800円＋115,200円＋236,000円＋74,100円＋86,500円＝542,600円

合　計　1,021,500円＋807,500円＋379,500円＋542,600円＝2,751,100円

工事原価明細表（こうじげんかめいさいひょう）

工事原価明細表とは、**当月（当期）発生工事原価**と**当月（当期）完成工事原価**を明らかにした明細表です。

当月に発生した原価と完成した原価を比べた明細表ですね

取引例3

取引例１の条件で、工事原価明細表をまとめる。

工事原価明細表

20XX年8月

（単位：円）

	当月発生工事原価	当月完成工事原価
Ⅰ　材料費	1,241,500	1,021,500
Ⅱ　労務費	1,001,500	807,500
Ⅲ　外注費	481,300	379,500
Ⅳ　経　費	886,600	542,600
	3,610,900	2,751,100

2 工事収益の計上

工事進行基準と工事完成基準

工事物件は、発注者から依頼があって受注者が建設をします。そのため、工事物件を完成させて引き渡しをしたときに売上（**工事収益**）が発生します。工事収益の計上基準には、**工事進行基準**と**工事完成基準**があります。それぞれについて見ていきましょう。

工事進行基準

通常、工事は契約時に請負金額が決められ、発注者に引き渡すことも決まっているので、引き渡し前でも成果が確実といえます。そのような**成果の確実性が認められる**場合は、工事進行基準が適用されます。

工事進行基準とは、請負金額である**工事収益総額**、**工事原価総額**、決算時における工事の**進捗度**（完成具合）に応じて収益を計上することです。

また、工事進捗度は、当期に実際にかかった工事原価が、工事原価総額のどれだけを占めるかで算出する方法があります（**原価比例法**）。この方法で工事収益をもとめる場合、次の算式になります。

当期の工事収益 ＝ 請負金額 × $\dfrac{\text{当期までの実際工事原価累計額}}{\text{工事原価総額}}$ （工事進捗度）

－ 前期までの計上済み工事収益累計額

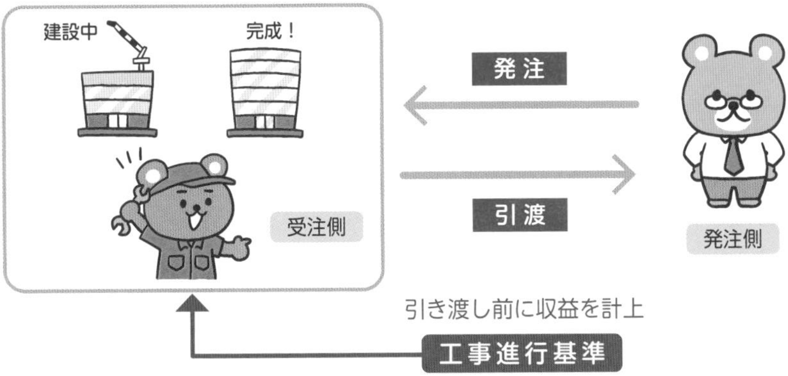

取引例1 工事進行基準によって工事収益をもとめる。工期が3年（1期＝1年）、工事収益総額が1,000千円、工事原価総額が500千円で、進捗度が以下の場合とする。

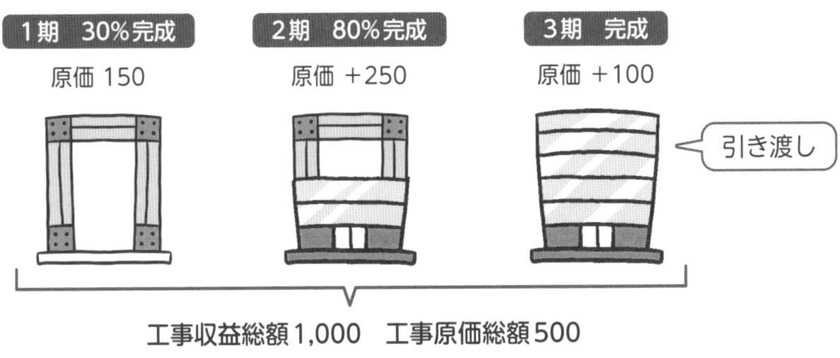

請負金額が
1,000千円と
いうことですね
そのとおり！
工事収益は請負金額に
工事の進捗度をかけるんでしたね

・1期　$1{,}000 \times \dfrac{150}{500} = 300$

2期までの工事原価

・2期　$1,000\times\dfrac{150+250}{500}=800$　→ $800-$1期計上分300$=500$

2期までの工事収益　　2期の工事収益

最終年度に計上すべき工事収益は、工事収益総額から前期までに計上した工事収益を引いたものになるから、

・3期　$1,000-$1期計上分300$-$2期計上分500$=200$

工事収益と工事原価をまとめると、次の表のとおりである。

（単位：千円）

	1期（進捗度30%）	2期（進捗度80%）	3期（完成）
工事収益	300	500	200
工事原価	150	250	100

取引例2 当社は請負金額6,000,000円の工事（工期は3年）を受注し、工事進行基準を適用している。当該工事の前期における総見積原価は4,000,000円であった。工事原価の発生額は、1期は2,000,000円、2期は1,500,000円、3期は500,000円である。工事進捗度の算定を原価比例法によって行っている場合、1期、2期、3期の完成工事高及び完成工事原価、工事収益、工事利益を計算しなさい。

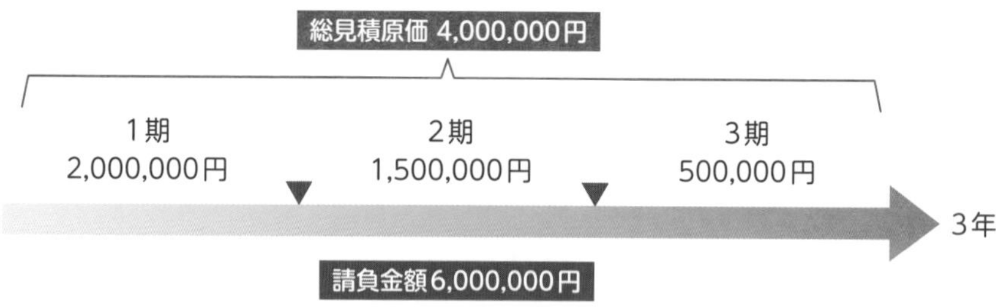

● 1期の完成工事高

$$6,000,000円\times\frac{2,000,000円}{4,000,000円}=3,000,000円$$

● 2期の完成工事高

$$6{,}000{,}000円 \times \frac{2{,}000{,}000円 + 1{,}500{,}000円}{4{,}000{,}000円} - 3{,}000{,}000円$$

$$= 2{,}250{,}000円$$

● 3期の完成工事高

$$6{,}000{,}000円 - 3{,}000{,}000円 - 2{,}250{,}000円 = 750{,}000円$$

工事収益、工事原価、工事利益をまとめると、以下のとおりである。

(単位：円)

	1期	2期	3期
工事収益	3,000,000	2,250,000	750,000
工事原価	2,000,000	1,500,000	500,000
工事利益	1,000,000	750,000	250,000

└工事収益－工事原価

工事完成基準

成果の確実性が認められない場合には、工事が完成して引き渡しが完了した時点で、工事収益及び工事原価を計上します。これを、工事完成基準といいます。工事完成基準では、完成及び引き渡し前に工事収益や工事原価を計上しません。

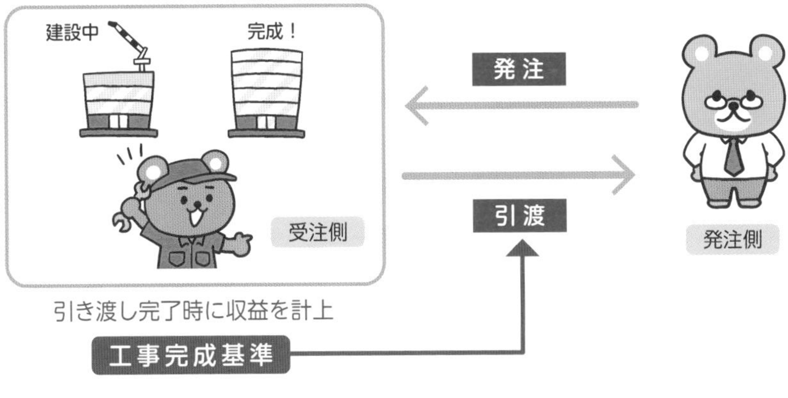

333ページの取引例1の場合で表すと、次の図と表のとおりになります。

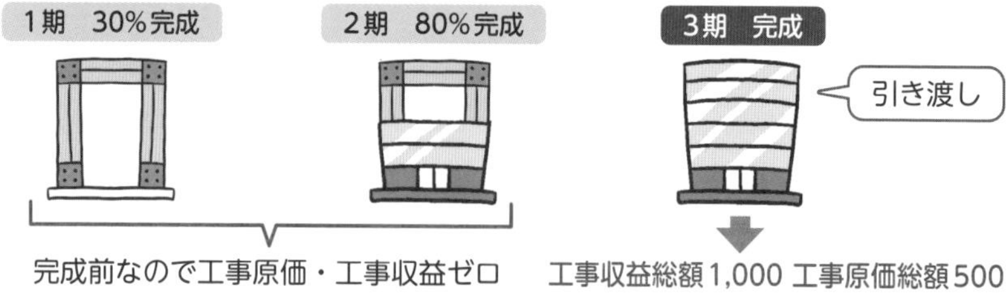

（単位：千円）

	1期（進捗度30%）	2期（進捗度80%）	3期（完成）
工事収益	0	0	1,000
工事原価	0	0	500

取引例1 当社は、請負金額6,000,000円の工事（工期は3年）を受注し、工事完成基準を適用している。完成工事原価は4,000,000円であり、完成、引き渡しが完了した3期に工事収益及び工事原価、工事収益を計上する。

（単位：円）

	1期	2期	3期
工事収益	0	0	6,000,000
工事原価	0	0	4,000,000
工事利益	0	0	2,000,000

工事完成基準を適用しているため、引き渡しが完了していない1期と2期には収益と費用は計上されない。完成して引き渡しが完了してから工事収益と工事原価の総額を計上する。

取引例2 20XX年3月の工事原価に関する次の〈資料〉にもとづいて、当月の完成工事原価報告書を完成しなさい。また、現場共通費配賦差異の月末勘定を計算しなさい。なお、その残高が借方差異か貸方差異かも答えなさい。

〈資料〉

1．当月はA工事～C工事を実施し、月末までにA工事とC工事とが完成したが、月末現在B工事は未完成である。なお、収益の認識については工事完成基準を適用している。

2. 前月から繰越工事原価に関する勘定残高は次のとおりである。

(1) 未成工事支出金の前月繰越額

(単位：円)

工事名	A工事	B工事	C工事
材料費	51,380	60,300	76,800
労務費	78,520	49,200	88,300
外注費	24,400	19,500	57,100
経　費	31,580	34,600	89,900
計	185,880	163,600	312,100

(2) 現場共通費配賦差異残高3,680円（貸方残高）

3. 当月の発生工事費用（現場共通費を除く）

(単位：円)

工事名	A工事	B工事	C工事	計
材料費	178,560	229,000	258,700	666,260
労務費	188,450	221,800	293,000	703,250
外注費	58,700	65,830	117,800	242,330
直接経費	89,730	124,500	185,700	399,930
計	515,440	641,130	855,200	2,011,770

4. 現場共通費の配賦

(1) 予定配賦率　機械運転1時間あたり3,118円

(2) 当月の工事別機械運転時間

(単位：時間)

工事番号	A工事	B工事	C工事	合　計
運転時間	29	39	47	115

(3) 現場共通費の実際発生額358,850円

(4) 現場共通費はすべて経費である。

・発生工事原価

3,118円×115時間＝358,570円

・完成工事原価

3,118円×（A工事29時間＋C工事47時間）＝236,968円

・未成工事支出金

3,118円×B工事39時間＝121,602円

・現場共通費配賦差異

3,118円×115時間－358,850円＝－280円　→**借方差異（不利差異）**

完成工事原価報告書　（単位：円）

自　20XX年　3月1日

至　20XX年　3月31日

Ⅰ	材料費	565,440
Ⅱ	労務費	648,270
Ⅲ	外注費	258,000
Ⅳ	経　費	633,878
	完成工事原価	2,105,588

A工事とC工事の合計は、

材料費　51,380円＋76,800円＋178,560円＋258,700円＝565,440円

労務費　78,520円＋88,300円＋188,450円＋293,000円＝648,270円

外注費　24,400円＋57,100円＋58,700円＋117,800円＋＝258,000円

経　費　31,580円＋89,900円＋89,730円＋185,700円＋236,968円

＝633,878円

未成工事支出金　（単位：円）

前月繰越	661,580	完成工事原価	2,105,588
当月発生工事原価		次月繰越	926,332
材料費	666,260		
労務費	703,250		
外注費	242,330		
直接経費	399,930		
現場共通費	358,570		

工事原価明細表		(単位：円)
20XX年8月		
	当月発生工事原価	月末未成工事支出金
Ⅰ 材料費	666,260	289,300
Ⅱ 労務費	703,250	271,000
Ⅲ 外注費	242,330	85,330
Ⅳ 経 費	758,500	280,702
	2,370,340	926,332

・当月発生工事原価の経費

直接経費399,930円＋現場共通費358,570円＝758,500円

・月末未成工事支出金の経費

直接経費　B工事前月繰越34,600円＋B工事の工事直接経費124,500円＋B工事現場共通費経費121,602円＝280,702円

総見積原価、請負金額の変更があった場合

工事中に見積工事原価や請負金額が景気や災害などの事情により、変更されることがありえます。変更された場合には変更された見積原価、請負金額にもとづいて、工事収益及び工事原価を計算します。

取引例1 請負金額6,000,000円の工事（工期は5年）を受注し、前期より工事進行基準を適用している。当該工事の第1期における総見積原価は4,000,000円であったが、第2期末において原材料の高騰を受けて、総見積原価を4,400,000円、請負金額を6,500,000円に変更した。前期における工事原価の発生額は第1期2,112,000円、第2期1,408,000円、第3期880,000円である。第1期、第2期、第3期の完成工事高及び完成工事原価を計算しなさい。

● 1期の完成工事高

$$6{,}000{,}000円 \times \frac{2{,}112{,}000円}{4{,}000{,}000円} = 3{,}168{,}000円$$

● 2期の完成工事高

$$6{,}500{,}000円 \times \frac{2{,}112{,}000円 + 1{,}408{,}000円}{4{,}400{,}000円} - 3{,}168{,}000円$$

$$= 2{,}032{,}000円$$

2期に請負金額が6,500,000円、見積総原価が4,400,000円に変更された。

● 3期の完成工事高

6,500,000円－3,168,000円－2,032,000円＝1,300,000円

工事収益、工事原価、工事利益についてまとめると下記のとおりである。

（単位：円）

	第1期	第2期	第3期
工事収益	3,168,000	2,032,000	1,300,000
工事原価	2,112,000	1,408,000	880,000
工事利益	1,056,000	624,000	420,000

工事進行基準と工事完成基準別の仕訳

工事進行基準の仕訳は、未成工事受入金を受け入れた年度で完成工事高が都度計上されるので、未成工事受入金が年度ごとに減少します。

工事完成基準の仕訳では、完成、引き渡しまで完成工事高が計上されないので、完成工事高が計上されなかった未成工事受入金が累積されます。完成、引き渡しが完了した時点で、未成工事受入金が減少します。

完成工事高が2,350,000円の工事物件（工期3年）を、工事進行基準と工事完成基準のそれぞれで仕訳した場合を見てみましょう。

仕訳例1　工事進行基準

①1期の工事代金のうち470,000円を手付金として前受した。

(現　金　等)	470,000	(未成工事受入金)	470,000

②1期末に工事進行基準により完成工事高850,000円を計上した。

(未成工事受入金)	470,000	(完 成 工 事 高)	850,000
(完成工事未収入金)	380,000		

完成工事高850,000円－未成工事受入金470,000円＝完成工事未収入金380,000円

③2期に工事代金の前受分として780,000円を受領した。

(現　金　等)	780,000	(未成工事受入金)	780,000

④2期末に工事進行基準により完成工事高620,000円を計上した。

(未成工事受入金)	620,000	(完 成 工 事 高)	620,000

未成工事受入金の残高は、780,000円－620,000円＝160,000円

⑤3期に工事代金の前受分として170,000円を受領した。

(現　金　等)	170,000	(未成工事受入金)	170,000

未成工事受入金の残高は、160,000円＋170,000円＝330,000円

⑥3期末に完成し、引き渡しが完了した。工事進行基準により、完成工事高880,000円を計上した。

(未成工事受入金)	330,000	(完 成 工 事 高)	880,000
(完成工事未収入金)	550,000		

仕訳例2 工事完成基準

①1期の請負契約にもとづき、工事代金のうち470,000円を手付金として前受した。

(現　金　等)	470,000	(未成工事受入金)	470,000

②1期末工事完成基準なので 仕訳不要

③2期に工事代金の前受分として780,000円を受領した。

(現　金　等)	780,000	(未成工事受入金)	780,000

この時点での未成工事受入金470,000円+780,000円=1,250,000円

④2期末工事完成基準なので 仕訳不要

⑤3期に工事代金の前受分として170,000円を受領した。

(現　金　等)	170,000	(未成工事受入金)	170,000

この時点での未成工事受入金の残高1,250,000円+170,000円=1,420,000円

3期で工事が完成し、引き渡しが完了しているので、工事完成基準により完成工事高を2,350,000円計上する。

(未成工事受入金)	1,420,000	(完 成 工 事 高)	2,350,000
(完成工事未収入金)	930,000		

☑ 基礎力確認問題

1 重要度 A 難易度 C

解答＆解説➡P348

X年7月の工事原価に関する次の〈資料〉にもとづいて、空欄の金額を算定し、適切な語句を選択科目群から選択しなさい。また、現場共通費配賦差異勘定の月末残高を計算しなさい。なお、その残高が借方の場合は「A」、貸方の場合は「B」を所定の欄に記入すること。

〈資料〉

1．当月は、101号～103号の工事番号をもつ工事を実施し、月末までに101号工事と103号工事とが完成したが、102号工事は月末現在未完成である。なお、収益の認識については工事完成基準を適用している。

2．前月から繰り越した工事原価に関する各勘定の残高は、次のとおりである。

(1) 未成工事支出金 (単位：円)

工事番号	101号	102号
材料費	171,300	30,560
労務費	85,670	16,560
外注費	102,318	30,231
経　費	38,655	12,980
計	397,943	90,331

(2) 現場共通費配賦差異　6,532円（借方残高）

3．当月の発生工事費用（現場共通費を除く） (単位：円)

工事番号	101号	102号	103号	合計
材料費	46,650	129,800	357,600	534,050
労務費	36,578	61,500	176,230	274,308
外注費	48,500	102,650	256,780	407,930
経　費	23,120	45,850	102,100	171,070

経費は直接経費のみである。

4．現場共通費の配賦

(1) 予定配賦率 機械運転1時間当たり　1,350円

(2) 当月の工事別機械運転時間

（単位：時間）

工事番号	101号	102号	103号	合　計
運転時間	29時間	51時間	71時間	151時間

(3) 現場共通費の当月実際発生額　203,620円

〈選択科目語群〉

前月繰越　次月繰越　現場共通費　工事間接費配賦差異

未成工事支出金

工事原価明細表

X年7月　（単位：円）

	当月発生工事原価	当月完成工事原価
Ⅰ　材料費		
Ⅱ　労務費		
Ⅲ　外注費		
Ⅳ　経　費		
完成工事原価		

現場共通費配賦差異　（単位：円）

(　　)	(　　)	(　　)	(　　)
		(　　)	(　　)
	(　　)		(　　)

現場共通費

諸　□	203,620	(　　)	(　　)
(　　)	(　　)		
	(　　)		(　　)

工事間接費配賦差異月末残高　¥ [　　　]　　記号（AまたはB）[　]

未成工事支出金　（単位：円）

月初未成工事支出金	（　　）	完成工事原価	（　　）
材　　料	（　　）	月末未成工事支出金	（　　）
労　務　費	（　　）		
外　注　費	（　　）		
直接経費	（　　）		
現場共通費	（　　）		
	（　　）		（　　）

2　重要度 A　難易度 C

解答＆解説➡P350

以下の設問に解答しなさい。

次の〈資料〉にもとづき、各勘定及び完成工事原価報告書の空欄に適切な金額を記入しなさい。

〈資料〉

1．当月はX工事（前月からの繰越工事）、Y工事（当月着工）、Z工事（当月着工）を行い、月末にはX工事、Y工事が完成した。

2．前月からの繰越額の内容

(1) 未成工事支出金　（単位：円）

工事番号	X工事
材料費	279,800
労務費	156,800
外注費	120,500
経　費	57,900

(2) 工事間接費配賦差異

A部門 2,476円（借方残高）　B部門1,790円（貸方残高）

3．当月の発生工事原価

(1) 工事直接費

(単位：円)

工事番号	X工事	Y工事	Z工事
材料費	30,550	292,900	79,800
労務費	47,800	128,600	68,320
外注費	41,920	154,800	58,200
経　費	14,680	56,200	22,500

(2) 工事間接費の実際発生額

A部門11,250円　B部門17,200円

4．当月のA部門及びB部門において発生した工事間接費の配賦（予定配賦法）

(1) A部門の配賦は直接作業時間を基準とし、当会計期間の予定配賦率は1時間あたり126円である。

当月の工事別直接作業時間は次のとおりである。

(単位：時間)

工事番号	X工事	Y工事	Z工事
作業時間	22	48	26

(2) B部門の配賦は直接材料費を基準とし、当会計期間の予定配賦率は4%である。

(3) 工事間接費はすべて経費に属するものである。

A部門費　(単位：円)

諸　口	(　　　)	未成工事支出金	(　　　)
工事間接費配賦差異	(　　　)		

B部門費　(単位：円)

諸　口	(　　　)	未成工事支出金	(　　　)
		工事間接費配賦差異	(　　　)

工事間接費配賦差異　(単位：円)

前月繰越	(　　　)	A部門費	(　　　)
B部門費	(　　　)	次月繰越	(　　　)

完成工事原価報告書　(単位：円)

Ⅰ　材料費	
Ⅱ　労務費	
Ⅲ　外注費	
Ⅳ　経　費	
完成工事原価	

3　重要度 A　難易度 C　解答＆解説➡P353

問1　工事進行基準の場合と工事完成基準における各期の工事収益とこれに対応する工事原価と工事利益を答えなさい。

工事収益の総額は800,000千円、見積総工事原価600,000千円、各期における工事原価は1期252,000千円、2期220,500千円、3期157,500千円であったが、材料費と労務費の高騰により見積工事原価を2期に630,000千円、工事収益の総額を850,000千円へ変更した（解答が0の場合は0と記入すること）。

なお、工事は3期に完成、引き渡しを行った。

工事進行基準　(単位：千円)

	第1期	第2期	第3期
工事収益			
工事原価			
工事利益			

工事完成基準

(単位：千円)

	第1期	第2期	第3期
工事収益			
工事原価			
工事利益			

問2　次の空欄に適切な語句を記入しなさい。

工事契約に関する収益と原価を認識する基準には成果の確実性が認められる場合なら（　　①　　）で認識し、成果の確実性が認められない場合には（　　②　　）で認識します。

解答＆解説

1　参照➡P329

工事原価明細表

X年7月

(単位：円)

	当月発生工事原価	当月完成工事原価
Ⅰ　材料費	534050	575550
Ⅱ　労務費	274308	298478
Ⅲ　外注費	407930	407598
Ⅳ　経　費	374920	298875
完成工事原価	1591208	1580501

現場共通費配賦差異 (単位：円)

(前月繰越)	(6,532)	(現場共通費)	(230)
		(次月繰越)	(6,302)
	(6,532)		(6,532)

現場共通費

諸口	203,620	(未成工事支出金)	(203,850)
(工事間接費配賦差異)	(230)		
	(203,850)		(203,850)

工事間接費配賦差異月末残高 ¥ 6302 記号（AまたはB） A

未成工事支出金 (単位：円)

月初未成工事支出金	(488,274)	完成工事原価	(1,580,501)
材料	(534,050)	月末未成工事支出金	(498,981)
労務費	(274,308)		
外注費	(407,930)		
直接経費	(171,070)		
現場共通費	(203,850)		
	(2,079,482)		(2,079,482)

・月初未成工事支出金の計算

101号397,943円＋102号90,331円＝488,274円

・当月発生工事原価の計算

材料費、労務費、外注費は〈資料〉3. 当月の発生工事原価をそのまま記入する。

経費の計算は、

直接経費171,070円＋1,350円×151時間＝374,920円

・当月完成工事原価の計算

材料費　171,300円＋46,650円＋357,600円＝575,550円

労務費　85,670円＋36,578円＋176,230円＝298,478円

外注費　102,318円＋48,500円＋256,780円＝407,598円

経　費　38,655円＋23,120円＋102,100円＋1,350円×（29時間＋71時間）
＝298,875円

・完成工事原価の合計
575,550円＋298,478円＋407,598円＋298,875円＝1,580,501円

・現場共通費の計算
予定配賦額
1,350円×151時間＝203,850円
現場共通費の当月実際発生額 203,620円
203,850円－203,620円＝230円（貸方差異、有利差異）
工事間接費配賦差異残高
前月繰越現場共通費配賦差異 6,532円（借方残高）－230円（貸方差異）＝6,302円（借方残高）

・月末未成工事支出金
102号工事の合計90,331円＋129,800円＋61,500円＋102,650円＋45,850円＋1,350円×51時間＝498,981円

2 参照➡P329

A部門費 （単位：円）

諸　口	（ 11,250）	未成工事支出金	（ 12,096）
工事間接費配賦差異	（ 846）		

B部門費 （単位：円）

諸　口	（ 17,200）	未成工事支出金	（ 16,130）
		工事間接費配賦差異	（ 1,070）

工事間接費配賦差異 （単位：円）

前月繰越	（ 686）	A部門費	（ 846）
B部門費	（ 1,070）	次月繰越	（ 910）

完成工事原価報告書　(単位：円)

Ⅰ	材料費	603250
Ⅱ	労務費	333200
Ⅲ	外注費	317220
Ⅳ	経　費	150538
	完成工事原価	1404208

〈A部門費〉
・諸口
当月の工事間接費の実際発生額にあたるので、11,250円

・未成工事支出金
A部門の配賦基準は直接作業時間であるから、
(22時間＋48時間＋26時間)×126円＝12,096円

・工事間接費配賦差異
12,096円－11,250円＝846円(貸方差異)

〈B部門費〉
・諸口
A部門と同じく当月実際発生額から、17,200円

・未成工事支出金
B部門の配賦基準は直接材料費であるから、
(30,550円＋292,900円＋79,800円)×4%＝16,130円

・工事間接費配賦差異
16,130円－17,200円＝－1,070円(借方差異)

〈工事間接費配賦差異〉

・前月繰越

借方2,476円－貸方1,790円＝借方686円

・B部門費

B部門費の工事間接費配賦差異より、借方1,070円

・A部門費

A部門費の工事間接費配賦差異より、貸方846円

・次月繰越

借方686円＋借方1,070円－貸方846円＝借方残高910円

完成しているのはX工事とY工事のため、この2件の数字に着目する。

〈完成工事原価〉

・材料費

X工事279,800円＋X工事30,550円＋Y工事292,900円＝603,250円

・労務費

X工事156,800円＋X工事47,800円＋Y工事128,600円＝333,200円

・外注費

X工事120,500円＋X工事41,920円＋Y工事154,800円＝317,220円

・経費

X工事57,900円＋X工事14,680円＋Y工事56,200円＝128,780円
工事間接費はすべて経費に属するので、
A部門（22時間＋48時間）×126円＝8,820円
B部門（30,550円＋292,900円）×4％＝12,938円
128,780円＋8,820円＋12,938円＝150,538円

・完成工事原価合計

上記でもとめた材料費、労務費、外注費、経費を合計する。
603,250円＋333,200円＋317,220円＋150,538円＝1,404,208円

3 問1 参照➡P332

解答が0の場合は0と記入すること。

工事進行基準　(単位：千円)

	第1期	第2期	第3期
工事収益	336,000	301,500	212,500
工事原価	252,000	220,500	157,500
工事利益	84,000	81,000	55,000

工事完成基準　(単位：千円)

	第1期	第2期	第3期
工事収益	0	0	850,000
工事原価	0	0	630,000
工事利益	0	0	220,000

・工事進行基準

1期の完成工事高

$$800{,}000\text{千円}\times\frac{252{,}000\text{千円}}{600{,}000\text{千円}}=\underline{336{,}000}\text{千円}$$

2期の完成工事高

$$850{,}000\text{千円}\times\frac{252{,}000\text{千円}+220{,}500\text{千円}}{630{,}000\text{千円}}-336{,}000\text{千円}=\underline{301{,}500}\text{千円}$$

3期の完成工事高

$$850{,}000\text{千円}-336{,}000\text{千円}-301{,}500\text{千円}=\underline{212{,}500}\text{千円}$$

・工事完成基準

完成して引き渡しが完了しているのが3期なので、3期に工事収益と工事原価を計上する。

3 問2 参照➡P332

①工事進行基準　②工事完成基準

1 決算手続き

決算整理

決算整理とは、企業の適正な一定時点の財政状態と一定期間の経営成績を示すために、正しい金額に修正する手続きをいいます。

決算整理の事項には、**❶現金過不足の処理**、**❷有価証券の評価**、**❸仮設材料の処理**、**❹仮払金の処理**、**❺仮受金の処理**、**❻減価償却費の計上**、**❼引当金の設定**、**❽費用、収益の見越し**、**繰延**などがあります。

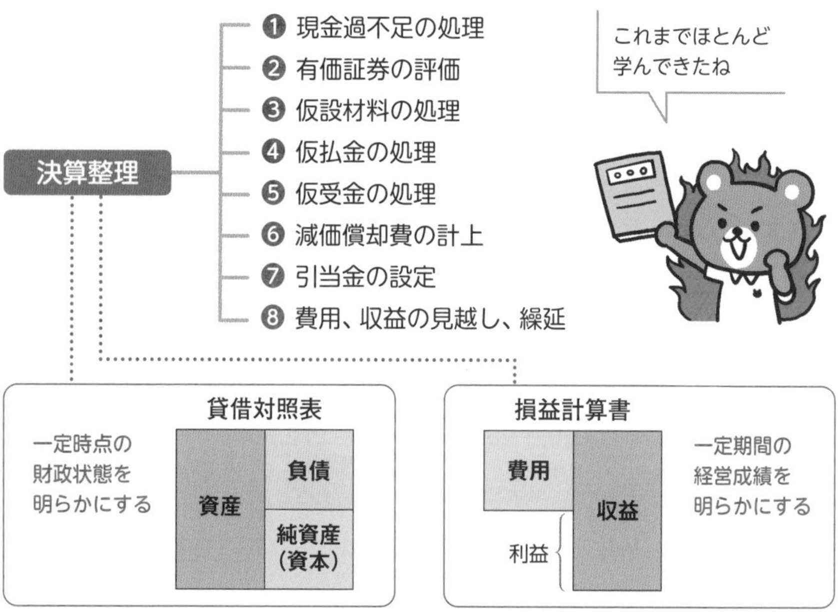

上記の❶から❽のような、決算整理の事項を**決算整理事項**といい、決算整理を行うために必要な仕訳を**決算整理仕訳**といいます。

取引や仕訳などの処理は、すべて決算のときに貸借対照表と損益計算書を作成するための手順のひとつです。ここで学習する期末の決算手続きをもって、簿記の一連の流れとなります。

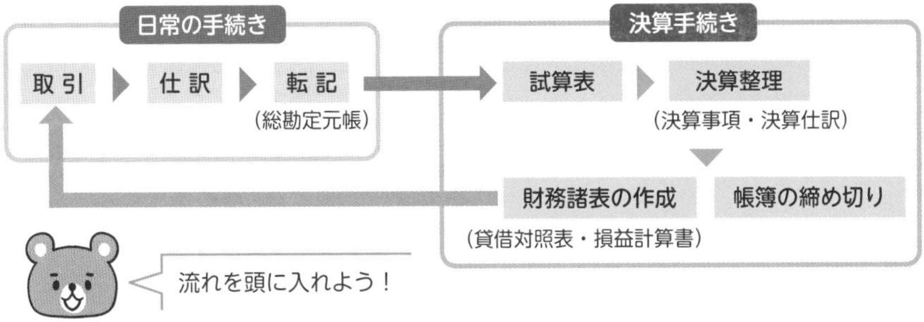

精算表（せいさんひょう）とは

精算表とは、決算のときに損益計算書と貸借対照表を作成するための一覧表です。

残高試算表に決算整理前の残高、整理記入欄に決算整理仕訳を記入し、勘定科目欄の金額と加減算して、損益計算書または貸借対照表に記入します。

精　算　表

(単位：円)

勘定科目	残高試算表		整理記入		損益計算書		貸借対照表	
	借方	貸方	借方	貸方	借方	貸方	借方	貸方

精算表の作成方法

精算表は、次の手順で作成します。

STEP・1　残高試算表の勘定科目と金額を、精算表の勘定科目欄と残高試算表欄に記入する。

STEP・2　決算整理仕訳を整理記入欄に記入する。

精　算　表

(単位：円)

勘定科目	残高試算表		整理記入		損益計算書		貸借対照表	
	借方	貸方	借方	貸方	借方	貸方	借方	貸方
STEP・1	STEP・1		STEP・2					

STEP・3 残高試算表の金額と、整理記入の金額を加減算する。

- 借方と借方、貸方と貸方など、同じ場合は加算 ＋
- 借方と貸方など、逆の場合は減算 －

次から加減算した金額を
損益計算書と貸借対照表の欄に移しましょう

STEP・4 損益計算書欄と貸借対照表の欄に金額を移す。

- 勘定科目が**収益**項目　**損益計算書の貸方**に記入
- 勘定科目が**費用**項目　**損益計算書の借方**に記入
- 勘定科目が**資産**項目　**貸借対照表の借方**に記入
- 勘定科目が**負債**項目／**純資産**項目　**貸借対照表の貸方**に記入

精　算　表

（単位：円）

勘定科目	残高試算表		整理記入		損益計算書		貸借対照表	
	借　方	貸　方	借　方	貸　方	借　方	貸　方	借　方	貸　方
（収益）	→	STEP・3 →	→	→	→	＋or－		
（費用）	→	STEP・3 →	→	→	＋or－			
（資産）	→	STEP・3 →	→	→	→	→	＋or－	
（負債・純資産）	→	STEP・3 →	→	→	→	→	→	＋or－

STEP・5 税引前当期純利益(ぜいびきまえとうきじゅんりえき)と当期純利益(とうきじゅんりえき)を計算する。
損益計算書と貸借対照表それぞれの当期純利益は必ず一致する。

- **税引前当期純利益（または税引前当期純損失）の計算**
  損益計算書の貸方合計と損益計算書の借方合計の差額からもとめる
- **当期純利益（または当期純損失）の計算**
  税引前当期純利益から法人税等（税引前当期純利益×法人税率）を引く

精　算　表

（単位：円）

勘定科目	残高試算表		整理記入		損益計算書		貸借対照表	
	借　方	貸　方	借　方	貸　方	借　方	貸　方	借　方	貸　方
当期（純利益）					XXX		一致する	XXX

精算表を用いて、それぞれの決算整理の例を見ていきましょう。

取引例1 現金過不足の処理

期末における現金の帳簿残高は12,000円であるが、実際の手許有高は10,000円であった。原因を調査したところ、本社において事務用消耗品費1,000円を購入していたが未処理であることが判明した。それ以外の原因は不明である。

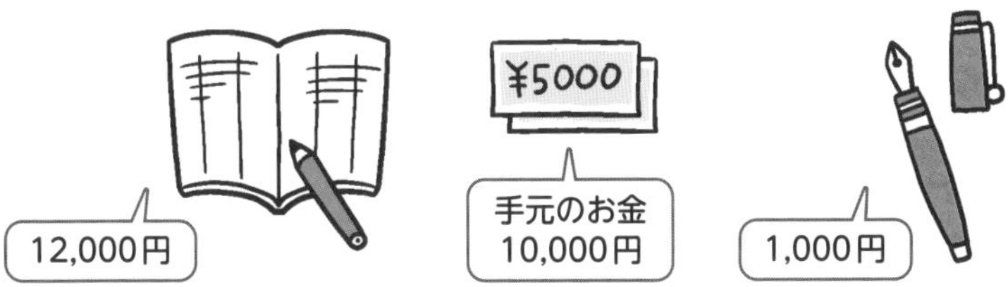

（事 務 用 品 費）	1,000	（現　　　金）	2,000
（雑　損　失）	1,000		

精　算　表

（単位：円）

勘定科目	残高試算表		整理記入		損益計算書		貸借対照表	
	借　方	貸　方	借　方	貸　方	借　方	貸　方	借　方	貸　方
現　　　金	310,670			2,000			308,670	
事 務 用 品 費			1,000		1,000			
雑　損　失			1,000		1,000			

取引例2 有価証券の処理

帳簿価額441,000円の有価証券の決算時の時価が、424,000円に下落した。

(有価証券評価損)	17,000	(有 価 証 券)	17,000

精 算 表

(単位：円)

勘定科目	残高試算表		整理記入		損益計算書		貸借対照表	
	借 方	貸 方	借 方	貸 方	借 方	貸 方	借 方	貸 方
有 価 証 券	441,000			17,000			424,000	
有価証券評価損			17,000		17,000			

取引例3 仮設材料の処理

仮設材料費の把握については、すくい出し方式を採用しているが、現場から撤去されて倉庫に戻された評価額2,100円の仮設材料については、未処理である。

(材 料 貯 蔵 品)	2,100	(未成工事支出金)	2,100

精 算 表

(単位：円)

勘定科目	残高試算表		整理記入		損益計算書		貸借対照表	
	借 方	貸 方	借 方	貸 方	借 方	貸 方	借 方	貸 方
未成工事支出金	33,000			2,100			30,900	
材 料 貯 蔵 品	15,400		2,100				17,500	

取引例4 仮払金の処理

従業員の出張旅費(販売費及び一般管理費)の仮払いが15,000円であった。精算の結果、実費との差額2,000円は従業員が立て替えていた。

(販売費及び一般管理費)	17,000	(仮払金)	15,000
		(未払金)	2,000

精算表

(単位：円)

勘定科目	残高試算表		整理記入		損益計算書		貸借対照表	
	借方	貸方	借方	貸方	借方	貸方	借方	貸方
仮払金	15,000			15,000				
未払金				2,000				2,000
販売費及び一般管理費			17,000		17,000			

取引例5 仮受金の処理

仮受金の期末残高の内訳は、完成工事代金の未収入金85,000円と、工事契約による前受金120,000円であることが判明した。

(仮受金)	205,000	(完成工事未収入金)	85,000
		(未成工事受入金)	120,000

精算表

(単位：円)

勘定科目	残高試算表		整理記入		損益計算書		貸借対照表	
	借方	貸方	借方	貸方	借方	貸方	借方	貸方
完成工事未収入金	545,000			85,000			460,000	
未成工事受入金		116,000		120,000				236,000
仮受金		205,000	205,000					

取引例6 減価償却費の計上

機械装置と建物の減価償却費を計上する。

● **機械装置**

機械装置(工事現場用)の実際発生額は52,000円である。なお、月次決算において月額4,500円を未成工事支出金に予定計上している。当期の予定額と実際発生額との差額は、当期の工事原価(未成工事支出金)に加減する。年間予定計上額は4,500円×12カ月＝54,000円のため、実際額が2,000円少ない。よって、機械減価消却累計額と未成工事支出金を減少させる。

（機械減価償却累計額）	2,000	（未成工事支出金）	2,000

●**建物**

建物（本社用）以下の事項により減価償却費を計上する。
取得原価6,500,000円、残存価額ゼロ、耐用年数定額法50年
6,500,000円÷50年＝130,000円

（建物減価償却費）	130,000	（建物減価償却累計額）	130,000

精　算　表

（単位：円）

勘定科目	残高試算表		整理記入		損益計算書		貸借対照表	
	借　方	貸　方	借　方	貸　方	借　方	貸　方	借　方	貸　方
未成工事支出金	615,000			2,000			613,000	
機械減価償却累計額		108,000	2,000					106,000
建物減価償却累計額		260,000		130,000				390,000
建物減価償却費			130,000		130,000			

取引例7 引当金の設定

売上債権と完成工事高の引当金の設定を行う。

●**売上債権**

売上債権に対して1.5%の貸倒引当金を計上する（差額補充法）。
（完成工事未収入金885,000円＋受取手形255,000円）×1.5%－貸倒引当金11,300円＝5,800円

（貸倒引当金繰入額）	5,800	（貸 倒 引 当 金）	5,800

●**完成工事高**

完成工事高に対して0.2%の完成工事補償引当金を計上する（差額補充法）。

完成工事高3,750,000円×0.2%−6,700円＝800円

(未成工事支出金)	800	(完成工事補償引当金)	800

退職給付引当金の当期繰入額は本社事務員については5,000円、現場作業員については24,000円である。

(販売費及び一般管理費)	5,000	(退職給付引当金)	29,000
(未成工事支出金)	24,000		

精　算　表

(単位：円)

勘定科目	残高試算表		整理記入		損益計算書		貸借対照表	
	借方	貸方	借方	貸方	借方	貸方	借方	貸方
完成工事未収入金	885,000						885,000	
受取手形	255,000						255,000	
貸倒引当金		11,300		5,800				17,100
未成工事支出金	817,000		24,000 800				841,800	
完成工事補償引当金		6,700		800				7,500
退職給付引当金		45,000		29,000				74,000
完成工事高		3,750,000				3,750,000		
販売費及び一般管理費	643,000		5,000		648,000			
貸倒引当金繰入額			5,800		5,800			

費用収益の繰延

代金を支払ったり、受け取ったりして費用、収益と処理した金額の中には、翌年度以降の費用、収益が含まれているときがあります。

例えば、1年分の保険料を当期の10月1日に支払ったとします。会計期間が4月1日から3月31日までの場合、支払った会計期間の翌会計期間の4月1日からの6カ月分は、当期の費用に属さず翌期の費用になります。また、地代家賃1年分を当期の10月1日に受け取った場合、翌会計期間の4月1日から6カ月分は当期の収益ではなく、翌期の収益になりま

す。そこで、翌期に属する費用は**前払費用**（資産）、翌期に属する収益は**前受収益**（負債）として繰延処理します。

支払いや受け取りを
まとめてすると
わからなくなるものね
決算のときに
翌期分のものだと
見直すってことだね

取引例1　費用の繰延

当社は向こう1年分の火災保険料300,000円を8月1日に現金で支払った。当社の会計期間は4月1日から翌3月31日である。8月1日の支払い時及び翌年3月31日に行うべき決算整理仕訳を示しなさい。

● 8月1日　支払い時

（保　険　料）	300,000	（現　　金）	300,000

● 3月31日　決算整理仕訳

（前払保険料）	100,000	（保　険　料）	100,000

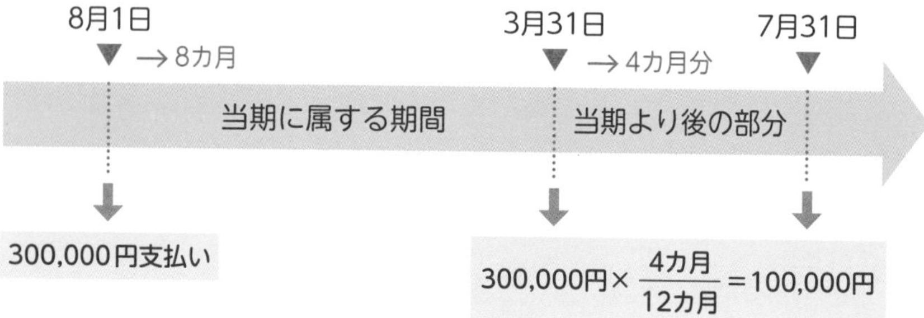

取引例2　収益の繰延

10月1日に建物を賃貸して1年分の賃貸料12,000,000円を小切手で受け取り、その全額を収益に計上した。10月1日、賃貸料受け取り時及び翌年3月31日に行うべき決算整理仕訳を示しなさい。

● 10月1日　賃貸料受取時

(現　　　金)	12,000,000	(受 取 家 賃)	12,000,000

● 3月31日　決算整理仕訳

(受 取 家 賃)	6,000,000	(前 受 家 賃)	6,000,000

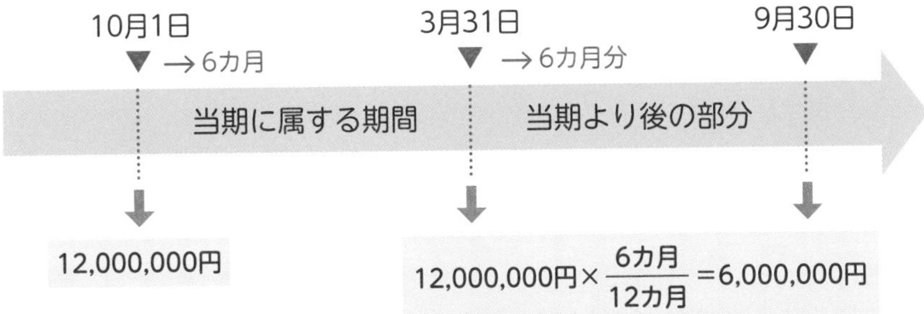

費用収益の見越し（みこし）

当期の会計期間に属する費用なのに、まだ支払われていないことがあります。これを、**未払費用**(負債)として処理します。また、当期の会計期間に属する収益なのに、まだ受け取っていない収益については、**未収収益**(資産)として処理します。これを合わせて、**費用収益の見越し**といいます。

取引例　費用収益の見越し

X建設は、Y土木から当期の6月1日に1,500,000円、年利5%、支払期日毎年5月末日で現金を借り入れた。なお、会計期間は4月1日から翌年3月31日である。

● X建設6月1日　借り入れ時

(現　　　金)	1,500,000	(借　入　金)	1,500,000

●Y土木6月1日　貸付時

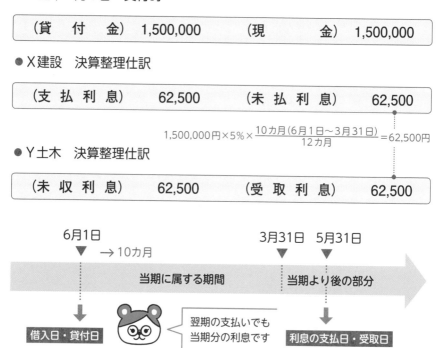

(貸付金)	1,500,000	(現金)	1,500,000

●X建設　決算整理仕訳

(支払利息)	62,500	(未払利息)	62,500

$$1{,}500{,}000円 \times 5\% \times \frac{10カ月(6月1日\sim3月31日)}{12カ月} = 62{,}500円$$

●Y土木　決算整理仕訳

(未収利息)	62,500	(受取利息)	62,500

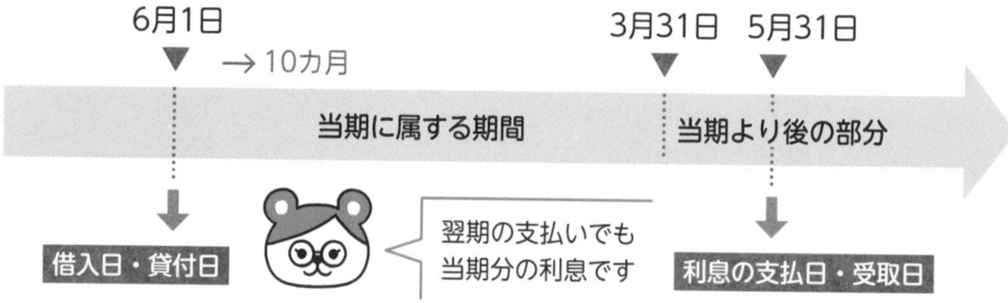

再振替仕訳

当期末の決算整理として費用収益の見越し、繰延を行った仕訳は、翌期首に繰り越されます。繰り越された費用収益の見越し、繰延は翌期首に逆仕訳を行ってゼロの状態にする必要があります。翌期首に行う逆仕訳のことを**再振替仕訳**といいます。

取引例1　再振替仕訳

前期末3月31日に計上された未収利息62,500円及び前受地代80,000円について、当期期首4月1日に再振替仕訳を行う。

●未収利息の再振替仕訳

(受取利息)	62,500	(未収利息)	62,500

●前受地代の再振替仕訳

（前　受　地　代）	80,000	（受　取　地　代）	80,000

帳簿の締め切り

当期に使用していた帳簿を翌期に使用するために、**帳簿の締め切り**を行います。帳簿の締め切りは以下の順序で行います。

①費用と収益を**損益勘定**に振り替えます。

②当期純利益を**繰越利益剰余金**に振り替えます。

③貸借対照表の科目を次期に繰り越します。

取引例 こぐま建設は決算日3月31日に、帳簿の締め切りを行った。

完成工事高

3/31	損益	33,000	7/31	完成工事未収入金	12,000
			11/7	現金	21,000
		33,000			33,000

①収益の振替

完成工事原価

7/31	未成工事支出金	8,500	3/31	損益	24,100
11/7	未成工事支出金	15,600			
		24,100			24,100

①費用の振替

損　益

3/31	完成工事原価	24,100	3/31	完成工事高	33,000
3/31	繰越利益剰余金	8,900			
		33,000			33,000

②損益の差額である当期純利益の振替

繰越利益剰余金

3/31	次月繰越	11,380	4/1	前月繰越	2,480
			3/31	損益	8,900
		11,380			11,380

②損益の差額である当期純利益の振替

現　金

4/1	前期繰越	5,000	3/31	次期繰越 ③	38,000
11/7	完成工事高	21,000			
12/11	完成工事未収入金	12,000			
		38,000			38,000

完成工事未収入金

4/1	前期繰越	22,500	12/11	現金	12,000
7/31	完成工事高	12,000	3/31	次期繰越 ③	22,500
		35,500			35,500

流動項目と固定項目の区別

正常営業循環基準

正常営業循環基準とは、企業の主目的である営業取引から生じた債権及び債務は、すべて流動資産または流動負債とする基準をいいます。建設業では、具体的には完成工事未収入金、未成工事支出金、工事未払金などがあります。

1年基準

企業の主目的である営業取引以外の取引から生じた債権及び債務について、決算日の翌日から起算して、1年以内に期限が到来する資産、負債を流動資産または流動負債とし、1年を超えるものについては固定資産または固定負債とします。これを、1年基準といいます。

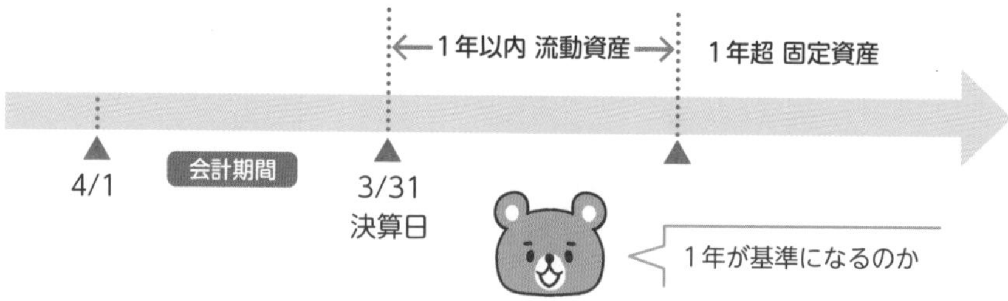

例題 20-1 X1年4月1日に7年分の賃借料210,000円を前払いして駐車場を借りた。当期の会計期間はX5年4月1日～X6年3月31日である。下記の空欄に入る数字を答えなさい。

当期末における前払費用は（　①　）円であり、長期前払費用は（　②　）円である。

・解答・

①30,000　②30,000

・解説・

前払費用は流動資産に分類され、長期前払費用は固定資産に分類される。

決算日	2年3/31	3年3/31	4年3/31	5年3/31	6年3/31	7年3/31	8年3/31
	30,000	30,000	30,000	30,000	30,000	30,000	30,000

決算日の翌日から1年以内に期限が到来する　流動資産

決算日の翌日から1年を超えて期限が到来する　固定資産

2 財務諸表（ざいむしょひょう）

財務諸表

財務諸表とは、利害関係者に対して一定期間の経営成績や一定時点の財政状態を適正に報告するための書類をいいます。

損益計算書

自X年4月1日　至X年3月31日　（単位：千円）

Ⅰ	完成工事高		18,500	
Ⅱ	完成工事原価		12,300	
	完成工事総利益		6,200	完成工事高から 完成工事原価を差し引いた利益
Ⅲ	販売費及び一般管理費			
	広告宣伝費	610		
	減価償却費	770		
	貸倒引当金繰入額	220	1,600	
	営業利益		4,600	主たる営業活動から 生じた利益
Ⅳ	営業外収益			
	受取利息	100		
	有価証券売却益	60	160	
Ⅴ	営業外費用			
	支払利息	200		
	社債利息	80	280	
	経常利益		4,480	通常の活動から生じた利益
Ⅵ	特別利益			
	固定資産売却益	100		
	保険差益	200	300	
Ⅶ	特別損失			
	社債償還損	500		
	投資有価証券売却損	1,200	1,700	
	税引前当期純利益		3,080	法人税等を 差し引く前の利益
	法人税、住民前及び事業税		924	
	当期純利益		2,156	最終的な利益

貸借対照表

X年3月31日　　（単位：千円）

資産の部

Ⅰ　流動資産		
1. 現金預金		4,170
2. 完成工事未収入金	5,400	
3. 受取手形	1,600	
計	7,000	
貸倒引当金	△80	6,920
4. 未成工事支出金		1,060
5. 材料貯蔵品		320
流動資産合計		12,470
Ⅱ　固定資産		
1. 有形固定資産		
(1) 建物	8,000	
減価償却累計額	△4,800	3,200
(2) 備品	6,000	
減価償却累計額	△1,500	4,500
(3) 車両運搬具	1,000	
減価償却累計額	△250	750
2. 無形固定資産		
のれん		120
3. 投資その他の資産		
(1) 投資有価証券		730
固定資産合計		9,300
資産合計		21,770

負債の部

Ⅰ　流動負債		
1. 支払手形		2,500
2. 工事未払金		3400
3. 短期借入金		1,500
流動負債合計		7,400
Ⅱ　固定負債		
1. 長期借入金		600
2. 社債		2,000
3. 退職給付引当金		1,000
固定負債合計		3,600
負債合計		11,000

純資産の部

純資産の部は資産と負債の差額

Ⅰ　株主資本		
1. 資本金		8000
2. 資本剰余金		
(1) 資本準備金	1,200	
(2) その他資本剰余金	800	2,000
3. 利益剰余金		
(1) 利益準備金	700	
(2) 繰越利益剰余金	70	770
株主資本合計		10,770
純資産合計		10,770
純資産・負債合計		21,770

※正常営業循環基準または1年基準により流動資産、流動負債、固定資産、固定負債に分類します。

☑ 基礎力確認問題

1 重要度 A 難易度 A

解答＆解説➡P374

次の〈決算整理事項等〉にもとづき、解答用紙の精算表を完成しなさい。なお、工事原価は未成工事支出金を経由して処理する方法によっている。会計期間は1年である。また、決算整理の過程で新たに生じる勘定科目で、精算表上に指定されている科目はそこに記入すること。　(単位：千円)

〈決算整理事項等〉

(1) 期末における現金の帳簿残高は11,650千円であるが、実際の手許有高は11,590千円あった。原因を調査したところ、本社において事務用消耗品費30千円を現金購入していたが未処理であることが判明した。それ以外の原因は不明である。

(2) 完成工事にかかる仮設撤去費200千円を計上する。

(3) 仮払金の期末残高は、以下の内容であることが判明した。
①10千円は本社事務員の出張仮払金であった。精算の結果、実費との差額10千円について本社事務員が立替払いした。
②800千円については法人税等納付額である。

(4) 減価償却については、以下のとおりである。
①機械装置(工事現場用)　実際発生額625千円
なお、月次原価計算において、月額50千円を未成工事支出金に予定計上している。当期の予定計上額と実際発生額との差額は当期の工事原価(未成工事支出金)に加減する。
②備品(本社用)　以下の事項により減価償却費を計上する。
取得原価3,600千円　残存価額ゼロ　耐用年数10年
減価償却方法定率法　償却率年0.25%

(5) 仮受金の期末残高は、以下の内容であることが判明した。
①完成工事の未収代金回収分1,000千円
②工事契約による前受金100千円

⑹　期末残高に対して1.0%の貸倒引当金を計上する（差額補充法）。

⑺　完成工事高に対して0.2%の完成工事補償引当金を計上する（差額補充法）。

⑻　退職給付引当金への当期繰入額のうち、2,580千円は工事原価、30千円は本社事務員分である。なお、現場作業員の退職給付引当金については、月次原価計算で月額200千円の予定計算を実施しており、毎月の予定額は、未成工事支出金の借方と退職給付引当金の貸方にすでに計上されている。この予定計上額と実際発生額との差額は工事原価に加減する。

⑼　上記の各調整を行った後の未成工事支出金の次期繰越額は347千円である。

⑽　当期の法人税、住民税及び事業税として税引前当期純利益の30%を計上する。

精算表

(単位：千円)

勘定科目	試算表		修正記入		損益計算書		貸借対照表	
	借方	貸方	借方	貸方	借方	貸方	借方	貸方
現　　　金	11,650							
受取手形	5,000							
完成工事未収入金	18,500							
貸倒引当金		180						
未成工事支出金	1,620							
材料貯蔵品	300							
仮　払　金	810							
機械装置	5,000							
機械装置減価償却累計額		1,225						
備　　　品	3,600							
備品減価償却累計額		900						
支払手形		6,000						
工事未払金		7,700						
借　入　金		1,000						
未　払　金		500						
未成工事受入金		5,800						
仮　受　金		1,100						
完成工事補償引当金		88						
退職給付引当金		760						
資　本　金		10,000						
繰越利益剰余金		3,427						
完成工事高		55,000						
完成工事原価	41,100							
販売費及び一般管理費	6,100							
	93,680	93,680						
消耗品費								
雑　損　失								
出張旅費								
備品減価償却費								
貸倒引当金繰入額								
退職給付引当金繰入額								
未払法人税等								
法人税、住民税及び事業税								
当期(純利益)								

2 重要度 A 難易度 C

解答＆解説➡P376

次の [　　　] に入る金額を計算しなさい。

(1) 未払利息の期首残高は110,000円、当期における利息の支払額は178,000円、当期の損益計算書上の支払利息が [　　　] 円であれば、当期末の貸借対照表に記載される未払利息は75,000円である。

(2) 未収利息の期首残高が [　　　] 円で、当期の利息の収入額が471,500円で当期の損益計算書に記載された受取利息が465,000円であれば、当期末の貸借対照表に記載される未収利息は81,600円となる。

(3) 前払利息の期首残高が83,900円で、当期における利息の支払額が [　　　] 円であるとき、当期の損益計算書に記載された支払利息が321,800円であれば、当期末の貸借対照表に記載される前払利息は85,100円となる。

(4) 1年分の保険料18,000円のうち5カ月分 [　　　] 円は未経過である。

(5) 当期の10月1日に向こう3年分の162,000円保険料を支払った。この場合の貸借対照表の流動資産に記載されるべき金額は [　①　] 円、固定資産に記載される金額は [　②　] 円である。なお、当社の会計期間は4月1日～翌年3月31日である。

(1) ¥ [　　　]　　(2) ¥ [　　　]

(3) ¥ [　　　]　　(4) ¥ [　　　]

(5) ① ¥ [　　　]　　(5) ② ¥ [　　　]

解答＆解説

1 参照➡P355

精　算　表

（単位：千円）

勘定科目	試算表		修正記入		損益計算書		貸借対照表	
	借方	貸方	借方	貸方	借方	貸方	借方	貸方
現金	11,650			60			11,590	
受取手形	5,000						5,000	
完成工事未収入金	18,500			1,000			17,500	
貸倒引当金		180		45				225
未成工事支出金	1,620		200 25 22 180	1,700			347	
材料貯蔵品	300						300	
仮払金	810			10 800				
機械装置	5,000						5,000	
機械装置減価償却累計額		1,225		25				1,250
備品	3,600						3,600	
備品減価償却累計額		900		675				1,575
支払手形		6,000						6,000
工事未払金		7,700		200				7,900
借入金		1,000						1,000
未払金		500		10				510
未成工事受入金		5,800		100				5,900
仮受金		1,100	1,100					
完成工事補償引当金		88		22				110
退職給付引当金		760		210				970
資本金		10,000						10,000
繰越利益剰余金		3,427						3,427
完成工事高		55,000				55,000		
完成工事原価	41,100		1,700		42,800			
販売費及び一般管理費	6,100				6,100			
	93,680	93,680						
消耗品費			30		30			
雑損失			30		30			
出張旅費			20		20			
備品減価償却費			675		675			
貸倒引当金繰入額			45		45			
退職給付引当金繰入額			30		30			
未払法人税等				781				781
法人税、住民税及び事業税			1,581		1,581			
			5,638	5,638	51,311	55,000	43,337	39,648
当期（純利益）					3,689			3,689
					55,000	55,000	43,337	43,337

〈決算整理事項等〉

(1) 現金の帳簿残高と実際の手許有高の差額の処理

(消耗品費)	30	(現金)	60
(雑損失)	30		

(2) 仮設撤去費

(未成工事支出金)	200	(工事未払金)	200

(3) 仮払金の処理

①従業員の出張仮払金

(出張旅費)	20	(仮払金)	10
		(未払金)	10

立て替えた部分は未払金として処理する。

②法人税等中間納付額は(10)参照のこと。

(4) 減価償却

①機械装置

(未成工事支出金)	25	(機械装置減価償却累計額)	25

625千円－50千円×12カ月＝25千円

②備品

(備品減価償却費)	675	(備品減価償却累計額)	675

(3,600千円－900千円)×0.25＝675千円

(5) 仮受金

(仮受金)	1,100	(完成工事未収入金)	1,000
		(未成工事受入金)	100

(6) 貸倒引当金を計上(差額補充法)

(貸倒引当金繰入額)	45	(貸倒引当金)	45

(完成工事未収入金18,500千円＋受取手形5,000千円－(5)②1,000千円)×1.0%－180千円＝45千円

(7) 完成工事補償引当金を計上(差額補充法)

(未成工事支出金)	22	(完成工事補償引当金)	22

55,000千円×0.2%－88千円＝22千円

(8) 退職給付引当金の当期繰入額

(退職給付引当金繰入額)	30	(退職給付引当金)	210
(未成工事支出金)	180		

月額200千円×12カ月＝2,400千円

実際の発生額2,580千円－2,400千円＝180千円

⑼ 完成工事原価の計上

(完成工事原価)	1,700	(未成工事支出金)	1,700

未成工事支出金1,620千円＋⑵200千円＋⑷①25千円＋⑺22千円＋⑻180千円－⑼347千円＝1,700千円

⑽ 当期の法人税、住民税及び事業税として税引前当期純利益の30％を計上する。

(法人税、住民税及び事業税)	1,581	(仮　払　金)	800
		(未払法人税等)	781

完成工事高55,000千円－完成工事原価42,800千円－販売費及び一般管理費6,100千円－消耗品費30千円－雑損失30千円－備品減価償却費675千円－貸倒引当金繰入額45千円－退職給付引当金繰入額30千円－出張旅費20千円＝税引前当期純利益5,270千円

法人税、住民税及び事業税5,270千円×30％＝1,581千円

法人税、住民税及び事業税1,581千円－⑶②仮払金800千円＝未払法人税等781千円

当期純利益　税引前当期純利益5,270千円－1,581千円＝3,689千円

2

参照➡P363

(1) ¥ 143000　　(2) ¥ 88100

(3) ¥ 323000　　(4) ¥ 7500

(5) ① ¥ 54000　　(5) ② ¥ 81000

(1)

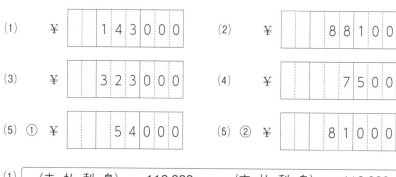

(未払利息)	110,000	(支払利息)	110,000
(支払利息)	178,000	(現　金　等)	178,000
(支払利息)	75,000	(未払利息)	75,000

178,000円＋75,000円－110,000円＝143,000円

(2)

(受取利息)	88,100	(未収利息)	88,100
(未収利息)	81,600	(受取利息)	81,600
(現　　金)	471,500	(受取利息)	471,500

最終465,000円
471,500円＋81,600円－［　　　］円＝465,000円
［　　　］＝88,100円

(3)

（支払利息）	83,900	（前払利息）	83,900
（支払利息）	323,000	（現　　金）	323,000
（前払利息）	85,100	（支払利息）	85,100

最終321,800円＋85,100円－83,900円＝323,000円

(4) 18,000円×$\frac{5カ月}{12カ月}$＝7,500円

(5)

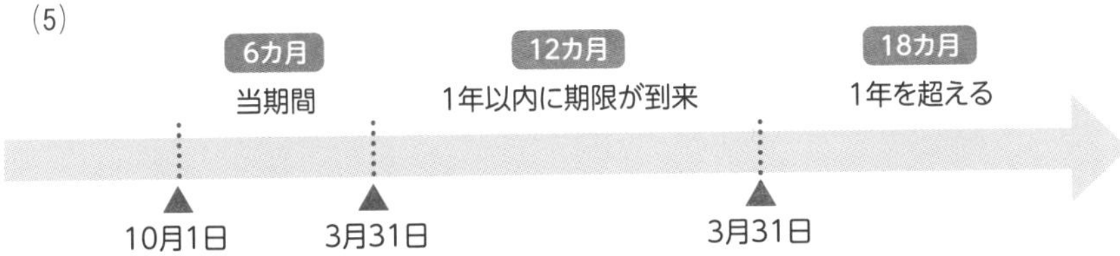

①流動資産　前払費用　4,500円／月×12カ月＝54,000円
②固定資産　長期前払費用　4,500円／月×18カ月＝81,000円

1 本支店会計とは

本支店会計

こぐま建設は会社の規模が大きくなったので、本店のほかに支店をつくることになりました。本店と支店で行われる取引が異なるため、それぞれの帳簿をつくる必要があります。**本支店会計**とは、本店の取引を本店の帳簿に記入し、支店の取引を支店の帳簿に記入することです。

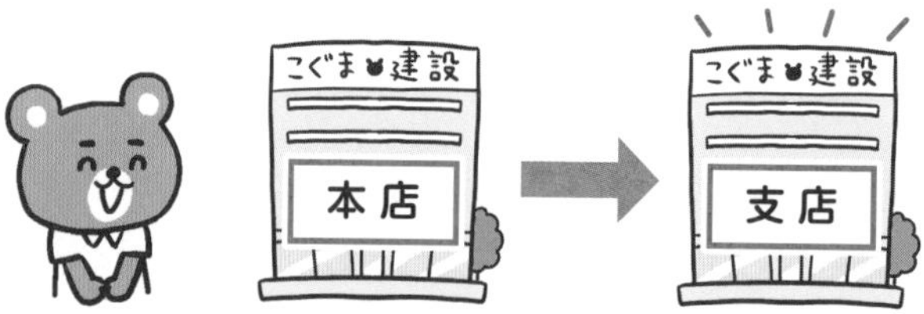

本店勘定・支店勘定について

本店と支店間で取引が行われる場合、支店の元帳には**本店勘定**が設けられ、本店の元帳には**支店勘定**が設けられ、企業内の債権、債務として処理されます。本店の支店勘定と、支店の本店勘定は必ず一致します。

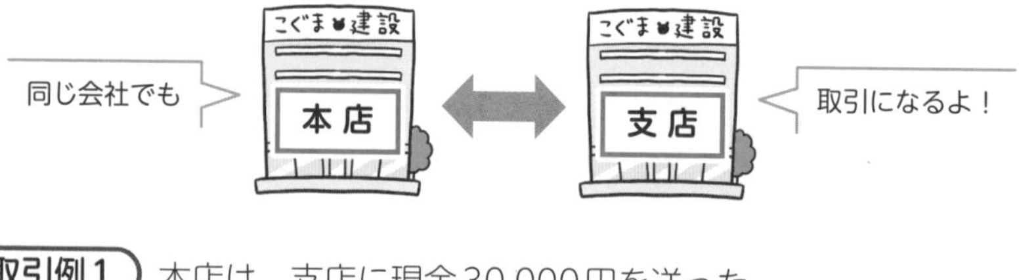

取引例1 本店は、支店に現金30,000円を送った。

●本店の処理

(支　店)	30,000	(現　金)	30,000

本店の取引なので支店　　本店の現金が減少している

●支店の仕訳

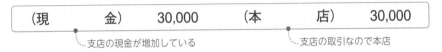

(現　　金)	30,000	(本　　店)	30,000

支店の現金が増加している　　支店の取引なので本店

取引例2 本店の工事未払金20,000円を、支店が現金で支払った。

●本店の仕訳

(工事未払金)	20,000	(支　　店)	20,000

本店の工事未払金が減少する　　本店の取引なので支店

●支店の仕訳

(本　　店)	20,000	(現　　金)	20,000

支店の取引なので本店　　支店の現金が減っている

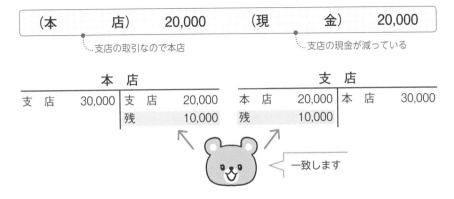

本　店

支　店	30,000	支　店	20,000
		残	10,000

支　店

本　店	20,000	本　店	30,000
残	10,000		

支店の開設

　支店を開設するときは、本店の帳簿に記載されている資産や負債勘定を本店の勘定から分離し、支店へ移管して支店の帳簿に記入します。

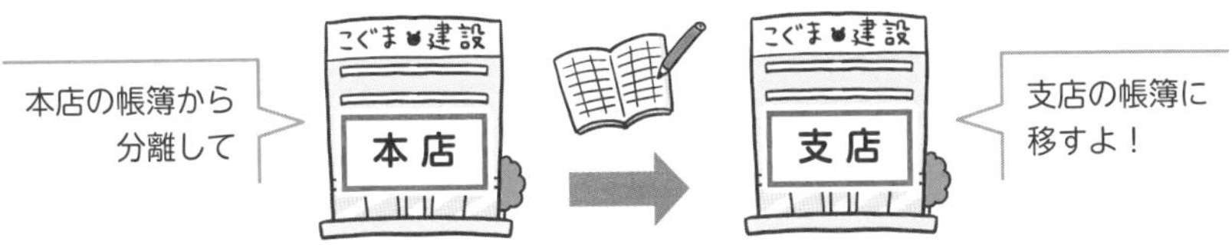

取引例 次の取引の本店と支店の仕訳を示しなさい。

　本店の帳簿に記載していた現金預金78,000円、完成工事未収入金56,000円、材料12,600円、工事未払金45,000円、未成工事受入金

16,500円を分離し、支店に移管した。

●本店の処理

(工事未払金)	45,000	(現金預金)	78,000
(未成工事受入金)	16,500	(完成工事未収入金)	56,000
(支店)	85,100	(材料)	12,600

●支店の処理

(現金預金)	78,000	(工事未払金)	45,000
(完成工事未収入金)	56,000	(未成工事受入金)	16,500
(材料)	12,600	(本店)	85,100

本店の支店勘定と支店の本店勘定は85,100円で一致する

本店と支店間の取引

本支店間の取引は**企業内での債権債務の関係**と考え、本店勘定と支店勘定で処理します。

支店の工事代金、
代わりに
支払います
¥1000
こぐま建設
本店
こぐま建設
支店
支店は何も
してないけど
処理する
必要があるね

取引例1 本店は、支店の工事代金の未収代金130,000円を小切手で回収した。

●本店の処理

本店の処理なので支店勘定

(現金)	130,000	(支店)	130,000

小切手(現金)で回収しているのは本店である

●支店の処理

完成工事未収入金が減少しているのは支店である

(本店)	130,000	(完成工事未収入金)	130,000

支店の処理なので本店勘定

取引例2 支店は、本店が管理している駐車場の地代24,000円を現金で受け取った。

●本店の処理

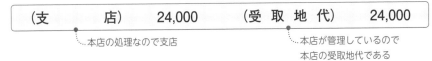

（支　　　店）	24,000	（受 取 地 代）	24,000

…本店の処理なので支店

…本店が管理しているので本店の受取地代である

●支店の処理

（現　　　金）	24,000	（本　　　店）	24,000

…支店の現金が増えている

…支店の処理なので本店

取引例3 本店は、支店従業員の出張旅費8,800円を現金で立替払いした。

●本店の処理

（支　　　店）	8,800	（現　　　金）	8,800

…本店の処理なので支店

…本店が現金で払っている

●支店の処理

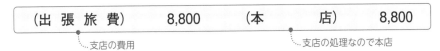

（出 張 旅 費）	8,800	（本　　　店）	8,800

…支店の費用

…支店の処理なので本店

取引例4 本店は、倉庫に保管していた材料500,000円を支店に発送した。

●本店の処理

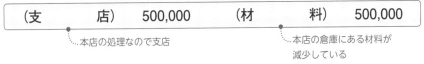

（支　　　店）	500,000	（材　　　料）	500,000

…本店の処理なので支店

…本店の倉庫にある材料が減少している

●支店の処理

（材　　　料）	500,000	（本　　　店）	500,000

…支店の材料が増加している

…支店の処理なので本店

取引例5 本店は、倉庫に保管していた原価610,000円の材料を10%

の利益を加算して支店に発送した。

●本店の処理

（支　　　店）	671,000	（支店へ材料売上）	671,000
（材料売上原価）	610,000	（材　　　料）	610,000

通常の完成工事高、売上と異なり内部間の取引なので支店へ売上、材料売上などで処理し、外部取引への取引と異なることを明らかにする。

支店へ材料売上として671,000円を計上しているので、対応する原価として材料売上原価610,000円を計上する。

●支店の処理

（材　　　料）	671,000	（本　　　店）	671,000

支店の材料は増加し、支店の処理なので貸方は本店勘定を使用する。

支店相互間（してんそうごかん）の取引

支店間で取引が行われた場合、処理方法は2種類あります。

❶支店分散計算制度

それぞれの支店勘定を使って処理します。本店と関わらないので本店では処理しません。

❷本店集中計算制度

支店間の取引のすべてをそれぞれの支店と本店との取引があったものとして処理します。

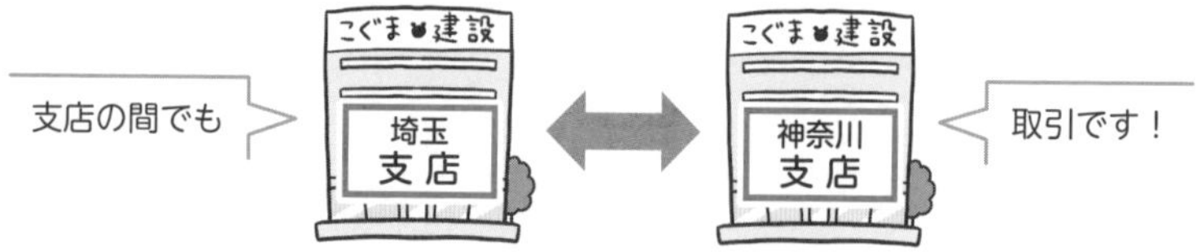

取引例　神奈川支店から埼玉支店へ現金850,000円を送金した。

❶支店分散計算制度で仕訳を行った場合

● 神奈川支店の処理

(埼玉支店)	850,000	(現　　金)	850,000
相手の支店		現金が減少	

● 埼玉支店の処理

(現　　金)	850,000	(神奈川支店)	850,000
現金が増加		相手の支店	

● 本店の処理　仕訳不要

❷本店集中計算制度で仕訳を行った場合

● 神奈川支店の処理

(本　　店)	850,000	(現　　金)	850,000
本店勘定で処理		現金が減少	

● 埼玉支店の処理

(現　　金)	850,000	(本　　店)	850,000
現金が増加		本店勘定で処理	

● 本店の処理

(埼玉支店)	850,000	(神奈川支店)	850,000
現金が増加しているので借方		現金が減少しているので貸方	

例題 21-1 本店における大阪支店の残高は130,000円の借方残、名古屋支店の残高は150,000円の借方残である。その後、大阪支店は名古屋支店の完成工事未収入金25,000円を現金で回収、大阪支店が名古屋支店の外注費38,000円を立替払いした場合、本店における名古屋支店と大阪支店の残高をそれぞれ答えなさい。なお、支店間取引は本店集中制度による。

・解答・

大阪支店の残高　<u>117,000円</u>　　名古屋支店の残高　<u>163,000円</u>

・解説・

● 本店の仕訳（完成工事未収入金）

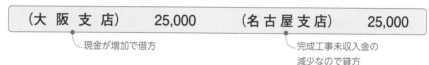

（大　阪　支　店）	25,000	（名 古 屋 支 店）	25,000

現金が増加で借方　／　完成工事未収入金の減少なので貸方

大阪支店は現金25,000円を回収しているので、資産の増加で借方に配置する。名古屋支店は完成工事未収入金25,000円が減少しているので、資産の減少で貸方に配置される。

● 本店の仕訳（外注費）

（名 古 屋 支 店）	38,000	（大　阪　支　店）	38,000

費用が発生　／　現金が減少しているので貸方

大阪支店が現金38,000円を立替払いしているので、資産の減少で貸方に配置される。名古屋支店の外注費38,000円は、費用の発生なので借方に配置される。

● 大阪支店の残高

借方残130,000円＋借方25,000円－貸方38,000円＝<u>117,000円</u>

● 名古屋支店の残高

借方残150,000円－貸方25,000円＋借方38,000＝<u>163,000円</u>

未達取引（みたつとりひき）

本店の支店勘定の残高と支店の本店勘定の残高は必ず一致しますが、本店または支店で記録されていない取引があれば不一致が生じます。そこで処理していない取引の処理を行うことにより、本店の支店勘定と支店の本店勘定を一致させます。このように処理がまだ行われていない取引のことを**未達取引**といいます。

取引例 支店の本店勘定の貸方残高が229,000円であり、本店の支店勘定の借方残高が237,000円であった。本店の出張旅費8,000円を支店が立て替え払いしたが本店に未達であった。

● 未達取引の仕訳

本店の取引が未達なので支店勘定

(出張旅費)	8,000	(支　　　店)	8,000

本店の出張旅費が未達

内部利益（ないぶりえき）

内部利益とは、企業の内部の取引から生じる未実現の利益をいいます。内部利益は内部の移動に過ぎないので、内部利益は控除します。

$$\text{内部利益} = \frac{\text{内部利益を加算された材料の金額} \times \text{内部利益率}}{100\% + \text{内部利益率}}$$

取引例 本店は、支店への材料振替価格を、原価に7%の利益を加算した金額としている。支店における期末棚卸資産には未成工事支出金に含まれている材料費885,200円（うち本店仕入分331,700円）、材料棚卸高65,600円（うち本店仕入分27,285円）があった。これらに含まれている内部利益は［　　　　］円である。

$$\frac{(331{,}700\text{円} + 27{,}285\text{円}) \times 7\%}{100\% + 7\%} = \underline{23{,}485\text{円}}$$

内部利益が含まれているのは「うち本店仕入分」と記載がある金額のみである。

☑ 基礎力確認問題

1 重要度 A　難易度 A〜C

解答＆解説➡P388

次の ＿＿＿ 内に入る正しい数値を計算しなさい。

(1)　難易度B

本店における支店勘定は期首に17,250円の借方残高である。期中に、本店から支店に材料2,000円を発送し、支店から現金1,250円が送られ、支店が負担すべき旅費2,000円を立替払いし、支店の未成工事受入金6,500円を受け取ったとすれば、本店における支店勘定は期末に ＿＿＿ 円の借方残高となる。

(2)　難易度B

支店における本店勘定は期首に35,500円の貸方残高である。期中に、本店が支店へ現金2,500円を送付し、支店の完成工事未収入金13,000円を本店が回収し、支店の事務用消耗品費8,500円を本店が立替払いした場合、支店の本店勘定の期末における貸方残高は ＿＿＿ 円の借方残高となる。

(3)　難易度B

期首において、本店における大阪支店勘定は625,000円の借方残高、神戸支店勘定は833,000円の借方残高である。期中において、大阪支店が神戸支店の広告宣伝費15,000円を現金で立替払いし、神戸支店が大阪支店の完成工事未収入金38,500円を現金で回収したときに、支店間取引を本店集中計算制度で仕訳すれば、本店における神戸支店勘定の期末残高は ＿①＿ 円であり、大阪支店の期末残高は ＿②＿ 円である。

(4)　難易度A

期首において、本店における三重支店勘定は947,000円の借方残、岐阜支店勘定は623,000円の借方残である。期中において、三重支店が岐阜支店の工事未払金26,000円を現金で立替払いし、岐阜支店が三重支店の完成工事未収入金207,000円を現金で回収したときに、支店間取引を支店分散計算制度で仕訳すれば、本店における三重支店勘定の期末残高は ＿①＿ 円であり、岐阜支店の期末残高は ＿②＿ 円である。

⑸ 難易度C

本店における名古屋支店勘定は540,000円の借方残高、大阪支店勘定は750,000円の借方残高であった。その後、大阪支店が名古屋支店の従業員の出張旅費7,000円を現金で立替払いし、本店は大阪支店のための借入金の支払利息（本店ですでに支払記録済み）15,000円を大阪支店の負担とした。このとき、支店相互間の取引を本店集中計算制度で処理していれば、本店における大阪支店勘定残高は［　　　　］円となる。

⑹ 難易度A

四国株式会社は、商品について原価に5%の利益を加算した額を振替価格としている。香川支店の期末時点における商品棚卸高が154,000円（そのうち本店仕入分は56,700円）、未達商品が33,000円（そのうち本店仕入分は9,975円）であるとき、控除される内部利益は［　　　　］円である。

⑺ 難易度A

神保町電気工事株式会社は、材料について原価に10%の利益を加算した額を振替価格としている。支店の期末時点における未成工事支出金に含まれている材料費が420,000円（そのうち本店仕入分は15,510円）、材料が210,000円（そのうち本店仕入分は192,500円）としたとき、控除される内部利益は［　　　　］円である。

⑴	¥	⑵	¥
⑶ ①	¥	⑶ ②	¥
⑷ ①	¥	⑷ ②	¥
⑸	¥	⑹	¥
⑺	¥		

☑ 解答＆解説

1 参照➡P378

(1)		¥ 13500
(2)		¥ 33500
(3)	①	¥ 571500
(3)	②	¥ 886500
(4)	①	¥ 947000
(4)	②	¥ 623000
(5)		¥ 758000
(6)		¥ 3175
(7)		¥ 18910

(1) 期中の本店の処理

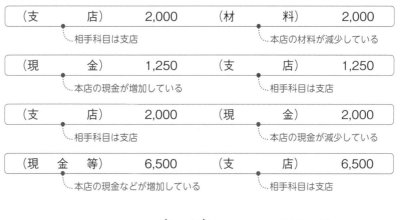

借方科目	金額	貸方科目	金額
(支　　店)	2,000	(材　　料)	2,000

相手科目は支店　　本店の材料が減少している

借方科目	金額	貸方科目	金額
(現　　金)	1,250	(支　　店)	1,250

本店の現金が増加している　　相手科目は支店

借方科目	金額	貸方科目	金額
(支　　店)	2,000	(現　　金)	2,000

相手科目は支店　　本店の現金が減少している

借方科目	金額	貸方科目	金額
(現　金　等)	6,500	(支　　店)	6,500

本店の現金などが増加している　　相手科目は支店

支　店　(単位：円)

期首残高	17,250		1,250
	2,000		6,500
	2,000	残　額	(13,500)

(2) 期中の支店の処理

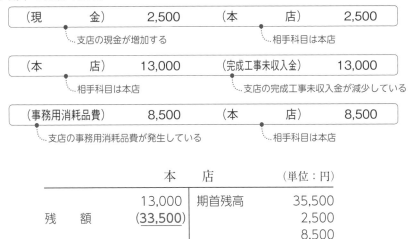

(現　　金)	2,500	(本　　店)	2,500

支店の現金が増加する　／　相手科目は本店

(本　　店)	13,000	(完成工事未収入金)	13,000

相手科目は本店　／　支店の完成工事未収入金が減少している

(事務用消耗品費)	8,500	(本　　店)	8,500

支店の事務用消耗品費が発生している　／　相手科目は本店

本　店　(単位：円)

	13,000	期首残高	35,500
残　額	(33,500)		2,500
			8,500

(3)

(神 戸 支 店)	15,000	(大 阪 支 店)	15,000
(神 戸 支 店)	38,500	(大 阪 支 店)	38,500

①大阪支店は625,000円 借方残－15,000円－38,500円＝571,500円
②神戸支店は833,000円 借方残＋15,000円＋38,500円＝886,500円

(4) 支店分散制度で処理する場合本店の仕訳は不要なので支店の残高は変動しない。よって①947,000円　②623,000円

(5)

大阪支店　(単位：円)

残　高	750,000		7,000
	15,000	残　額	(758,000)

(6) $\dfrac{(\text{本店仕入}\,56{,}700\text{円}+9{,}975\text{円})\times 5\%}{100\%+5\%}=3{,}175\text{円}$

(7) $\dfrac{(\text{本店仕入}\,15{,}510\text{円}+192{,}500\text{円})\times 10\%}{100\%+10\%}=18{,}910\text{円}$

1 原価のまとめ

工事原価

工事原価とは、受注した建設工事の完成に伴い発生する原価です。

工事原価の例

工事原価	現場作業員の給料、木材等の材料購入費用、建設用機械の減価償却費等

販売費及び一般管理費

販売費は、販売活動において直接かかった費用をいいます。また、一般管理費とは、一般管理活動するためにかかった費用をいいます。

販売費と一般管理費の例

販売費及び一般管理費	受注のための広告費、通信費など

非原価項目

非原価項目とは、原価計算制度において原価に算入しない項目をいいます。経営目的に関連しない価値の減少や、異常な状態を原因とする価値の減少、税法上特に認められている損失算入項目、その他の利益剰余金に課する項目があります。

経営目的に関連しない価値の減少

1	次の資産に関する減価償却費、管理費、租税等の費用 (1) 投資資産の不動産、有価証券、貸付金等 (2) 未稼働の固定資産 (3) 長期にわたり休止している設備 (4) その他経営目的に関連しない資産

2	寄付金等であって経営目的に関連しない支出
3	支払利息、割引料、社債発行割引料償却、社債発行費償却、株式発行費償却、設立費償却、開業費償却、支払保険料等の財務費用

異常な状態を原因とする価値の減少

1	異常な仕損、減損、棚卸減耗等
2	火災、震災、風水害、盗難、争議等の偶発的事故による損失
3	予期し得ない陳腐化等によって固定資産に著しい減価を生じた場合の臨時償却費
4	延滞償金、違約金、罰課金、損害賠償金
5	偶発債務損失
6	訴訟費
7	臨時多額の退職手当
8	固定資産売却損及び除却損
9	異常な貸倒損失

税法上特に認められている損失算入項目

1	価格変動準備金繰入額
2	租税特別措置法による償却額のうち通常の償却範囲額を超える額

その他の利益剰余金に関する項目

1	法人税、所得税、都道府県民税、市町村民税
2	配当金
3	役員賞与金
4	任意積立金繰入額
5	建設利息償却

総原価

総原価とは、工事原価と販売費及び一般管理費をいいます。非原価項目は総原価には含まれません。

損益計算書

こぐま建設株式会社　自X年4月1日　至X年3月31日　（単位：円）

Ⅰ　完成工事高

Ⅱ　完成工事原価 ➡ **工事原価**

　完成工事総利益（完成工事総損失）

Ⅲ　販売費及び一般管理費

　役員報酬
　退職金
　法定福利費
　福利厚生費
　修繕維持費
　広告宣伝費
　貸倒引当金繰入額
　貸倒損失
　減価償却費
　開発費償却
　租税公課
　雑　費

（Ⅱ完成工事原価～Ⅲ販売費及び一般管理費）**総原価**

　営業利益（営業損失）

Ⅳ　営業外収益

　仕入割引
　受取利息及び配当金

Ⅴ　営業外費用

　売上割引
　支払利息

　経常利益（経常損失）

Ⅵ　特別利益

　投資有価証券売却益

Ⅶ　特別損失

　災害損失
　固定資産除却損

（Ⅴ営業外費用～Ⅶ特別損失）**非原価項目**

　税引前当期純利益（税引前当期純損失）
　法人税、住民税及び事業税
　当期純利益（当期純損失）

2 形態別分類

けいたいべつぶんるい

形態別原価計算とは

形態別分類とは、財務会計における費用の発生を基礎とする分類のことです。つまり、どのような資源を消費したかが基準となります。原価要素は、この分類基準によって材料費、労務費、外注費及び経費などの各費目に分類されます。

材料費
木材

労務費
現場作業員の賃金

外注費
外注塗装

経 費
水道料金

完成工事原価報告書 （単位：円）

自X5年11月1日
至X5年11月30日

Ⅰ	材料費	2,110,000
Ⅱ	労務費	1,352,180
Ⅲ	外注費	1,651,800
Ⅳ	経　費	898,080
	（うち人件費）	(256,030)
	完成工事原価	6,012,060

3 計算対象との関連性においての分類

工事直接費と工事間接費

住宅をつくる場合、木材の消費は材料費にあたります。この材料費は住宅工事に直接かかる費用であるので、工事直接費（現場個別費）に分類されます。複数の工事にも利用されるクレーンの維持費は、どの工事で発生したか特定できないため、工事間接費（現場共通費）と分類されます。

4 操業度との関連における分類

操業度との関連における分類とは

操業度との関連における分類とは、操業度の増減に対する原価発生の態様による分類です。原価要素は、この分類基準によって固定費と変動費に分類されます。ここでいう操業度とは、生産設備を一定とした場合におけるその利用度をいいます。固定費とは、減価償却費などのように操業度の増減に関わらず変化しない原価要素をさします。変動費とは、現場で使用した材料費など操業度の増減に応じて比例的に増減する原価要素をいいます。

固定費と変動費

固定費	操業度が変化しても、その総額が変化しない原価要素
変動費	操業度が変化するとその総額が変化する原価要素

直接原価計算とは

直接原価計算とは、変動費である直接原価と固定費である期間原価とに区分して計算する方法であり、短期意思決定や原価管理に有用な情報を得ることができます。

直接原価計算による損益計算書　（単位：円）

売上高	58,500,000
変動売上原価	19,125,000
変動製造マージン	39,750,000
変動販売費	1,350,000
貢献利益	38,025,000
製造固定費	2,175,000
一般管理費	10,850,000
営業利益	25,000,000

全部原価計算による損益計算書　（単位：円）

売上高	58,500,000
売上原価	21,300,000
売上総利益	37,200,000
販売費	1,350,000
一般管理費	10,850,000
営業利益	25,000,000

5 機能別分類

機能別分類とは

機能別分類とは、原価を経営上の機能（何のために消費するか）によって分けたものです。この基準を使うと、次のように分類されます。

材料費	主要材料費、修繕材料費、試験研究材料費等の補助材料費、工場消耗品費等
賃　金	作業種類別直接賃金、間接作業賃金、手待賃金等
経　費	各部門の機能別経費

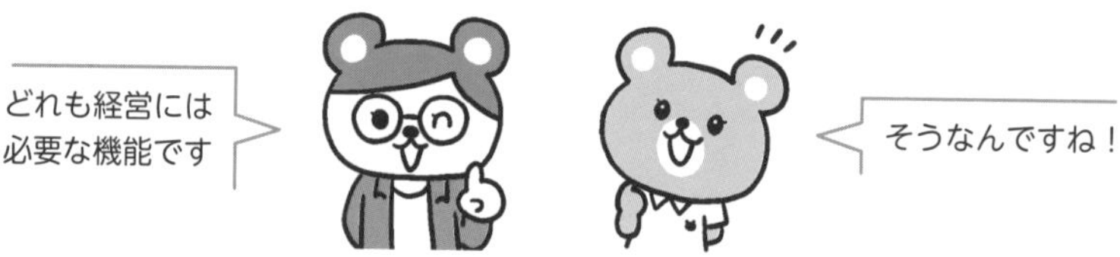

どれも経営には必要な機能です
そうなんですね！

6 個別原価計算と総合原価計算

個別原価計算と総合原価計算とは

個別原価計算とは、ひとつの製品ごとに原価を集計する原価計算手法です。**総合原価計算**とは、複数の製品をまとめて原価を集計する原価計算手法です。

個別原価計算と総合原価計算の例

個別原価計算	船舶や特注の機械、高価な指輪、建設業など個別に製造する受注生産品
総合原価計算	お菓子、清涼飲料、鉄骨、建設資材などの大量生産品

7 標準原価計算

標準原価とは

標準原価とは、財貨の消費量を科学的、統計的調査にもとづいて能率の尺度となるように予定し、かつ、予定価格または正常価格をもって計算した原価をいいます。この場合、能率の尺度としての標準とは、その標準が適用される期間において達成されるべき原価の目標を意味します。

8 工種別原価計算

工種別原価計算とは

工種別原価計算とは、発注者など外部に情報提供するために建築工事、電気設備工事、機械設備工事など工事種類別（工種別）に積算を行い、予定価格を決定します。

9 原価計算基準

原価計算の目的

原価計算の目的は、企業の出資者、債権者、経営者等に向けて、過去の一定期間における損益と、期末における財政状態を財務諸表に表示するために必要な正しい原価を集計することです。

原価計算制度と原価の本質

原価計算制度及び**原価**は、「原価計算基準」において以下のように定義されています。試験では、定義文が穴埋め問題で出題されます。

原価計算制度の定義

出典：「原価計算基準」

原価計算制度は財務諸表の作成、原価管理、予算統制等の異なる目的が、重点の相違はあるが相ともに達成されるべき一定の計算秩序である。 かかるものとして原価計算制度は、財務会計機構のうち外において随時断片的に行なわれる原価の統計的、技術的計算ないし調査ではなくて、財務会計機構と有機的に結びつき常時継続的に行なわれる計算体系である。

原価の定義

出典：「原価計算基準」

❶原価は、経済価値の消費である。経営の活動は、一定の財貨を生産し販売することを目的とし、一定の財貨を作り出すために、必要な財貨すなわち経済価値を消費する過程である。原価とは、かかる経営過程における価値の消費を意味する。

❷原価は、経営において作り出された一定の給付に転嫁される価値であり、その給付に関わらせて、把握されたものである。ここに給付とは、経営が作り出す財貨をいい、それは経営の最終給付のみでなく、中間的給付をも意味する。

❸原価は、経営目的に関連したものである。経営の目的は、一定の財貨を生産し販売することにあり、経営過程は、このための価値の消費と生成の過程である。原価は、かかる財貨の生産、販売に関して消費された経済価値であり、経営目的に関連しない価値の消費を含まない。財務活動は、財貨の生成および消費の過程たる経営過程以外の、資本の調達、返還、利益処分等の活動であり、したがってこれに関する費用たるいわゆる財務費用は、原則として原価を構成しない。

❹原価は、正常的なものである。原価は、正常な状態のもとにおける経営活動を前提として、把握された価値の消費であり、異常な状態を原因とする価値の減少を含まない。

言葉がむずかしいので、
問題を解きながら
身につけると良いんですね
基礎力確認問題で
身につけよっと

10 特殊原価調査

特殊原価調査

広い意味での原価の計算には、原価計算制度以外に、経営の基本計画及び予算編成における選択的事項の決定に必要な特殊の原価、例えば差額原価、機会原価、付加原価等を、随時に統計的、技術的に調査測定することも含まれます。しかし、特殊原価制度は、制度としての原価計算の範囲外に属するものとして、この基準に含めません。

戦術的意思決定

短期的な観点から既存の経営構造を改善するための意思決定をいい、内製か購入の選択、追加加工、新規注文の選択を行うか、行わないかなどがあります。戦術的意思決定では時間価値は考慮しません。

例えば、部品を内製か購入か検討している場合で見てみましょう。

・内製案

内製で生じる工事原価のうち、変動費部分が6,500,000円である。

・外部購入案

外部から購入すると6,250,000円である。

6,500,000円－6,250,000円＝250,000円

250,000円有利であるので、この部品は外部購入すべきである。

部品を自分でつくるか、
外部から買うか、
どうしよう…
どっちが有利か
比べてみよう

戦略的意思決定

設備投資を行うか、行わないかなど長期的な視点から企業の経営構造に関わる随時的な意思決定をいい、時間価値を考慮します。

例えば、新設備の購入を検討している場合で見てみましょう。

・新設備を購入する際の投資額が50,000,000円である。
・毎年のキャッシュフロー現在価値合計額が51,100,000円である。

51,100,000円－50,000,000円＝1,100,000円

1,100,000円有利であるため、この設備は購入すべきである。

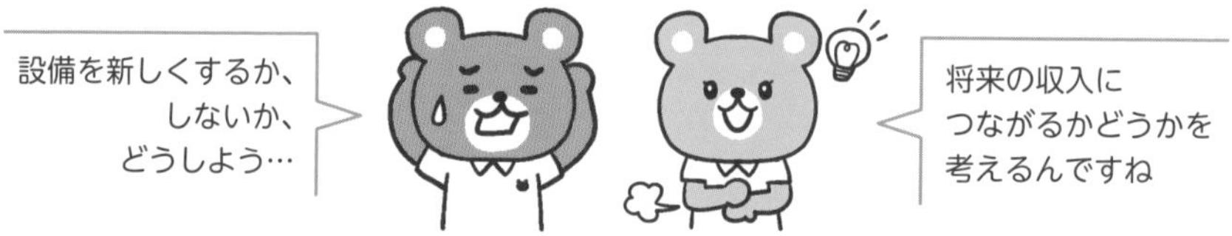

設備を新しくするか、
しないか、
どうしよう…
将来の収入に
つながるかどうかを
考えるんですね

11 原価の管理可能性にもとづく分類

原価の管理可能性にもとづく分類とは

原価の管理可能性にもとづく分類とは、原価の発生が一定の管理者層によって管理しうるかどうかの分類です。原価要素は、この分類基準によって**管理可能費**と**管理不能費**とに分類されます。下級管理者層にとって管理不能費であっても、上級管理者層にとっては管理可能費となることがあります。

管理可能費と管理不能費の例

管理可能費	工事作業中に材料を破損させた場合など
管理不能費	洪水や地震、火災などで建設材料が消滅した場合など

みなさん、
わかりましたか？
わからない
ところは
復習ですね

☑ 基礎力確認問題

1 重要度 A 難易度 A

解答＆解説➡P412

次に示す費用あるいは損失は、下記の〈区分〉のいずれに属するか、記号（A～C）で解答しなさい（第２回試験第４問）。

(1) 工事現場で火災事故が発生し、その復旧にかかる支出
(2) 特定工事のための仮設資材センターの管理にかかる支出
(3) 外注代金の支払いのための短期借入金にかかる利子
(4) 支店設置のための登記関係諸費

〈区分〉
A．工事原価として処理する。
B．原価制度上の原価であるが一般管理費として処理する。
C．非原価（原価外項目）として処理する。

(1) ＿＿＿　(2) ＿＿＿　(3) ＿＿＿　(4) ＿＿＿

2 重要度 A 難易度 A

解答＆解説➡P412

次に示す費用あるいは損失は、次のいずれの〈区分〉に属するか、記号（A～C）で解答しなさい（第11回試験第４問）。

(1) 事業の全般的な広報活動に関する新聞広告のための支出
(2) 建築工事現場に仮設された昇降機の使用による損耗額
(3) 道路工事現場におけるガス爆発事故の資産損失額
(4) 受注した工事に関する現場搬入の運搬経費

〈区分〉
A．工事原価として処理する。
B．総原価に含まれるが、期間費用として処理する。
C．非原価項目として処理する。

(1) ＿＿＿　(2) ＿＿＿　(3) ＿＿＿　(4) ＿＿＿

3 重要度 A 難易度 A

解答＆解説➡P412

次の各費用等は、下記の〈区分〉のいずれに属するか、記号（A～C）で解答しなさい（第18回試験第3問）。

(1) 使用してきた工事用機械の売却損
(2) 本社建物で発生した電気代及び水道代
(3) 工事現場を管理するために、現場の近くに借りた現場事務所の賃借料
(4) 材料倉庫用の土地を取得するための借入金の利息

〈区分〉
A. 工事原価として処理する。
B. 総原価に含まれるが、期間費用として処理する。
C. 非原価として処理する。

(1) ______ (2) ______ (3) ______ (4) ______

4 重要度 A 難易度 A

解答＆解説➡P413

次に示す費用あるいは損失は、下記の〈区分〉のいずれに属するか、記号（A～C）で解答しなさい。

(1) 工事用機械の減価償却費を計上した。
(2) 本社事務社員の退職給付引当金の繰入額を計上した。
(3) 完成工事未収入金の代金を早期に回収したため、割引を受けた。
(4) 本社事務所用の事務用品を購入した。
(5) 現場に搬入している材料の運送料5,000円を現金で支払った。

〈区分〉
A. 工事原価として処理する。
B. 原価制度上の原価であるが一般管理費として処理する。
C. 非原価（原価外項目）として処理する。

(1) ______ (2) ______ (3) ______ (4) ______ (5) ______

5 重要度 A 難易度 A

解答＆解説➡P413

次の事象に関係する通常の支出は、A：原価計算基準でいう原価の本質の要件を適えるもの、B：非原価項目のいずれであるか、記号で解答しなさい（第3回試験第4問）。

(1) 本社役員と関係会社幹部と定例の業務報告会を開催している。
(2) 本社の重機による施工では、一定のやむをえざる作業屑が発生する。
(3) 受注工事に関して、道路使用許可を申請しなければならない。
(4) 民間会社の本社社屋建設を受注するために、その計画を作成しながらプレゼンテーションを進めている。

(1) ______ (2) ______ (3) ______ (4) ______

6 重要度 A 難易度 A

解答＆解説➡P413

次の各文は、原価計算基準に照らして妥当な考え方であるか。妥当なものは「A」、そうでないものは「B」を記号で解答しなさい（第4回試験第4問）。

(1) 原価計算制度とは、財務会計機構と有機的に結びついて常時継続的に行われる計算体系で、原価管理の目的は含まれない。
(2) 工事現場に保管していた資材について、台風による被害で相当の減損が発生した。これは、異常なものと判断されるので、特別損失として処理することとした。
(3) 同一の職種に対する平均賃率は、必要ある場合には、予定賃率をもって計算することができる。
(4) 受注活動のマスタープラン作成に際して相当のデザイン料を支払った。これは、受注確定後には当該工事の個別原価に計上する予定である。

(1) ______ (2) ______ (3) ______ (4) ______

7　重要度 A　難易度 A

解答&解説➡P414

次に示す費用あるいは損失は、下記の〈区分〉のいずれに属するか、記号(A～C)で解答しなさい。

(1)　震災により、建物が焼失し、その復旧にかかる支出
(2)　建設機械の修繕費用支出
(3)　外注代金の支払いのための短期借入金にかかる利子

〈区分〉
A．工事原価として処理する。
B．原価制度上の原価であるが一般管理費として処理する。
C．非原価(原価外項目)として処理する。

(1)＿＿＿　(2)＿＿＿　(3)＿＿＿

8　重要度 A　難易度 A

解答&解説➡P414

下に示す費用あるいは損失は、次のいずれの〈区分〉に属するものか、該当する記号(A～C)で解答しなさい。

(1)　出張所における一般受注促進のための支出
(2)　現場作業員の安全管理に関する支出
(3)　現場資材の水害による経済価値の犠牲
(4)　施工作業現場における道路占用料

〈区分〉
A．工事原価として処理する。
B．総原価に含まれるが、期間費用として処理する。
C．非原価として処理する。

(1)＿＿＿　(2)＿＿＿　(3)＿＿＿　(4)＿＿＿

9 重要度 B 難易度 B

解答＆解説➡P414

次の文の［　　］の中に入る適当な用語を下記の〈用語群〉から選び、その記号（ア〜ク）を解答しなさい（第8回試験第4問一部改題）。

［ 1 ］とは、財務諸表の作成、原価管理、予算統制等の異なる目的が、重点の相違はあるが相ともに達成されるべき一定の計算秩序である。これは［ 2 ］と有機的に結びついて常時継続的に行われる計算体系で、随時断片的に行われる原価の統計的、技術的計算ないし調査である［ 3 ］とは異なったものである。

建設業における［ 1 ］は基本的に［ 4 ］によって実施されるものである。

〈用語群〉

ア．工事契約	イ．工事進行基準	ウ．工事完成基準
エ．個別原価計算	オ．総合原価計算	カ．原価計算制度
キ．特殊原価調査	ク．財務会計機構	

1：＿＿＿　2：＿＿＿　3：＿＿＿　4：＿＿＿

10 重要度 B 難易度 B

解答＆解説➡P415

原価計算基準で述べられている原価の本質に関する次の文章の［　　］の中に入れるべき適当な用語を下記の〈用語群〉の中から選び、その記号（ア〜コ）を解答しなさい（第22回試験第4問）。

(1) 原価は、［ 1 ］の消費である。
(2) 原価は、経営において作り出された［ 2 ］に転嫁される価値である。
(3) 原価は、［ 3 ］に関連したものである。
(4) 原価は、［ 4 ］なものである。

〈用語群〉

ア．生産目的	イ．市場価値	ウ．標準的
エ．財務活動	オ．正常的	カ．経済価値
キ．経営目的	ク．一定の給付	コ．経営活動

1：＿＿＿　2：＿＿＿　3：＿＿＿　4：＿＿＿

11　重要度 A　難易度 A

解答＆解説➡P415

次のような原価に関する計算は、(A)原価計算制度であるか、(B)特殊原価調査であるか、記号で解答しなさい(第13回試験第4問)。

(1)　複数の工事現場監督のために2台の車両を使用しているが、当該車両関係費を各工事に配賦するために車両運転時間を基準とした予定配賦を採用している。

(2)　パワーショベルの取替えに関する検討資料を作成する。

(3)　現在、自社で作業している部分を外注した方が良いかどうかの意思決定資料を作成する。

(4)　部門共通費を複合配賦基準によって各部門に配賦する。

(1)＿＿＿　(2)＿＿＿　(3)＿＿＿　(4)＿＿＿

12　重要度 A　難易度 A

解答＆解説➡P416

次のような原価に関する計算は、(A)原価計算制度であるか、(B)特殊原価調査であるか、記号で解答しなさい(第19回試験第4問)。

(1)　ブルドーザー3台の取替えが工事原価に及ぼす影響の検討資料の作成

(2)　新工法の採用可否に関する経済計算

(3)　複数の工事現場を管理する現場事務所の費用の各工事への配賦

(4)　施工中の工事に関して期末に行う総工事原価の算定

(1)＿＿＿　(2)＿＿＿　(3)＿＿＿　(4)＿＿＿

13 重要度 A 難易度 A

解答&解説➡P416

次のような原価に関する計算は、(A)原価計算制度であるか、(B)特殊原価調査であるか、記号で解答しなさい。

(1) X機械を購入すると、完成工事高は前年比より6,120,000円増加するが、維持費その他諸経費が2,500,000円で済むので、社内で購入することにした。
(2) 当月末払労務費の金額を計算した。
(3) 外注していた塗装工事を引き続き外注すべきか、自社で行うべきかを検討した。

(1) ______ (2) ______ (3) ______

14 重要度 A 難易度 A

解答&解説➡P416

次の支出は、原価計算制度によれば、下記の〈区分〉のいずれに属するものか、記号(A～C)で解答しなさい(第27回試験第4問)。

(1) コンクリート工事外注費
(2) 本社経理部職員の人件費
(3) 社債発行費償却
(4) 仮設材料費

〈区分〉
A. プロダクト・コスト(工事原価)
B. ピリオド・コスト(期間原価)
C. 非原価

(1) ______ (2) ______ (3) ______ (4) ______

15 重要度 A 難易度 A

解答＆解説➡P416

次のような業務に関連する原価に関する計算は、(A) 原価計算制度であるか、(B) 特殊原価調査であるか、記号で解答しなさい（第26回試験第4問）。

(1) 自社の作業員が施工している作業を外注した方が良いかどうかの意思決定資料の作成
(2) 複数の工事現場を担当している施工管理者の人件費を、各工事に予定賃率で配賦する工事原価の集計
(3) 建設機械の買い替えに関する経済計算
(4) 施工中の工事に関して期末に行う総工事原価の算定

(1)＿＿＿　(2)＿＿＿　(3)＿＿＿　(4)＿＿＿

16 重要度 A 難易度 A

解答＆解説➡P417

次の文章は、下記の〈原価の基礎的分類〉のいずれと最も関係の深い事柄か、記号（A～D）で解答しなさい（第24回試験第4問）。

(1) 原価は、最終的には、生産物別の原価を算定する必要があるから、その最終生産物の生成に関して、直接的に認識されるか否かの基準によって、直接費と間接費に分類される。
(2) 一般的な建設工事では、材料費のように工事進捗度に応じて発生するものや、現場事務所経費のように会計期間において工事進捗度と関係なく一定額が固定的に発生するものがある。
(3) 建設業では、一般的に工事原価を管理するための実行予算の作成に際しては、工事種類（工種）別に原価を区分して集計する方法が採用されている。
(4) 会計上の取引を第一次的に分類集計する際に最も適切なもので、財務会計における費用の発生を基礎とする分類である。

〈原価の基礎的分類〉

A．発生形態別分類　B．作業機能別分類

C．計算対象との関連性分類　D．操業度と関連性分類

(1) ＿＿＿　(2) ＿＿＿　(3) ＿＿＿　(4) ＿＿＿

17 重要度 A　難易度 A

解答＆解説➡P417

次の文章は、下記の〈工事原価計算の種類〉のいずれと最も関係の深い事柄か、記号（A～E）で解答しなさい（第23回試験第4問）。

(1) 給付計算としての原価計算を、工事原価に販売費や一般管理費などの営業費まで含めて行うものである。

(2) 建設資材を量産している企業では、一定期間に発生した原価をそれに応じた生産量で割って製品の単位原価を計算する。

(3) 建設業では、工事原価を材料費、労務費、外注費、経費に区分して原価を計算し、これにより制度的な財務諸表を作成している。

(4) 個々の原価計算対象にかかる直接原価を集計し、次に原価計算対象に共通的に発生する間接原価を配賦する原価計算方法である。建設会社が請け負う工事については、一般的にこの原価計算方法が採用される。

〈工事原価計算の種類〉

A．総合原価計算　B．形態別原価計算　C．個別原価計算

D．工種別原価計算　E．総原価計算

(1) ＿＿＿　(2) ＿＿＿　(3) ＿＿＿　(4) ＿＿＿

18 重要度 A 難易度 A

解答＆解説➡P417

次の各文章は、下記の〈工事原価計算の種類〉のいずれと最も関係の深い事柄か、記号（A～E）で解答しなさい（第17回試験第4問）。

(1) 受注単位の生産活動について消費された原価を集計・計算する原価計算方法であり、建設業では一般的にこの方法が採用される。
(2) 個別の工事を適正な価額で受注できるか否かを判断するために行う原価計算方法であり、建設業ではこの方法が重視される。
(3) 建設業法施行規則では、この原価計算で採用する原価分類にもとづいて、完成工事原価報告書の作成を求めている。
(4) これは、工事原価に販売費や一般管理費などの営業費まで含めて行う原価計算方法である。

〈工事原価計算の種類〉

A．総原価計算　　B．事前原価計算　　C．個別原価計算
D．形態別原価計算　　E．総合原価計算

(1) ＿＿＿　(2) ＿＿＿　(3) ＿＿＿　(4) ＿＿＿

19 重要度 A 難易度 A

解答＆解説➡P418

次の文章は、下記の〈原価計算の種類〉のいずれと最も関係の深い事象か、該当する記号（A～E）で解答しなさい。なお、同じ記号を2回以上使用してはならない（第9回試験第4問）。

(1) 建設業では、工事原価を材料費、労務費、外注費、経費に区分して原価を計算し、これを報告書の基本としている。
(2) 原価計算基準にいう「原価の本質」の定義からすれば、工事原価と販売費及び一般管理費を含めたものが、いわゆる原価性を有するものである。
(3) コストコントロールのために能率水準としての目標を定める。
(4) 建設工事用の鉄骨を製造している工場では、素材とそれを加工する

作業の区分を重視して原価計算を実施している。

〈原価計算の種類〉

A．個別原価計算　　B．総合原価計算　　C．形態別原価計算
D．標準原価計算　　E．総原価計算

(1)＿＿＿　(2)＿＿＿　(3)＿＿＿　(4)＿＿＿

20 重要度 A 難易度 A

解答＆解説➡P418

次の文章は、下記の〈原価計算の種類〉のいずれと最も関係が深いか、該当するものを記号（A～E）で解答しなさい（第5回試験第4問）。

(1) 建築工事の入札に参加するため、その予定価格用の工事原価を積算する。
(2) 建設業法施行規則に定める完成工事原価報告書を作成するための工事原価を集計する。
(3) 受注生産の企業では、原則として受注別に原価を集計する番号を設定して番号別の原価を集計する。
(4) 特定の業務について能率を測定する尺度となるように、事前の目標原価を計算しておく。
(5) 建設資材を量産している企業では、原価計算期間において発生した原価をそれに応じた生産量で割って製品の単位原価を計算する。

〈原価計算の種類〉

A．標準原価計算　　B．総合原価計算　　C．個別原価計算
D．形態別原価計算　　E．工種別原価計算

(1)＿＿＿　(2)＿＿＿　(3)＿＿＿　(4)＿＿＿　(5)＿＿＿

解答&解説

1 参照➡P390

(1) C　(2) A　(3) C　(4) B

(1) 火災事故という文言があるので特別損失に該当し、Cである。
(2) 特定工事のためなので工事原価に該当し、Aである。
(3) 短期借入金にかかる利子は、支払利息であり営業外費用に該当し、Cである。
(4) 登記関係諸費は販売費及び一般管理費に該当し、Bである。

2 参照➡P390

(1) B　(2) A　(3) C　(4) A

(1) 新聞広告のための支出は販売費及び一般管理費であるため、販売活動のための支出に該当し、Bである。
(2) 建設工事現場における価値の減少は、工事に関する事項に該当し、Aである。
(3) ガス爆発事故の資産損失額は、異常な状態を原因とする価値の減少であり、非原価項目に該当し、Cである。
(4) 受注した工事に関わる経費であり、工事に関する事項である。従って工事原価であり、Aである。

ワンポイントアドバイス

期間費用とは当該期間に対応する費用のことで、販売費及び一般管理費、営業外費用などが該当します

3 参照➡P390

(1) C　(2) B　(3) A　(4) C

(1) 特別損失に該当し、非原価として処理するのでCである。
(2) 販売費及び一般管理費に該当するので総原価に含まれるが、期間費用として処理するのでBである。
(3) 現場事務所の賃借料は工事原価に該当するので、Aである。
(4) 支払利息は営業外費用に該当し、非原価として処理するのでCである。

4 参照➡P390

⑴ A　⑵ B　⑶ C　⑷ B　⑸ A

⑴　工事用機械の減価償却費であるから、Aである。
⑵　本社事務社員の退職給付引当金の繰入額であるから、販売費及び一般管理費に該当し、Bである。
⑶　売上割引にあたり、営業外費用に該当し、Cである。
⑷　本社の事務用消耗品費は、販売費及び一般管理費に該当し、Bである。
⑸　工事に関する事項なので、Aである。

5 参照➡P397

⑴ A　⑵ A　⑶ A　⑷ A

⑴　原価は、経営目的に関連したものであるので、業務報告会は原価の本質を適えるものであり、Aである。
⑵　原価は正常的なものであるので、施工では一定のやむをえざる作業屑が発生する。原価の本質を適えるものであり、Aである。
⑶　経営の活動は、一定の財貨を生産し販売することを目的とするので、受注工事に関して道路使用許可を申請することは、原価の本質を適えるものであり、Aである。
⑷　受注するために進めているので、販売することを目的としている。よって、Aである。

6 参照➡P397

⑴ B　⑵ A　⑶ A　⑷ B

⑴　原価計算とは、財務会計機構と有機的に結びつき常時継続的に行なわれる計算体系である。原価計算制度は、この意味で原価会計にほかならない。したがって、原価管理の目的も含まれるのでBである。
⑵　異常な状態を原因とする価値の減少であり、特別損失として処理することは妥当である。よってAである。
⑶　原価計算基準の労務費基準の労務費計算より、必要ある場合には、平均賃率は予定平均賃率で計算することができる。妥当な考え方であり、Aである。

⑷　受注活動のマスタープラン作成に際して、相当のデザイン料は販売活動に関する経費であり販売費及び一般管理費に該当し、総原価であるが、工事原価ではない。したがって、原価計算基準に照らすと妥当ではないのでBである。

7 参照➡P390

⑴ C　⑵ A　⑶ C

⑴　震災という文言があるので、特別損失に該当し、Cである。
⑵　建設機械の修繕のための支出は工事原価に該当し、Aである。
⑶　短期借入金にかかる利子は支払利息であり、営業外費用に該当するため、Cである。

8 参照➡P390

⑴ B　⑵ A　⑶ C　⑷ A

⑴　販売活動のための支出であり、Bである。
⑵　現場作業員に関する支出は工事に関する支出なので、Aである。
⑶　異常な状態を原因とする価値の減少に該当し、非原価項目であるのでCである。
⑷　施工作業現場に関する費用であるので、工事に関する事項である。したがって工事原価であり、Aである。

9 参照➡P398

1：カ　2：ク　3：キ　4：エ

この基準において原価計算とは、制度としての原価計算をいう。1原価計算制度は財務諸表の作成、原価管理、予算統制等の異なる目的が、重点の相違はあるが相ともに達成されるべき一定の計算秩序である。かかるものとして原価計算制度は、2財務会計機構のうち、外において随時断片的に行なわれる原価の統計的、技術的計算ないし調査ではなくて、財務会計機構と有機的に結びつき常時継続的に行なわれる計算体系である。原価計算制度は、この意味で原価会計にほかならない。3特殊原価調査は、制度としての原価計算の範囲外に属するものとして、この基準に含めない(二原価計算制度)。

4個別原価計算とは、製品1個ごとに原価を集計する方法であり、飛行機や建物など個別に製造する受注生産に適している。建設業は受注生産なので、建設業の1原価計算制度は4個別原価計算が適しているといえる。

10 参照➡P398

1：カ　2：ク　3：キ　4：オ

(1) 原価は、経済価値の消費である。
(2) 原価は、経営において作り出された一定の給付に転嫁される価値である。
(3) 原価は、経営目的に関連したものである。
(4) 原価は、正常的なものである。

11 参照➡P398

(1) A　(2) B　(3) B　(4) A

(1) 現場共通費の予定配賦は原価計算制度の範囲内なので、Aである。
(2) 取り替えに関する検討資料は選択的事項の決定に必要な特殊の原価に該当するので、Bである。
(3) 外注した方が良いかどうかの意思決定資料を作成することは、選択的事項の決定に必要な特殊の原価に該当するので、Bである。
(4) 部門共通費を複合配賦基準によって各部門に配賦することは、原価計算制度の範囲内であり、Aである。

12 参照➡P398

(1) B　(2) B　(3) A　(4) A

(1) 経営の計画に関する事項であり、特殊原価調査である。
(2) 随時に統計的、技術的に調査測定することであり、特殊原価調査である。
(3) 配賦計算は原価計算の手続きである。
(4) 工事原価を算定するのは原価計算の手続きである。

13 参照➡P398

⑴ B　⑵ A　⑶ B

⑴　取り替えに関する検討資料は、選択的事項の決定に必要な特殊原価調査である。

⑵　労務費の計算は、原価計算制度に関わるのでAである。

⑶　外注した方が良いかどうかの意思決定資料を作成することは、選択的事項の決定に必要な特殊の原価に該当するため、Bである。

14 参照➡P398

⑴ A　⑵ B　⑶ C　⑷ A

⑴　外注費は工事原価の要素のひとつなので、Aである。

⑵　販売費及び一般管理費に該当するので、Bである。

⑶　本業以外の費用であるので、Cである。

⑷　仮設材料費は工事原価のひとつであるので、Aである。

15 参照➡P398

⑴ B　⑵ A　⑶ B　⑷ A

⑴　特殊原価調査なので、Bである。

⑵　原価計算制度なので、Aである。

⑶　特殊原価調査なので、Bである。

⑷　原価計算制度なので、Aである。

16 参照➡P393

⑴ C　⑵ D　⑶ B　⑷ A

⑴　直接費と間接費の分類は、計算対象との関連性分類である。
⑵　進捗度に応じて発生するものは変動費、進捗度の関係なく一定額発生するのが固定費である。よって操業度と関連性分類である。
⑶　工種別に原価を区分して集計する方法は、作業機能別分類である。
⑷　第一次的に分類集計するため、費用の発生を基礎とする分類であるので、発生形態別分類である。

17 参照➡P391

⑴ E　⑵ A　⑶ B　⑷ C

⑴　工事原価に、販売費や一般管理費などの営業費まで含めて総原価計算という。
⑵　量産している企業なので 総合原価計算である。
⑶　工事原価を材料費、労務費、外注費、経費に区分するので形態別原価計算である。
⑷　個々の原価計算対象より、個別原価計算である。

18 参照➡P391

⑴ C　⑵ B　⑶ D　⑷ A

⑴　建設業は、個別に原価を計算する個別原価計算で一般的に計算されるのでCである。
⑵事前に原価計算を行い、受注できるか否かを判断するのでBである。
⑶完成工事原価報告書は材料費、労務費、外注費、経費と４分類されているのでDである。
⑷販売費及び一般管理費を合わせて総原価という。したがってAである。

ワンポイントアドバイス

事前原価計算とは、工事を請け負う前に行う原価計算で、建設業経理士１級の試験範囲です

19 参照➡P390

(1) C　(2) E　(3) D　(4) B

(1)　材料費、労務費、外注費、経費のように区分して把握する場合、これを形態別分類という。

(2)　工事原価と販売費及び一般管理費を含めたものを総原価という。

(3)　標準原価計算はコストコントロールには適した方法である。目標とすべき標準原価を計算して実際原価と比較し生産性を向上させるコストコントロールを可能にする。

(4)　建設工事用鉄骨は大量に製造されるので、総合原価計算が適している。

20 参照➡P393

(1) E　(2) D　(3) C　(4) A　(5) B

(1)　予定価格用の工事原価を積算なので工種別原価計算である。

(2)　完成工事原価報告書は材料費、労務費、外注費、経費と区分されているので形態別原価計算である。

(3)　受注生産の企業では、原則として受注別に原価を集計する番号を設定して番号別の原価を集計するので、個別原価計算である。

(4)　能率を測定する尺度となるように、事前に目標原価を計算するので標準原価計算である。

(5)　生産量で割って製品の単位原価を計算するので、総合原価計算である。

模擬試験

第1回 模擬試験

●答案用紙 …… 428
●解答＆解説 …… 431

第2回 模擬試験

●答案用紙 …… 448
●解答＆解説 …… 451

第1回 模擬試験

第1問 (20点)

次の各取引について仕訳を示しなさい。使用する勘定科目は下記の〈勘定科目群〉から選び、その記号（A～X）と勘定科目を書くこと。なお、解答は次にかかげた（例）に対する解答例にならって記入しなさい。
（例）現金100,000円を当座預金に預け入れた。

A	現金	B	完成工事未収入金	C	完成工事原価
D	完成工事高	E	のれん	F	のれん償却
G	車両運搬具	H	営業外支払手形	I	支払手形
J	建物	K	建設仮勘定	L	未払金
M	前受金	N	未成工事受入金	O	工事未払金
P	受取手形	Q	利益準備金	R	当座預金
S	前払金	T	仮払金	U	立替金
V	資本金	W	その他資本剰余金	X	繰越利益剰余金
Y	預り金	Z	未成工事支出金		

1. Z工事は、前期は工事完成基準を適用していたが、当期より成果の確実性が認められ、工事進行基準が適用される。Z工事の工期は3年で、請負金額は48,000,000円、前期の工事原価発生額は15,000,000円、当期の原価発生額は17,300,000円、総工事原価見積額は38,000,000円であった。当期の完成工事高及び完成工事原価の仕訳を示しなさい。

2. 当期首にW社を合併した際に発生したのれん2,500,000円について、会計基準が定める最長期間で償却する。

3. 工事用車両8,000,000円を、約束手形8,000,000円を振り出して購入し、その購入費用150,000円については現金で支払った。

4. 次の工事の概要によって、当期の完成工事高および完成工事原価の計上の仕訳を示しなさい。工事期間3年の工事を前期に受注し、前期から工事進行基準を適用している。当初契約時の工事収益総額は1,880,000千円、工事原価総額の見積額は1,260,000千円で、前受金として1,350,000千円を受領している。当期末までの工事原価発生額は、第1期が756,000千円、第2期が375,000千円であった。資材価格と人件費の高騰により、第2期末に工事原価総額の見積もりを1,450,000千円に変更するとともに、交渉により、請負工事代金総額を2,180,000千円とすることが認められた。

5. 自家用の材料倉庫を自社の施工部門が建設中で、発生した原価3,300,000円は建物が完成したものとして会計処理を行っていたが、決算にあたり正しく処理する。

第2問 (12点)

次の ＿＿＿＿ に入る正しい金額を計算しなさい。

1. 会社設立にあたり、授権株式数5,000株、1株当たりの払込金額を75,000円とした。このとき、発行株式数及び払込金額の資本金組入額を会社法が定める必要最低限とした場合、資本準備金組入額は ＿＿＿＿ 円である。

2. A材料の期首残高は741,000円であり、当期の取引は、仕入高3,350,000円、仕入割引8,000円、仕入値引108,000円、仕入割戻55,000円、期末の実地棚卸高が487,000円で、異常な原因による棚卸減耗損が72,500円、材料評価損43,000円であれば、当期の工事原価となるA材料の消費による材料費は ＿＿＿＿ 円である。

3. 当社の当座預金勘定の決算整理前の残高は381,000円であるが、銀行の当座預金残高は417,000円であった。両者の差異分析をした結果、次の事実が判明した。

①機械装置購入代金の支払いのために振り出した小切手22,000円が未渡しであった。

②期日に約束手形30,000円が取立済となっていたが、その通知が当社に未達であった。

③工事未払金の支払に小切手40,000円を振り出したが、いまだ取り立てられていなかった。

④現金18,000円を当座預金に預け入れたが、銀行の営業時間終了後であったため、銀行は翌日入金扱いとして処理していた。

⑤得意先から同店振り出しの小切手38,000円を受け取り、ただちに当座預金に預け入れたが、いまだに取り立てられていなかった。このとき、修正後の当座預金勘定の残高は ［　　　　］ 円である。

4. 本店における支店勘定は、期首に39,000円の借方残高であった。期中に、本店から支店に材料25,000円を発送し、支店から本店に17,000円の現金送金があり、支店が負担すべき出張旅費10,000円を本店が現金で立替払いし、本店の完成工事未収入金45,000円を支店が現金で回収したとすれば、本店の支店勘定は期末に ［　　　　］ 円の借方残高となる。

第3問 (14点)

下記の〈資料〉を参考にし、問1~3を答えなさい。

〈資料〉

1．当月の工事間接費予算額 738,467円

(注) これには本社負担の減価償却費72,900円、直接労務費67,321円が含まれている。

2．当月の工事別直接材料費発生額

No.301	No.302	No.303	合　計
3,185,000円	465,000円	4,165,500	7,815,500円

(注1) No.301工事にかかる材料仕入値引1,000円が未処理である。
(注2) No.301工事にかかる材料仕入割引7,000円が未処理である。
(注3) No.302工事にかかる材料仕入返品4,000円が未処理である。
(注4) No.303工事にかかる材料の引取運賃5,000円が未処理である。
(注5) No.303工事にかかる材料仕入割戻し5,500円が未処理である。

3. 工事間接費実際発生額 604,460円

問1　当月の工事間接費の予定配賦率を計算しなさい。なお、工事間接費の配賦基準は直接材料費基準である。また、配賦率の算定に際して端数が生じた場合は、小数点第4位を四捨五入して小数点第3位までの数値を解答すること。

問2　303工事への予定配賦額を計算しなさい。なお、配賦額に端数が生じた場合には、円未満を四捨五入すること。

問3　工事間接費配賦差異を計算しなさい。なお、その残高は借方(A)か貸方(B)かを記号で解答しなさい。

第4問 (24点)

以下の問に解答しなさい。

問1　次の各文章は、下記の〈工事原価計算の種類〉のいずれと最も関係の深い事柄か、記号(A～E)で解答しなさい。

1. 個別受注単位の生産活動について消費された原価を工事ごとに集計・計算する原価計算方法である。

2. 記帳の簡略化のため標準原価計算により計算を行った。

3. 建設業法施行規則では、どのような資源に消費したかを基礎とする原価の分類にもとづいて、完成工事原価報告書の作成をもとめている。

4. これは、工事原価に販売費や一般管理費を含めて行う原価計算方法である。

5. 材料費を投入量、加工費を換算量にもとづいて原価を計算した。

〈工事原価計算の種類〉

A　総原価計算　　B　事前原価計算　　C　個別原価計算

D　形態別原価計算　　E　総合原価計算

問2　X1年1月の工事原価に関する次の〈資料〉にもとづいて、解答用紙に示す月次の「工事原価明細表」を完成しなさい。

〈資料〉

1．月初・月末の各勘定残高の内容 （単位：円）

		月 初	月 末
イ．材料		331,800	352,830
ロ．未成工事支出金		1,323,760	1,332,230
内訳：	材料費	239,130	255,120
	労務費	869,710	857,000
	外注費	127,300	136,550
	経 費	87,620	83,560
	（経費中、人件費）	（41,850）	（37,650）
ハ．工事未払金			
	賃 金	24,300	27,600
	外注費	33,900	31,500
	材料費	16,200	17,300
	交際費	3,900	4,290
ニ．前払費用			
	地代家賃	23,000	24,000
	保険料	6,770	6,810

2．材料購買関係の資料 （単位：円）

イ．総仕入高 3,986,100　ロ．値引高 60,500
ハ．返品高 25,600　ニ．割戻高 30,000
ホ．仕入割引高 5,000　ヘ．買入手数料 33,000

3．工事費用の支出に関する資料　※材料購買関係を除く （単位：円）

賃　金 1,155,000　退職金 110,000　外注費 899,500
動力用水道光熱費 861,370　機械等経費 112,350　地代家賃 96,380
保険料 81,000　従業員給料手当 775,800　法定福利費 22,660
福利厚生費 38,550　事務用品費 75,240　通信交通費 65,100
交際費 45,710　労務管理費 18,300

4. 減価償却費に関する資料
本社建物減価償却費 300,000円　　工事用機械減価償却費 24,500円

5. 完成工事補償引当金繰入 33,500円

第5問 (30点)

次の〈決算整理事項等〉にもとづき、解答用紙の精算表を完成しなさい。なお、工事原価は未成工事支出金を経由して処理する方法によっている。会計期間は1年である。また、決算整理の過程で新たに生じる勘定科目で、精算表上に指定されている科目はそこに記入し、計算過程で端数が生じた場合は小数点以下四捨五入すること。

〈決算整理事項等〉

1. 当期に受け取った受取手形のうち25,000円が不渡りとなった。この手形について貸倒引当金を100%設定する。

2. 仮払金の期末残高は、以下の内容であることが判明した。
①管理部門従業員の出張旅費（販売費及び一般管理費）の仮払いが16,000円あり、精算の結果、実費との差額5,000円を従業員が立て替えていた。
②法人税等の中間納付額は85,000円であった。

3. 仮受金の期末残高は、以下の内容であることが判明した。
①完成工事の未収代金回収分は17,000円であった。
②施行中の工事代金の前受金が7,300円であった。

4. 売上債権（上記1の不渡手形を除く）の期末残高の2%について貸倒引当金を計上する（差額補充法）。

5. 減価償却については、以下のとおりである。なお、当期中に固定資産の増減取引は発生していない。

①機械装置（工事現場用）の実際発生額は6,500円であった。なお、月次原価計算において、月額500円を未成工事支出金に予定計上しており、当期の予定計上額と実際発生額との差額は当期の工事原価（未成工事支出金）に加減する。

②備品（本社用）　以下の事項により減価償却費を計上する。

取得原価87,000円　残存価額ゼロ　耐用年数6年

減価償却方法定額法

6. 退職給付引当金については、期末自己都合要支給額を計上している。前期末の自己都合要支給額298,000円（管理部門83,000円、施工部215,000円）で、当期末は305,000円（管理部門88,000円、施工部門217,000円）であった。なお、当期中に管理部門から退職者が発生し、その退職金5,000円の支払いは退職給付引当金で処理されている。

7. 工事損失引当金5,900円を計上する。

8. 完成工事高に対して0.1%の完成工事補償引当金を計上する（差額補充法）。

9. 上記の各調整を行った後の未成工事支出金の次期繰越額は108,100円である。

10. 当期の法人税、住民税及び事業税として税引前当期純利益の30%を計上する。

第1回 答案用紙

第1問 (20点)

仕訳は記号（A～Z）も記入のこと

NO	借方			貸方		
	記号	勘定科目	金額	記号	勘定科目	金額
(例)	B	当座預金	100000	A	現金	100000
1						
2						
3						
4						
5						

第2問 (12点)

1 ¥

2 ¥

3 ¥

4 ¥

第3問 (14点)

問1

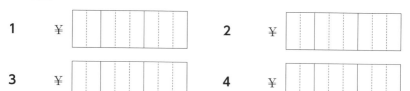

配賦率 ¥ （小数点第4位を四捨五入し、第3位まで記入）

問2

303工事の配賦額　¥ [　　　]

問3

工事間接費配賦差異　¥ [　　　]　記号（AまたはB）[　]

第4問 (24点)

問1

記号を選択

1	2	3	4	5

問2

工事原価明細表
X1年1月
（単位：円）

	当月発生工事原価	当月完成工事原価
Ⅰ. 材料費		
Ⅱ. 労務費		
Ⅲ. 外注費		
Ⅳ. 経費		
（うち人件費）	（　）	（　）
完成工事原価		

第5問 (30点)

精算表

(単位：円)

勘定科目	残高試算表		修正記入		損益計算書		貸借対照表	
	借方	貸方	借方	貸方	借方	貸方	借方	貸方
現金預金	883150							
受取手形	475000							
完成工事未収入金	618000							
貸倒引当金		19700						
未成工事支出金	132500							
材料貯蔵品	28700							
仮払金	101000							
機械装置	620000							
機械装置減価償却累計額		465000						
備品	87000							
備品減価償却累計額		58000						
支払手形		178000						
工事未払金		336000						
借入金		134000						
未成工事受入金		125000						
仮受金		24300						
工事損失引当金								
完成工事補償引当金		3350						
退職給付引当金		293000						
資本金		500000						
繰越利益剰余金		80000						
完成工事高		3293000						
完成工事原価	2368000							
販売費及び一般管理費	185000							
受取利息		7000						
支払利息	18000							
	5516350	5516350						
貸倒引当金繰入額								
不渡手形								
未払金								
未払法人税等								
法人税、住民税及び事業税								
当期(　　　)								

第1回 解答&解説

第1問

仕訳1組につき4点を与える×5=20　合計20点

記号（A～Z）も記入のこと

NO	借方			貸方		
	記号	勘定科目	金額	記号	勘定科目	金額
（例）	B	当座預金	100000	A	現金	100000
1	C B	完成工事原価 完成工事未収入金	32300000 40800000	Z D	未成工事支出金 完成工事高	32300000 40800000
2	F	のれん償却	125000	E	のれん	125000
3	G	車両運搬具	8150000	H A	営業外支払手形 現金	8000000 150000
4	N B C	未成工事受入金 完成工事未収入金 完成工事原価	222000 350400 375000	D Z	完成工事高 未成工事支出金	572400 375000
5	K	建設仮勘定	3300000	J	建物	3300000

1.

C（完成工事原価）	32,300,000	Z（未成工事支出金）	32,300,000
B（完成工事未収入金）	40,800,000	D（完成工事高）	40,800,000

完成工事原価の算定

当初、工事完成基準を適用していたので、前期の完成工事原価は0である。当期で工事進行基準が適用されたが、当期の原価だけを計上すると前期の完成工事原価が漏れるので、前期と当期を合計した金額が完成工事原価になる。

前期の完成工事原価15,000,000円＋当期の完成工事原価17,300,000円
＝32,300,000円

完成工事高の計算

$$48,000,000円 \times \frac{15,000,000円+17,300,000円}{38,000,000円} = \underline{40,800,000}円$$

2.

F（のれん償却）	125,000	E（の　れ　ん）	125,000

最長期間は20年である。

2,500,000円÷20年＝125,000円

3.

G（車両運搬具）	8,150,000	H（営業外支払手形）	8,000,000
		A（現　　金）	150,000

車両運搬具は工事原価ではないので営業外支払手形で処理する。

4. 完成工事高の仕訳

N（未成工事受入金）	222,000	D（完成工事高）	572,400
B（完成工事未収入金）	350,400		

・第1期の完成工事高

$$1{,}880{,}000千円\times\frac{756{,}000千円}{1{,}260{,}000千円}=1{,}128{,}000千円$$

この時点での未成工事受入金の残高は、

1,350,000千円－1,128,000千円＝222,000千円

・第2期の完成工事高

変更後請負金額は

$$2{,}180{,}000千円\times\frac{756{,}000千円+375{,}000千円}{1{,}450{,}000千円}=1{,}700{,}400千円$$

1,700,400千円－第1期完成工事高1,128,000千円＝572,400千円

完成工事原価の仕訳

C（完成工事原価）	375,000	Z（未成工事支出金）	375,000

5.

K（建設仮勘定）	3,300,000	J（建　　物）	3,300,000

建設中であるので建設仮勘定である。

建物勘定は誤りなので消去する。

第2問

各3点を与える×4＝12　合計12点

1. ¥ 46875000　　2. ¥ 3325500

3. ¥ 433000　　4. ¥ 102000

1. $5{,}000株 \times \frac{1}{4} \times 75{,}000円 \times \frac{1}{2} = \underline{46{,}875{,}000}円$

2.

（単位：円）

期首　741,000	※差額により 3,325,500
仕入高3,350,000－仕入値引108,000－仕入割戻55,000＝3,187,000	評価損　43,000
	減耗　72,500
	実地　487,000

3.

（単位：円）

当社	381,000	銀行	417,000
未渡小切手	22,000	未取付小切手	－40,000
手形取立未達	30,000	時間外預入	18,000
		未取立小切手	38,000
	433,000		433,000

↑ 一致する ↑

4.

（支店）	25,000	（材料）	25,000
（現金）	17,000	（支店）	17,000
（支店）	10,000	（現金）	10,000
（支店）	45,000	（完成工事未収入金）	45,000

支店借方残高は、39,000円＋25,000円－17,000円＋10,000円＋45,000円＝102,000円

第3問

問1と問2は各4点、問3は6点を与える　合計14点

問1

配賦率　¥ 0.077　（小数点第4位を四捨五入し、第3位まで記入）

738,467円－72,900円－67,321円＝598,246円

7,815,500円－1,000円－4,000円＋5,000円－5,500円＝7,810,000円

598,246円÷7,810,000円＝0.0766→0.077

問2

303工事の配賦額　¥ 320705

No.303（4,165,500円＋引取運賃5,000円－割戻し5,500円）×0.077＝320,705円

問3

工事間接費配賦差異　¥ 3090　記号（AまたはB）　A

7,810,000円×0.077＝601,370円

601,370円－実際額604,460円＝－3,090円（借方）

第4問

問1は、各2点を与える×5＝10　問2は、材料費・労務費・外注費・経費・人件費に各2点、完成工事原価に4点を与える　2×5＋4＝14　合計24点

問1

記号を選択

1	2	3	4	5
C	B	D	A	E

1. 個別受注単位なので個別原価計算にあたる。よってCの「個別原価計算」である。
2. 標準原価は事前のひとつであるのでBの「事前原価計算」である。
3. 完成工事原価報告書は材料費、労務費、外注費、経費と4分類されているのでDの「形態別原価計算」である。
4. 販売費及び一般管理費を合わせて総原価という。したがってAの「総原価計算」である。
5. 材料費を投入量、加工費を換算量の計算方法なので総合原価計算なのでEの「総合原価計算」である。

問2

工事原価明細表

X1年1月

(単位:円)

	当月発生工事原価	当月完成工事原価
Ⅰ. 材料費	3883070	3867080
Ⅱ. 労務費	1158300	1171010
Ⅲ. 外注費	897100	887850
Ⅳ. 経費	2359810	2363870
(うち人件費)	(947010)	(951210)
完成工事原価	8298280	8289810

・材料費

当月発生工事原価

月初331,800円+総仕入高3,986,100円-値引高60,500円-返品高25,600円-割戻高30,000円+買入手数料33,000円-月末352,830円+工事未払月末17,300円-工事未払月初16,200円=3,883,070円

完成工事原価

未成工事支出金月初239,130円+当月発生工事原価3,883,070円-未成工事支出金月末255,120円=3,867,080円

・労務費

当月発生工事原価

賃金1,155,000円+当月未払27,600円-前月未払24,300円=1,158,300円

完成工事原価

未成工事支出金月初869,710円+当月発生工事原価1,158,300円-未成工事支出金月末857,000円=1,171,010円

・外注費

当月発生工事原価

外注費899,500円+31,500円-33,900円=897,100円

完成工事原価

未成工事支出金月初127,300円+当月発生工事原価897,100円-未成工事支

出金月末136,550円＝887,850円

・経費

当月発生工事原価

退職金110,000円＋動力用水道光熱費861,370円＋機械等経費112,350円＋地代家賃96,380円＋保険料81,000円＋従業員給料手当775,800円＋法定福利費22,660円＋福利厚生費38,550円＋事務用品費75,240円＋通信交通費65,100円＋交際費45,710円＋労務管理費18,300円＋工事用機械減価償却費24,500円＋完成工事補償引当金繰入33,500円＝2,360,460円

2,360,460円＋月末未払交際費4,290円－月初未払交際費3,900円＋月初前払地代家賃23,000円－月末前払地代家賃24,000円＋月初前払保険料6,770円－月末前払保険料6,810円＝2,359,810円

当月完成工事原価

未成工事支出金月初87,620円＋当月発生工事原価2,359,810円－未成工事支出金月末83,560円＝2,363,870円

・人件費

発生工事原価

退職金110,000円＋従業員給料手当775,800円＋法定福利費22,660円＋福利厚生費38,550円＝947,010円

完成工事原価

未成工事支出金月初41,850円＋947,010円－未成工事支出金月末37,650円＝951,210円

・発生工事原価合計

3,883,070円＋1,158,300円＋897,100円＋2,359,810円＝8,298,280円

・完成工事原価合計

3,867,080円＋1,171,010円＋887,850円＋2,363,870円＝8,289,810円

第5問

□ひとつにつき2点を与える×15＝30　合計30点
※当期（純利益）は2箇所とも合えば2点とする

精算表

（単位：円）

勘定科目	残高試算表		修正記入		損益計算書		貸借対照表	
	借方	貸方	借方	貸方	借方	貸方	借方	貸方
現金預金	883150						883150	
受取手形	475000			25000			450000	
完成工事未収入金	618000			17000			601000	
貸倒引当金		19700		25000 1320				46020
未成工事支出金	132500		500 2000	57 26843			108100	
材料貯蔵品	28700						28700	
仮払金	101000			16000 85000				
機械装置	620000						620000	
機械装置減価償却累計額		465000		500				465500
備品	87000						87000	
備品減価償却累計額		58000		14500				72500
支払手形		178000						178000
工事未払金		336000						336000
借入金		134000						134000
未成工事受入金		125000		7300				132300
仮受金		24300	17000 7300					
工事損失引当金				5900				5900
完成工事補償引当金		3350	57					3293
退職給付引当金		293000		12000				305000
資本金		500000						500000
繰越利益剰余金		80000						80000
完成工事高		3293000				3293000		
完成工事原価	2368000		5900 26843		2400743			
販売費及び一般管理費	185000		21000 14500 10000		230500			
受取利息		7000				7000		
支払利息	18000				18000			
	5516350	5516350						
貸倒引当金繰入額			25000 1320		26320			
不渡手形			25000				25000	
未払金				5000				5000
未払法人税等				102331				102331
法人税、住民税及び事業税			187331		187331			
			343751	343751	2862894	3300000	2802950	2365844
当期（純利益）					437106			437106
					3300000	3300000	2802950	2802950

1. 不渡手形、貸倒引当金を設定

(不　渡　手　形)	25,000	(受　取　手　形)	25,000
(貸倒引当金繰入額)	25,000	(貸　倒　引　当　金)	25,000

2. 仮払金

①従業員分

(販売費及び一般管理費)	21,000	(仮　　払　　金)	16,000
		(未　　払　　金)	5,000

②の法人税等の中間納付額については**10.** で解説する。

3. 仮受金

(仮　　受　　金)	17,000	(完成工事未収入金)	17,000
(仮　　受　　金)	7,300	(未成工事受入金)	7,300

4. 貸倒引当金を計上(差額補充法)

(貸倒引当金繰入額)	1,320	(貸　倒　引　当　金)	1,320

(完成工事未収入金618,000円－完成工事未収入金17,000円＋受取手形475,000円－不渡手形25,000円)×2%－貸倒引当金19,700円＝1,320円

5. 減価償却

①機械装置(工事現場用)

(未成工事支出金)	500	(機械装置減価償却累計額)	500

実際額　6,500円－500円×12カ月＝500円

②備品(本社用)

(販売費及び一般管理費)	14,500	(備品減価償却累計額)	14,500

取得原価87,000円÷6年＝14,500円

6. 退職給付引当金を計上

(未成工事支出金)	2,000	(退職給付引当金)	12,000
(販売費及び一般管理費)	10,000		

管理部門(販売費及び一般管理費)88,000円－(83,000円－5,000円)＝10,000円

施工部門（未成工事支出金）217,000円－215,000円＝2,000円

7. 工事損失引当金5,900円を計上

（完成工事原価）	5,900	（工事損失引当金）	5,900

8. 完成工事高に対して0.1％の完成工事補償引当金を計上（差額補充法）

（完成工事補償引当金）	57	（未成工事支出金）	57

完成工事高3,293,000円×0.1％＝3,293円　3,293円－3,350円＝－57円
マイナスなので完成工事補償引当金も未成工事支出金も減少する。

9. 完成工事原価の計算

（完成工事原価）	26,843	（未成工事支出金）	26,843

未成工事支出金132,500円＋**5.** ①500円＋**6.** 2,000円－**8.** 57円＝134,943円
134,943円－次月繰越額108,100円＝26,843円
完成工事原価2,368,000円＋26,843円＋**7.** 5,900円＝2,400,743円

10. 当期の法人税、住民税及び事業税の計上

（法人税、住民税及び事業税）	187,331	（仮　払　金）	85,000
		（未払法人税等）	102,331

完成工事高3,293,000円＋受取利息7,000円＝3,300,000円
完成工事原価2,400,743円＋販売費及び一般管理費230,500円＋支払利息18,000円＋貸倒引当金繰入額26,320円＝2,675,563円
3,300,000円－2,675,563円＝税引前当期総利益624,437円
624,437円×30%≒187,331円
税引前当期純利益624,437円－法人税187,331円＝当期純利益437,106円

第1問 (20点)

次の各取引について仕訳を示しなさい。使用する勘定科目は下記の〈勘定科目群〉から選び、その記号(A～X)と勘定科目を書くこと。なお、解答は次にかかげた(例)に対する解答例にならって記入しなさい。
(例) 現金100,000円を当座預金に預け入れた。

A	売上割引	B	貸倒引当金繰入額	C	貸倒引当金
D	修繕費	E	仕入割引	F	資本準備金
G	その他資本剰余金	H	繰越利益剰余金	I	建物
J	貸倒引当金戻入	K	建設仮勘定	L	当座預金
M	投資有価証券売却損	N	投資有価証券売却益	O	工事未払金
P	機械装置	Q	利益準備金	R	当座預金
S	投資有価証券売却損	T	有価証券売却損	U	投資有価証券
V	有価証券	W	固定資産除却損	X	固定資産売却益
Y	減価償却費	Z	減価償却累計額		

1. X2年4月1日(会計期間4月1日～翌年3月31日)に購入した機械をX11年7月1日に除却し、除却のための諸費用12,000円は小切手を振り出して支払った。この機械の取得価額は1,680,000円で、耐用年数12年、残存価額ゼロ、償却方法は定額法であった。なお、減価償却費の計算は月割で行い、記帳は間接法を採用している。

2. 前期末に貸倒引当金67,000円が設定されている。当期に、前期の完成工事高にかかる完成工事未収入金21,000円と当期の完成工事高にかかる完成工事未収入金24,000円が貸倒れになった。当期末の売上債権残高1,556,000円に対して3%の貸倒れが見積もられるとき、差額補充法で処理を行った。貸倒引当金設定の仕訳を行いなさい。

3. 前期以前に取引関係の強化を目的として、甲社株式6,000株を1株593円で買い入れた。そのときの手数料は75,000円であった。当期において、A社株式2,000株を1株611円で売却し、手数料12,700円を差し引いた手取額を当座預金に預け入れた。当期の売却取引の仕訳を示しなさい。

4. 当期において、建物の修繕工事を行い、その代金1,350,000円を全額建物勘定で処理していたが、このうち、150,000円は現状回復のための支出であり、1,200,000円は増築のための支出であった。

5. 工事未払金4,650,000円について支払日より早く小切手を支払い、2.5%の割引を受けた。

第2問 (12点)

次の [　　　　] に入る正しい金額を計算しなさい。

1. 本店における三重支店勘定は480,000円の借方残高、大阪支店勘定は310,000円の借方残高であった。その後、大阪支店が三重支店の従業員の広告宣伝費52,000円を現金で立替払いし、大阪支店が三重支店の工事代金の未収代金65,000円を小切手で回収し、本店は大阪支店のための借入金の支払利息（本店ですでに支払記録済み）15,000円を大阪支店の負担とした。このとき、支店相互間の取引を本店集中計算制度で処理すると、本店における大阪支店勘定残高は [　　　　] 円となる。

2. 消費税の会計処理については税抜方式を採用している。期末における仮受消費税が161,300円で、仮払消費税が [　　　　] 円であるとき、未払消費税は37,600円である。

3. 未払利息の期首残高は160,000円、当期における利息の支払額は

[　　　　　] 円、当期の損益計算書上の支払利息は310,000円であれば、当期末の貸借対照表に記載される未払利息は180,000円である。

4. 繰越利益剰余金2,500,000円、その他資本剰余金2,000,000円を原資として、株主配当金4,500,000円が決定された。なお、決定時点の資本金は35,000,000円、資本準備金と利益準備金の合計額は7,100,000円であった。この場合に利益準備金に積み立てるべき金額は [　　　　　] 円である。

第3問 (14点)

川口建設株式会社では、工事を第1部門と第2部門とで施工している。また、このほか、両部門に共通して補助的な用役を提供している車両部門、機械部門及び材料管理部門があり、これらの補助部門は独立して各部門の原価管理を実施している。次の〈資料〉にもとづいて、階梯式配賦法により補助部門費を施工部門に配賦し、解答用紙の「部門費振替表」を完成しなさい。空欄に適切な語句または数値を記入しなさい。なお、補助部門費に関する配賦は管理部門、機械部門、車両部門とする。また、解答の記入において端数が生じた場合には、円未満を四捨五入すること。

〈資料〉

1．「部門費配分表」に集計された各部門費の合計金額
第1部門1,658,238円　第2部門1,247,898円
車両部門213,520円　機械部門321,670円　管理部門446,798円

2．各補助部門の他部門への用役提供度合

(単位：%)

	第1部門	第2部門	車両部門	機械部門	管理部門
車両部門	48	44	—	—	—
機械部門	46	45	6	—	—
管理部門	40	50	7	3	—

第4問 (24点)

以下の問いに解答しなさい。

問1　次の文章の内容は、(A) 原価計算制度であるか、(B) 特殊原価調査であるか、記号で解答しなさい。

1. 既存設備から新設備への取替が工事原価に及ぼす影響の検討資料の作成

2. 新工法の採用可否に関する経済計算

3. 部品を外部購入するか自社製造が有利かの計算

4. 工事間接費を直接原価基準により各工事へ配賦する計算

5. 完成工事原価報告書の作成

問2　2XXX年3月の工事原価に関する下記の〈資料〉により、次の設問に解答しなさい。

1. 当月の完成工事原価報告書を完成しなさい。

2. 当月の未成工事支出金の残高をもとめなさい

3. 工事間接費配賦差異勘定の月末残高を計算しなさい。なお、その残高は借方 (A) か貸方 (B) かを記号で解答しなさい。

〈資料〉

1．当月の工事状況は次のとおりである。なお、収益の認識は工事完成基準を適用している。

2．前月から繰り越した工事原価に関する各勘定残高は、次のとおりである。

	着工	竣工
108工事	前月以前	当月
201工事	当月	来月以降
202工事	当月	当月

(1) 未成工事支出金 (単位：円)

工事番号	108工事
材料費	361,100
労務費	281,750
外注費	652,050
経　費	105,800
計	1,400,700

(2) 工事間接費配賦差異3,150円(借方残高)

(注) 工事間接費配賦差異は月次においては繰り越すこととしている。

3．当月に発生した工事直接費

(単位：円)

工事番号	108工事	201工事	202工事
材料費	480,700	857,670	956,800
労務費	704,950	442,750	493,350
外注費	1,132,750	1,064,900	898,150
直接経費	100,625	71,645	67,160

4．工事間接費の配賦方法と実際発生額

(1) 現場で使用するX機械に関する発生原価については工事間接費として予定配賦している。

(2) 予定配賦率

X機械関係にかかる工事間接費

①当会計期間のX機械関係コスト予算額

減価償却費1,769,000円　機械修繕管理費875,000円

その他1,273,160円
②X機械の当会計期間の予定稼働時間1,080時間
③X機械のフル稼働年間利用可能時間1,170時間
④機械関係コストは実現可能最大操業度を基準操業度として配賦している。

(3) 当月の工事別機械運転時間 (単位：時間)

工事番号	108工事	201工事	202工事	合計
運転時間	18	29	41	88

(4) 工事間接費の当月実際発生額291,200円
(5) 工事間接費は経費として処理している。

Y機械にかかる工事間接費
①当会計期間のY機械関係コスト予算額
減価償却費778,500円　機械修繕管理費378,300円
その他165,475円
②Y機械の当会計期間の予定稼働時間時間1,000時間
③Y機械のフル稼働年間利用可能時間時間1,200時間
④Y機械年間正常稼働時間1,165時間
⑤機械関係コストは長期間安定価格を設定するため長期平均操業度を基準操業度として配賦している。

(6) 当月の工事別機械運転時間 (単位：時間)

工事番号	108工事	201工事	202工事	合計
運転時間	39	32	51	122

(7) 工事間接費の当月実際発生額121,500円
(8) 工事間接費は経費として処理している。

第5問 (30点)

次の〈決算整理事項等〉にもとづき、答案用紙の精算表を完成しなさい。なお、工事原価は未成工事支出金を経由して処理する方法によっている。会計期間は1年で、決算日は3月31日である。また、決算整理の過程で新たに生じる勘定科目で、精算表上に指定されている科目はそこに記入し、計算過程で端数が生じた場合は最終値を四捨五入すること。

1. 残高試算表に計上されている有価証券132,000円の内訳を調べたところ、一時所有の上場株式55,000円、長期保有目的の社債15,000円、子会社の株式39,000円、取引先の株式23,000円であった。適切な勘定に振り替えなさい。

2. 仮払金の期末残高は、以下の内容であることが判明した。
   ①4,500円は本社事務員の出張料金であった。精算の結果、実費との差額600円は本社事務員が立替払いした。
   ②77,000円は、法人税等の中間納付額である。

3. 減価償却については、以下のとおりである。
   ①機械装置(工事現場用)実際発生額は132,000円である。なお、月次原価計算において、月額10,800円を未成工事支出金に予定計上している。当期の予定計上額と実際発生額との差額は当期の工事原価(未成工事支出立替金)に加減する。
   ②備品(本社用)以下の事項により減価償却費を計上する。
   取得原価88,000円　償却率0.400(減価償却方法)
   うち32,000円は、期中の7月1日に取得しており、月割で減価償却費を計上する。

4. 仮受金の期末残高は、以下の内容であることが判明した。
   ①完成工事未収入金回収分37,000円
   ②工事代金による前受金25,000円

5. 売上債権の期末残高の2%について貸倒引当金を計上する（差額補充法）。

6. 退職給付引当金の当期繰入額は、本社事務職員について24,000円、現場作業員について75,000円である。ただし、現場作業員については月次原価計算において、月額6,300円の退職給付引当金繰入額を未成工事支出金に予定計上しており、当期の予定計上額と実際発生額の差額を当期の工事原価（未成工事支出金）に加減する。

7. 仮設材料の把握についてはすくい出し方式を採用しているが、現場から撤去されて倉庫に戻された評価額3,700円の仮設材料については未処理である。

8. 完成工事高に対して0.2%の完成工事補償引当金を計上する（差額補充法）。

9. 販売費及び一般管理費の中には、当期の9月1日に支払った向こう3年分の保険料46,800円が含まれている。1年基準を考慮したうえで、適切な勘定に振り替える。

10. 上記の各調整を行った後の未成工事支出金の次期繰越額は821,850円である。

11. 当期の法人税、住民税及び事業税として税引前当期純利益の30%を計上する。

第2回 答案用紙

第1問 (20点)

記号（A～Z）も記入のこと

NO	借方			貸方		
	記号	勘定科目	金額	記号	勘定科目	金額
（例）	B	当座預金	100000	A	現金	100000
1						
2						
3						
4						
5						

第2問 (12点)

1. ¥

2. ¥

3. ¥

4. ¥

第3問 (14点)

部門費振替表

(単位：円)

摘　要	合　計	第1部門	第2部門	(　　)	(　　)	(　　)
部門費合計	3888124	1658238	1247898			
(　　　)						
(　　　)						
(　　　)						
合　計						

第4問 (24点)

問1 記号（AまたはB）

1	2	3	4	5

問2

1.

完成工事原価報告書

(単位：円)

Ⅰ　材料費	
Ⅱ　労務費	
Ⅲ　外注費	
Ⅳ　経　費	
完成工事原価	

2.

未成工事支出金　¥

3.

工事間接費配賦差異月末残高　¥　　　記号（AまたはB）

第5問 (30点)

精　算　表

(単位：円)

勘定科目	残高試算表		修正記入		損益計算書		貸借対照表	
	借方	貸方	借方	貸方	借方	貸方	借方	貸方
現金預金	641000							
受取手形	788000							
完成工事未収入金	1187000							
貸倒引当金		36200						
有価証券	132000							
未成工事支出金	838000							
材料貯蔵品	52350							
仮払金	81500							
前払費用	2500							
機械装置	450000							
機械装置減価償却累計額		315000						
備品	88000							
備品減価償却累計額		35840						
投資有価証券	21000							
支払手形		642000						
工事未払金		881000						
借入金		380000						
未成工事受入金		390000						
仮受金		62000						
完成工事補償引当金		7180						
退職給付引当金		187300						
資本金		700000						
繰越利益剰余金		132990						
完成工事高		3965000						
完成工事原価	3137500							
販売費及び一般管理費	315410							
受取利息配当金		3300						
支払利息	3550							
	7737810	7737810						
長期前払費用								
貸倒引当金繰入額								
子会社株式								
未払金								
未払法人税等								
法人税、住民税及び事業税								
当期(　　　)								

第2回 解答&解説

第1問

仕訳1組につき4点を与える×5=20　合計20点

記号（A～Z）も記入のこと

NO	借方 記号	借方 勘定科目	借方 金額	貸方 記号	貸方 勘定科目	貸方 金額
（例）	B	当座預金	100000	A	現金	100000
1	Z Y W	減価償却累計額 減価償却費 固定資産除却損	1260000 35000 397000	P L	機械装置 当座預金	1680000 12000
2	B	貸倒引当金繰入額	680	C	貸倒引当金	680
3	L M	当座預金 投資有価証券売却損	1209300 1700	U	投資有価証券	1211000
4	D	修繕費	150000	I	建物	150000
5	O	工事未払金	4650000	L E	当座預金 仕入割引	4533750 116250

1.

（減価償却累計額）	1,260,000	（機械装置）	1,680,000
（減価償却費）	35,000	（当座預金）	12,000
（固定資産除却損）	397,000		

・減価償却累計額

$$1{,}680{,}000\text{円}\times\frac{9\text{年}^{※}}{12\text{年}}=\underline{1{,}260{,}000}\text{円}$$

※X2年4月1日～11年3月31日の期間は9年である。

・減価償却費

$$1{,}680{,}000\text{円}\div 12\text{年}\times\frac{3\text{カ月}^{☆}}{12\text{カ月}}=\underline{35{,}000}\text{円}$$

☆4月1日～6月30日の期間は3カ月である。

2.

(貸倒引当金繰入額)	680	(貸 倒 引 当 金)	680

前期末貸倒引当金67,000円－当期の完成工事高にかかる完成工事未収入金21,000円＝46,000円
当期の完成工事高にかかる完成工事未収入金は貸倒損失なので、貸倒引当金を取り崩さない。
当期貸倒引当金設定額1,556,000円×3%＝46,680円
46,680円－46,000円＝680円

3. 買入時点の仕訳は、

(投資有価証券)	3,633,000	(現　金　等)	3,633,000

取引関係の強化を目的としているので、投資有価証券として処理する。
6,000株×593円＋75,000円＝3,633,000円

(当 座 預 金)	1,209,300	(投資有価証券)	1,211,000
(投資有価証券売却損)	1,700		

3,633,000円÷$\frac{2,000株}{6,000株}$＝1,211,000円
2,000株×611円－12,700円＝1,209,300円

4.

(修　繕　費)	150,000	(建　　物)	150,000

150,000円は現状維持のための支出であるので修繕費であり、増築のための支出は建物勘定で処理するので処理不要である。

5.

(工 事 未 払 金)	4,650,000	(当 座 預 金)	4,533,750
		(仕 入 割 引)	116,250

仕入割引　4,650,000×2.5%＝116,250円

第2問

各3点を与える×4＝12　合計12点

1. ¥ 338000
2. ¥ 123700
3. ¥ 290000
4. ¥ 250000

1.

大阪			(単位：円)
残　　高	310,000	現　　金	52,000
小切手で回収	65,000		
支払利息	15,000		

支払利息は大阪負担だから借方

現金が減っているから貸方

310,000円＋65,000円＋15,000円－52,000円＝338,000円

2.

(仮受消費税)	161,300	(仮払消費税)	［　　］
		(未払消費税)	37,600

仮受消費税161,300円－未払消費税37,600円＝仮払消費税123,700円

3.

(未払利息)	160,000	(支払利息)	160,000
(支払利息)	［　　］	(現金等)	［　　］
(支払利息)	180,000	(未払利息)	180,000

損益計算書の金額310,000円－180,000円＋160,000円＝290,000円

4. 配当の処理

(繰越利益剰余金)	2,750,000	(利益準備金)	250,000
(その他資本剰余金)	2,200,000	(資本準備金)	200,000
		(未払配当金)	4,500,000

資本金35,000,000円$\times \frac{1}{4}$－準備金合計7,100,000円＝1,650,000円

配当金4,500,000円$\times \frac{1}{10}$＝450,000円

1,650,000円＞450,000円　ゆえに、準備金積立額は450,000円

利益準備金の積立金額は、

450,000円$\times \frac{\text{繰越利益剰余金}2{,}500{,}000\text{円}}{\text{配当金}4{,}500{,}000\text{円}}$＝250,000円

資本準備金の積立金額は、

450,000円$\times \frac{\text{その他資本剰余金}2{,}000{,}000\text{円}}{\text{配当金}4{,}500{,}000\text{円}}$＝200,000円

第3問

ひとつにつき1点を与える×14＝14　合計14点

部門費振替表

（単位：円）

摘　要	合　計	第1部門	第2部門	（車両部門）	（機械部門）	（管理部門）
部門費合計	3888124	1658238	1247898	213520	321670	446798
（管理部門）	446798	178719	223399	31276	13404	
（機械部門）	335074	158901	155447	20726	335074	
（車両部門）	265522	138533	126989	265522		
合　計	3888124	2134391	1753733			

・順位をつける

1位　管理部門 車両部門と機械部門2箇所に用役提供している。

2位　機械部門 車両部門に用役を提供している。

3位　車両部門 補助部門に用役を提供していない。

1位から空欄に右から左、上から下へ補助部門の名称を記入する。

・管理部門の配賦

第1部門

$$446,798円 \times \frac{40}{40+50+7+3} \fallingdotseq \underline{178,719}円$$

第2部門

$$446,798円 \times \frac{50}{40+50+7+3} = \underline{223,399}円$$

車両部門

$$446,798円 \times \frac{7}{40+50+7+3} \fallingdotseq \underline{31,276}円$$

機械部門

$$446,798円 \times \frac{3}{40+50+7+3} \fallingdotseq \underline{13,404}円$$

・機械部門の配賦

321,670円＋13,404円＝335,074円を配賦する。

第1部門

$$335{,}074円 \times \frac{46}{46+45+6} \fallingdotseq \underline{158{,}901}円$$

第2部門

$$335{,}074円 \times \frac{45}{46+45+6} \fallingdotseq \underline{155{,}447}円$$

車両部門

$$335{,}074円 \times \frac{6}{46+45+6} \fallingdotseq \underline{20{,}726}円$$

・車両部門の配賦

213,520円＋31,276円＋20,726円＝<u>265,522</u>円を配賦する。

第1部門

$$265{,}522円 \times \frac{48}{48+44} \fallingdotseq \underline{138{,}533}円$$

第2部門

$$265{,}522円 \times \frac{44}{48+44} \fallingdotseq \underline{126{,}989}円$$

第4問

問1は、各2点を与える×5=10　問2は、材料費・労務費・外注費に各2点、経費に3点、完成工事原価に1点、未成工事支出金に2点を与える
工事間接費配賦差異は、月末残高と記号の両方とも合えば2点を与える
2×3+3+1+2+2=14　合計24点

問1

記号（AまたはB）

1	2	3	4	5
B	B	B	A	A

1. 設備投資の意思決定なのでBの「特殊原価調査」である。
2. 経営意思決定に関することなのでBの「特殊原価調査」である
3. 内製か外注の意思決定なのでBの「特殊原価調査」である。
4. 配賦計算はAの「原価計算制度」で行われる計算である。
5. 完成工事原価報告書はAの「原価計算制度」の計算により作成される。

問2

1.

完成工事原価報告書　(単位：円)

Ⅰ	材料費	1798600
Ⅱ	労務費	1480050
Ⅲ	外注費	2682950
Ⅳ	経　費	573267
	完成工事原価	6534867

・当月完成が108工事及び202工事であるため、それぞれの原価の集計を行う。

材料費　361,100円＋480,700円＋956,800円＝1,798,600円

労務費　281,750円＋704,950円＋493,350円＝1,480,050円

外注費　652,050円＋1,132,750円＋898,150円＝2,682,950円

経　費　105,800円＋100,625円＋67,160円＋60,264円＋137,268円＋44,265円＋57,885円＝573,267円

工事間接費X
(1769,000円＋875,000円＋1,273,160円)÷1,170時間＝3,348円/時間

108工事　18時間×3,348/時間＝60,264円
202工事　41時間×3,348/時間＝137,268円

工事間接費Y
(778,500円＋378,300円＋165,475円)÷1,165時間＝1,135円/時間

108工事　1,135円/時間×39時間＝44,265円
202工事　1,135円/時間×51時間＝57,885円

2.

未成工事支出金　¥ 2570377

・当月未完成は201工事のみであるため、201工事の原価集計を行う。
材料費857,670円＋労務費442,750円＋外注費1,064,900円＋経費71,645円＋★36,320円＋☆97,092円＝<u>2,570,377</u>円
★工事間接費Y　32時間×1,135円/時間＝36,320円
☆工事間接費X　29時間×3,348円/時間＝97,092円

3.

工事間接費配賦差異月末残高　¥ 17244　記号（AまたはB） B

工事間接費X
88時間×3,348円/時間＝294,624円
294,624円－291,200円＝3,424円（貸方）
工事間接費Y
122時間×1,135円/時間＝138,470円
138,470円－121,500円＝16,970円（貸方）
3,424円（貸方）＋16,970円（貸方）＋3,150円（借方）＝<u>17,244</u>円（貸方）→<u>B</u>

第5問

□ひとつにつき2点を与える×15＝30　合計30点
※当期（純利益）は2箇所とも合えば2点とする

精　算　表

（単位：円）

勘定科目	残高試算表		修正記入		損益計算書		貸借対照表	
	借方	貸方	借方	貸方	借方	貸方	借方	貸方
現金預金	641000						641000	
受取手形	788000						788000	
完成工事未収入金	1187000			37000			1150000	
貸倒引当金		36200		2560				38760
有価証券	132000			39000 38000			55000	
未成工事支出金	838000		2400 750	600 3700 15000			821850	
材料貯蔵品	52350		3700				56050	
仮払金	81500			4500 77000				
前払費用	2500		15600				18100	
機械装置	450000						450000	
機械装置減価償却累計額		315000		2400				317400
備品	88000						88000	
備品減価償却累計額		35840		17664				53504
投資有価証券	21000		38000				59000	
支払手形		642000						642000
工事未払金		881000						881000
借入金		380000						380000
未成工事受入金		390000		25000				415000
仮受金		62000	62000					
完成工事補償引当金		7180		750				7930
退職給付引当金		187300	600	24000				210700
資本金		700000						700000
繰越利益剰余金		132990						132990
完成工事高		3965000				3965000		
完成工事原価	3137500		15000		3152500			
販売費及び一般管理費	315410		17664 5100 24000	37700	324474			
受取利息配当金		3300				3300		
支払利息	3550				3550			
	7737810	7737810						
長期前払費用			22100				22100	
貸倒引当金繰入額			2560		2560			
子会社株式			39000				39000	
未払金				600				600
未払法人税等				68565				68565
法人税、住民税及び事業税			145565		145565			
			394039	394039	3628649	3968300	4188100	3848449
当期（純利益）					339651			339651
					3968300	3968300	4188100	4188100

1. 有価証券の処理

(投資有価証券)	38,000	(有 価 証 券)	38,000
(子 会 社 株 式)	39,000	(有 価 証 券)	39,000

一時所有の上場株式55,000円は有価証券として処理するので処理不要。長期保有目的の社債15,000円と取引先の株式23,000円は投資有価証券として処理し、子会社の株式39,000円は子会社株式として処理する。

2. 仮払金
①従業員分

(販売費及び一般管理費)	5,100	(仮 払 金)	4,500
		(未 払 金)	600

②の法人税等の中間納付額については**11.**で解説する。

3. 減価償却
①機械装置

(未成工事支出金)	2,400	(機械装置減価償却累計額)	2,400

実際132,000円－予定10,800円×12カ月＝不足額2,400円
②備品

(販売費及び一般管理費)	17,664	(備品減価償却累計額)	17,664

既存分(88,000円－32,000円－累計額35,840円)×0.4＝8,064円

当期取得分32,000円×0.4×$\frac{9カ月}{12カ月}$＝9,600円

9,600円＋8,064円＝17,664円

4. 仮受金

(仮 受 金)	62,000	(完成工事未収入金)	37,000
		(未成工事受入金)	25,000

5. 貸倒引当金を計上(差額補充法)

(貸倒引当金繰入額)	2,560	(貸 倒 引 当 金)	2,560

(受取手形788,000円＋完成工事未収入金1,187,000円－完成工事未収入金37,000円)×2%－貸倒引当金36,200円＝2,560円

6. 退職給付引当金の計上

（販売費及び一般管理費）	24,000	（退職給付引当金）	24,000
（退職給付引当金）	600	（未成工事支出金）	600

実際75,000円－6,300円×12カ月＝－600円

7. 仮設材料のすくい出し方式

（材料貯蔵品）	3,700	（未成工事支出金）	3,700

8. 完成工事補償引当金を計上（差額補充法）

（未成工事支出金）	750	（完成工事補償引当金）	750

3,965,000円×0.2%－7,180円＝750円

9. 費用の繰延

（前払費用）	15,600	（販売費及び一般管理費）	37,700
（長期前払費用）	22,100		

46,800円÷36カ月＝1,300円
当期分1,300円×7カ月＝9,100円
前払費用分1,300円×12カ月＝15,600円
長期前払分1,300円×17カ月＝22,100円

10. 完成工事原価

（完成工事原価）	15,000	（未成工事支出金）	15,000

未成工事支出金838,000円＋**3.** ① 2,400円－**6.** 600円－**7.** 3,700円＋**8.** 750円＝836,850円
完成工事原価3,137,500円＋15,000円＝3,152,500円

11. 当期の法人税、住民税及び事業税の計上

（法人税、住民税及び事業税）	145,565	（仮払金）	77,000
		（未払法人税等）	68,565

完成工事高3,965,000円＋受取利息配当金3,300円＝3,968,300円
完成工事原価3,152,500円＋販売費及び一般管理費324,474円＋支払利息3,550円＋貸倒引当金繰入額2,560円＝3,483,084円
3,968,300円－3,483,084円＝485,216円
485,216円×30%≒145,565円

さくいん

あ

預り金……105
洗替法……195
一勘定制……82
移動平均法……246
受入……243
受取手形……113
裏書手形……118
売上割引……240
営業外受取手形……115
営業外支払手形……115
営業外費用……43・98

か

買入償還……187
会計期間……27
外注費……44・51
階梯式配賦法……302
貸方……28・31
貸倒れ……194
貸倒引当金……194
貸付金……20
加重平均法……155
合併……168・227
株式……128・222
株式会社……222
借入金……20
仮受金……108
借方……28・31
仮払金……107
為替手形……115
関係会社株式……129
勘定科目……21
勘定記入……40
完成工事原価……22・329
完成工事高……22・334
完成工事補償引当金……201
完成工事未収入金……20
間接法……156
関連会社株式……128
期首……27
基準操業度……281
期末……27
強制評価減……139
銀行勘定調整表……84
金利調整差額……185
繰延資産……150・169
経営成績……19
継続記録法……243
経費……44・53
決算整理……354
原価……42
原価計算……42
減価償却……153
現金……20・76
現金過不足……77
減資……228
建設仮勘定……166
減損処理……138
現場共通費……56
現場個別費……56
現物出資……152
交換差金……163
工事完成基準……335
工事間接費……56
工事原価……42
工事収益……332
工事進行基準……332
工事損失引当金……203
工事直接費……56
工事未払金……20
公社債利札……76
子会社株式……129・134
固定資産……150

さ

債券……128
財政状態……19
再振替仕訳……186・364
財務諸表……367
材料……21
材料費……44・237
材料評価損……248

差額補充法 195
先入先出法 244
差入有価証券 139
指図人 115
仕入割引 103・240
時価 131
自家建設 152
資産 18・20
実価法 138
実際有高 77
実際配賦 281
実地棚卸 244
支払経費 266
支払手形 113
資本 18
資本金 22
資本準備金 222
資本剰余金 222
資本的支出 165
社債 184
収益 18・21・28
収益的支出 165
修正仕訳 89
修繕引当金 202
授権株式 225
純資産 20・222
償還請求 120
消費税 215
消費賃率 260
賞与引当金 202
除却 160
諸口 40
仕訳 31
新株式申込証拠金 225
すくい出し方式 247
生産高比例法 155
精算表 355
総勘定元帳 40
送金為替手形 76
送金小切手 76
総原価 43・391
総合償却法 155
相互配賦法 298
増資 223
総平均法 245
測定経費 267
租税公課 212
損益計算書 20・368

た

貸借対照表 20・369
対照勘定法 118
退職給付引当金 200
代表科目仕訳法 286
立替金 105
棚卸計算法 244
棚卸減耗 243
他人振出小切手 76
短期借入金 81
単純平均法 155
帳簿有高 243
帳簿価額 130
帳簿の締め切り 365
直接配賦法 296
直接法 156
賃金 44
賃率差異 262
通貨 76
通貨代用証券 76
月割経費 267
定額法 132
定時間外作業割増賃金 261
定率法 154
手形 112
手形裏書義務 118
手形貸付金 121
手形借入金 121
手形割引義務 118
手付金 102
転記 40
当座借越 81
当座預金 34・80
特別損失 43
取引 18

な

名宛人 112
内部利益 385

二勘定制 82
値引き 239
のれん 168

は

廃棄 160
買収 168
売買目的有価証券 128
配賦 280
端数利息 136
発生経費 268
払出 243
引当金 194
非原価 43
費目別計算 44
費目別仕訳法 286
費用 18・21・28
評価勘定法 118
費用収益の繰延 361
費用収益の見越し 363
負債 18・20・28
部門共通費 294
部門個別費 294
部門費振替表 294
部門別計算 293
不利差異 262
振出人 112
不渡り 120
不渡手形 120
平均原価法 131
返品 238
法人税 213
法人税等 213
簿価 130
保管有価証券 139
簿記 18
保証債務 118
本支店会計 378

ま

前払金 102
前渡金 102
満期償還 187
満期保有目的債券 128・132
未収入金 100
未成工事受入金 22・96
未成工事支出金 24・329
未達取引 384
未取立小切手 88
未取付小切手 89
未払金 22・100
未払労務費 48
未渡小切手 86
無形固定資産 150・167
無償増資 226
滅失 162

や

約束手形 112
有価証券 128
有形固定資産 150
有利差異 262
預金 20・79
預金手形 76
予定賃率 260
予定配賦 308

ら

利益準備金 222
利益剰余金 222
労務費 44・47

わ

割引き 240
割引手形 117
割戻し 239

●著者
越田 悦弘（こしだ・よしひろ）
経理実務経験後、長年、東京、大阪、名古屋、仙台を中心に合格対策講義を行う。
間違えない、速く解ける革新的な解答手順を開発し、超短期間で合格者が続出している。
講義実績：埼玉県電気工事工業組合（建設業経理士2級）、東京都塗装工業協同組合（建設業経理士2級）、修成建設専門学校（建設業経理士2級）、日本建設センター（建設業経理士1・2級、日商簿記2級）、シード教育協会（建設業経理士1・2級、日商簿記2級）など。

● 本文デザイン・DTP／CONNECT
● 本文イラスト／成瀬 瞳
● 校正／株式会社ぷれす
● 編集制作／有限会社ヴュー企画
● 編集担当／山路和彦（ナツメ出版企画株式会社）

サクサク身につく！ 建設業経理士2級 テキスト&問題集
2021年12月3日 初版発行

著　者　越田悦弘
発行者　田村正隆

発行所　**株式会社ナツメ社**
東京都千代田区神田神保町1-52　ナツメ社ビル1F（〒101-0051）
電話　03（3291）1257（代表）　FAX　03（3291）5761
振替　00130-1-58661
制　作　**ナツメ出版企画株式会社**
東京都千代田区神田神保町1-52　ナツメ社ビル3F（〒101-0051）
電話　03（3295）3921（代表）
印刷所　**ラン印刷社**

ISBN978-4-8163-7104-2　Printed in Japan